# 校园志愿服务教程

## 第 2 版

主　编　单江林
副主编　张　丽　许爱珍
编　委　（以姓氏笔画为序）
　　　　杨有青　汪燕春　张帅男
　　　　郭森蓼　彭登湧　廖名海

科学出版社

北　京

## 内 容 简 介

　　本书分绪论篇、运行篇及感悟篇三部分。绪论篇阐述了校园志愿服务的形成背景、主要功能、基本模式、优势及管理体系;运行篇阐述了校园志愿服务的章程、组织结构、工作计划、服务承诺、培训、岗位职责、考核规程、评价总结、成果分享、激励机制等内容;感悟篇阐述了志愿服务的历史和现状、志愿服务与大学生人文素质的培养及大学生领导力的培养等内容。

　　本书可作为普通高等院校、高职高专、中职学校等开展校园志愿服务课程的教学用书,也可以作为教育工作者的参考用书。

**图书在版编目(CIP)数据**

校园志愿服务教程 / 单江林主编 . —2 版 . —北京:科学出版社,2012.7
ISBN 978-7-03-035098-5

Ⅰ. 校… Ⅱ. 单… Ⅲ. 大学生-志愿-社会服务-中国-高等学校-教材
Ⅳ. G642.45

中国版本图书馆 CIP 数据核字(2012)第 153430 号

责任编辑:邱　波 / 责任校对:邹慧卿
责任印制:赵　博 / 封面设计:范璧合

**科 学 出 版 社** 出版

北京东黄城根北街 16 号
邮政编码:100717
http://www.sciencep.com

**北京富资园科技发展有限公司印刷**
科学出版社发行　各地新华书店经销

\*

2009 年 8 月第　一　版　　开本:787×1092　1/16
2012 年 7 月第　二　版　　印张:11
2025 年 9 月第二十五次印刷　字数:262 000

定价:39.80 元

(如有印装质量问题,我社负责调换)

# 前　言

　　我院开展校园志愿服务活动已有十年之久,这项始于我院众多的协会之一——青年志愿者协会自发组织的活动,经过正确的引导迅速发展壮大,已成为我院几乎每一个学生都自愿参与的常规性活动。其功能之多、规模之大、效果之好、意义之深让全院教职员工始料未及,参与校园志愿服务的学生、学生家长及用人单位也好评如潮,令不少来校参观的兄弟院校同仁感到惊讶,认为我院校园志愿服务的实践不啻发掘了一座高校德育教育的金矿。

　　高等学校的根本任务是培养德、智、体等方面全面发展的社会主义事业的建设者和接班人。高等学校培养出来的学生的思想道德和科学文化素质如何,直接关系到中国的面貌,关系到我国现代化建设事业。高校德育是个时代课题,也是教育难题。由独生子女构成的大学生主体及急速扩招两大因素给我国的高等教育带来的负面影响不容忽视,目前突出问题在于高校德育与现实生活、实际问题脱节,知与行、说与做、内容与形式、理论与实践脱节,实践体验环节落后,针对性和实效性较差,难以适应社会发展和学生身心发展的需求。如何提高大学生的思想道德素质,如何正确引导与帮助大学生在这些变化的形势下健康成长,使之成为德、智、体、美全面发展的社会主义现代化建设合格人才,已经成为高等学校教育者首先要考虑的战略问题。

　　自共青团中央 1996 年开始实施"跨世纪青年文明工程"向社会推出"中国青年志愿者行动"及 2002 年共青团中央、教育部、全国学联颁布了《关于实施"大学生素质拓展计划"的意见》以来,大学生积极投身到青年志愿者行列中,利用自身的才能、技术、时间和精力为社会提供志愿服务。志愿者服务对于大学生的精神成人、思想道德建设和弘扬校园精神文明起到了一定的作用。青年志愿者行动应当成为社会主义市场经济条件下大学生参与社会发展的有效手段,应当成为开发青年人力资源、培养青年人才的有效途径,应当成为加强公民道德建设、提高公民道德素质的有效载体。但从整体上看,青年志愿服务活动还仅仅是在小范围、局部、短时间内开展,远远没有实现常态化。大多数高校并没有意识到志愿服务本身对大学生的教育功能,因而上述的文件要求并没有分解到高校的实际工作,执行力很差。目前大学生的作用并没有在青年志愿行动中得到充分的发挥,特别是青年志愿行动的"学习"特质和教育功能在大学生的培养过程中没有得到充分地体现,高校青年志愿者行动在思想认识、活动范围、工作机制、队伍建设、教育功能、实际效果、可持续发展等方面存在一系列问题,比如说社会对大学生志愿行动的支持度不高,公众对志愿服务的接受度有限,志愿服务的项目单一、流于形式,志愿服务的活动不够规范化、缺乏资金的支持制约了志愿服务的开展和教育功能的发挥。因此,不仅大学生参加当前的青年志愿服务活动的社会效果没有得到应有的体现,青年志愿服务本身的"学习"特质和教育功能更是无从谈起。

应当形成这样的共识:青年志愿服务是对大学生进行德育教育的有效途径。因为这是将德育的理论付诸实践并在实践中进行人格养成和精神成人的最好方法,因此我们应当更多地强调青年志愿服务对大学生的"学习"特质和教育功能,其次才是志愿服务的实际作用。

那么,如何才能使青年志愿服务对大学生具有"学习"特质和教育功能呢?首先是使青年志愿服务常态化,形成长效机制,使大学生们广泛、长期参与成为可能。这就需要一个有效的外部机制和内部机制,目前我国除了像奥运会、世博会这样的大型活动之外,青年志愿服务活动的开展主要依托于社区,而大学生受校园生活中的时间、精力、交通、饮食、人身安全等问题所限,加上我国志愿服务的社会认知尚处于起步阶段,相关非政府组织很不健全,尚未形成有效的外部机制,无法保证志愿服务活动的常态化。因此,使青年志愿服务常态化的关键就在于高校是否能够建立有效的内部机制了。在长期的实践中我们发现,大学校园本身就是一个特殊的"社区",在这个特殊的社区中有执行力较强的组织机构、有众多实际需要的志愿服务岗位、有成熟的培训系统和一流的志愿服务培训师、有广大的大学生志愿者。目前在社会上从事青年志愿活动所遇到的困惑和麻烦在校园志愿服务中几乎都得到了很好的化解。极为可惜的是,尽管大家对青年志愿行动有广泛的共识,但对大学校园自身除智力教育以外的志愿服务的德育教育功能却视而不见,一提起青年志愿活动无一例外全部把目光投至校园以外,致使大学校园内蕴涵着的志愿服务的优质教育资源被长期闲置。不仅如此,由于大学雇用大量的工人为大学生服务,使大学生的角色从一个受教育者变成了一个消费者,这对大学生的人格养成起到了十分有害的负面作用。经过多年的摸索,我们把开展青年志愿服务的主要视野由社会转至大学校园之内,在大学校园中挖掘和整合出许多具有教育意义的志愿服务岗位,通过对志愿服务的活动范围、服务项目、组织体系、管理体系、资源整合、工作模式等方面大胆创新,创立了大学校园志愿服务体系,从而使校园志愿服务成为大学生们的行为习惯,进而形成了全新的校园文化。设置本课程、编写本教材的主要目的就是把我们多年来开展的校园志愿服务的理念、方法进行总结归纳,使校园志愿服务的"学习"特质和教育功能得到最大限度的发挥。

在大学校园志愿服务体系中,作为一门必修课,参加校园志愿服务的学生在这项以校园内学生自我教育管理、图书馆、实验室、环保绿化、保安志愿服务为主、以社会公益为辅的日常活动中,既是奉献者又是受益者,学生服务、服务学生,在学习中服务、在服务中学习,使同学们在校就读期间既学习了知识又在校园志愿服务的过程中接受了锻炼。校园志愿服务的主要特点是除了服务本身的社会效益外,突出了对参与志愿服务的大学生自身的教育培养作用。同学们在志愿服务过程中陶冶了情操、学会了沟通、培养了职业化精神,为日后的就业做好了积极的准备。

本书既是校园志愿服务的教科书,也是校园志愿服务手册,这门课将伴随大学生们度过大学的美好时光并对大学生的职业生涯产生积极的影响。

参加本教材编写的作者均来自我院行政管理或教学工作第一线的领导和老师。在编写本教材的过程中,得到了学校许多同仁的大力协助,提供了很多非常宝贵的素材,教材的部分内容引用了一些公开发表的文献和媒体的资讯,在此,我们表示最诚挚的谢意!

因编写人员水平有限,故难免存在诸多疏漏,敬祈专家学者予以批评指正,以期再版时修正、补充、提高。

单江林

2012 年 5 月 20 日

# 目　　录

# 第1篇 绪 论

# 第1章 校园志愿服务的概述

## 第1节 校园志愿服务的渊源

所谓志愿服务,是通过自愿且不图物质报酬的方式参与社会生活、促进社会进步、推动人类发展的社会事业。联合国秘书长科菲·安南在2001年国际志愿者年启动仪式上的讲话中指出,"志愿精神的核心,是服务和团结的理想,是共同使这个世界变得更加美好的信念。"由此可见,志愿服务作为一种自愿的、不计物质报酬而参与的社会活动,并推动人类发展、社会进步的行为,已经成为人类社会生活的重要组成部分,体现着社会的文明进步。世界各国特别是在一些发达国家,做志愿者已经成为公民的自觉行为,成为整个社会的主流价值观,有的国家半数以上的成年公民都会参加志愿服务。志愿服务几乎是每个文明社会不可缺少的一部分,为社会进步做出了重要贡献。

中国志愿服务根植于中国的传统文化,中国具有志愿者成长的土壤,中国传统文化中"仁者爱人"、"公而忘私"、"老吾老以及人之老,幼吾幼以及人之幼"成为志愿服务的文化底蕴。而今天,在继承传统文化的基础上,志愿服务又把传统美德推向了一个新的高度,并赋予它新时代的内涵。全球化时代,志愿服务的兴旺发达,不仅切实帮助了社会和他人,而且促进了国际交流、沟通与文化、生活的融合。这样一种没有个人私利及团体利益的精神与行为,超越了国家与民族的局限,促进国际社会的融合。特别是随着历史的发展,志愿组织对于社会和他人的服务内容、服务领域不断扩大,发挥的作用日益明显,受到各界人士的广泛重视。1993年12月团中央发起的"中国青年志愿者行动"成为推动青年广泛参与社会精神文明建设的有效方式,成为当代中国青年参与面最广、参与程度最高、具有很高社会知名度的群众性公益活动。大学生志愿者是初期"中国青年志愿者行动"队伍的主体和目前志愿者行动的主力军,是一个做出显著成绩的群体。为使"中国青年志愿者行动"这个崇高的事业在高校能够有更为辉煌、长久的成绩,需要我们不断总结经验与教训,研究新情况、新问题,探索高教改革形势下大学生志愿者活动进一步发展的新思路。我国的志愿服务在短短几十年内得到迅速发展,与社会经济体制改革、"单位制度"解体、福利社会化的推进、志愿服务需求增大、党和政府的重视引导与积极推动、志愿社会环境不断完善、民间组织蓬勃发展和志愿服务组织增多,以及社会媒体的宣传推进、人们参与意识不断提高等因素是密切相关的。但是我国的志愿者活动起步较晚,社会对志愿者活动的支持和公民的认可也远远不够,当前我国志愿服务与人们对志愿服务的需求之间的矛盾还比较突出,志愿服务的供给量远远不能满足志愿服务的需求量,与发达国家相比还存在很大距离,为了充分发挥志愿服务对大学生的"学习"特质和教育功能,必须把志愿服务广泛化、常态化、机制化,而不仅仅是限于奥运会、世博会等大型活动和目前因种种原因难以长期坚持的社区服务,我们把开展青年志愿服务的主要视野和立足点由社会转至大学校园之内,在大学校园中挖掘和整合出许多具有教育意义的志愿服务岗位,通过对志愿服务的活动范围、服务项目、组织体系、管理体系、资源整合、工作模式等方面大胆创新,创立大学校园志愿服务体系,形成志愿服务常态化和机制化的运行机制,使更多的大学生可以参与其中,在此基础上再把志愿服务由大学校园之内扩展至社会,从而使校园志愿服务成为大学生们的行为习惯,进而形成全新的校园文化,这就是校园志愿服务的由来。

# 第 2 节　校园志愿服务的目的

校园志愿服务的主要目的是为了使大学生精神成人。这里所说的"成人"不是指"成年人",而是"成长为人"。我们可以把"成人"分为"生理成人"、"法理成人"和"精神成人"。大学生的"精神成人"就是将人类现代文明的普世价值观内化为大学生的人格。人是善与恶的结合体,即人一半是天使,一半是魔鬼。人性的善与恶内在于人的自然属性之中,当具备一定社会环境与条件时,善与恶才会显露出来。人性的主要弱点在于权欲,物欲与情欲中表现出来的恶行。人们通过法律、道德的形式抑恶扬善。在自然状态下,人具有一种自然美德,那就是怜悯心,这是人性善的基础,是人类优良品德产生的根源。在社会中人与人之间之所以能结合在一起,形成相互信任的群体朝着正确方向前进,是由于人类自身有一种抑恶扬善的机制。法律的主要职能是惩恶,而道德主要职能是扬善。法律是一种刚性约束,而道德是一种柔性约束。法律的约束是直接的、强制的、立竿见影的;道德的约束是间接的、温和的、长久的。道德行为中的良知、动机、价值又同人的教化紧密相连,因此在道德规范问题上特别强调对人的教化作用。我国古代荀子就提出"教扶善,法抑恶"的思想,即用教化发展人的善性,用法律抑制人的恶行。校园志愿服务正是对大学生进行道德规范和精神成人的一个积极的探索和创新。在大学生精神成人之路的探索中理论教育工作在现行体制中做得比较扎实,而在实践教育则相对比较苍白,自古以来我国就有"学而时习之"的优良传统,但现行的德育教育恰恰是在大学生精神成人过程中长期以来存在着重理论轻实践的现象,因而出现大学生整体的道德滑坡,甚至有的大学生德育课程成绩优异,却做出道德沦丧、违法乱纪的事也就不奇怪了。在未成年的中小学阶段因种种原因对学生进行德育的实训存在一定的困难,而大学生是普通劳动者,大学教育是大多数接受高等教育的大学生就职前的最后正规教育,因此在此阶段对大学生既进行德育的理论教育也对理论教育进行常规性的实践尤为关键。校园志愿服务就是以校园为主要平台开展常态化、机制化、参与程度较高的志愿服务。开设校园志愿服务课程和开展大学生校园志愿服务的主要目的,是通过大学生在校期间学习这门课程,并充分利用大学校园这个特殊的"社区",亲身参与校园志愿服务的实践,使大学生的能力和品格得到充分地提高和完善。大学生既是校园志愿服务的奉献者又是校园服务的受益者,学生服务、服务学生,在服务中学习,在学习中成长,因而校园志愿服务是大学生自我成才、精神成人和进行素质拓展的有效途径,也是使学雷锋活动常态化、机制化的最佳方法。校园志愿服务的常态化和机制化地开展,使大学形成了以人才培养为主体、以专业知识、技能和素质拓展为两翼的基本教育格局。

# 第2章 校园志愿服务的形成背景

## 第1节 实施校园志愿服务的两大促进因素

有两件大事对中国的高等教育产生了深远的影响,一件事是三十年前我国实行的计划生育政策使独生子女成为当今在校大学生中的绝对主体,另一件事是十年前我国实行的扩招政策使我国大学在校生人数增加了五倍,我国的高等教育以前所未有的速度迅速地由"精英阶段"进入了"大众化阶段"。当今在校独生子女大学生的社会环境、家庭环境及个体本身都存在着特殊性,这是一个在大学校园中人数占绝对优势、在社会上备受瞩目、是我国跨世纪社会主义现代化进程中具有重大背景的群体。

独生子女大学生作为当代中国社会的一代特殊群体,必将成为社会的主流力量影响中国未来的发展。随着一系列高等教育改革措施的频频出台,"精英"教育向"大众"教育的转变逐步实现,教育对象在学业基础、能力结构、人生经历、思想状况、年龄等方面的差异将非常巨大,这必然给学生的思想政治工作增加难度和强度,使素质教育变得更为困难。现阶段高校对于大学生能力的培养还很不尽如人意,扩招后导致毕业生就业压力剧增,人才竞争日趋激烈,一些毕业生无法胜任具体的工作,大学生能力不足已经成为大学生就业难的主要原因之一。由于其成长过程正处于我国经济转型、社会竞争和挑战最为激烈的时期,其困惑和问题表现得十分明显,引发了许多的社会问题。在高校扩招条件下,高校日益重视教学科研与市场经济、社会的需求接轨,学生也开始把自己作为教育产品的消费者,从而使校园文化出现了功利主义的倾向,这种倾向无疑使校园文化作为隐性德育课程的使命受到了前所未有的挑战。

随着改革开放和市场化进程的逐步深入,大学生们逐渐适应了普通劳动者的角色,当今在校大学生对优胜劣汰、适者生存的基本法则已经有了一定的现实感受,以往普遍存在的优越感正在逐步消退,掌握知识、运用知识、全面塑造自我、立志成材已逐步成为当今在校大学生的主流。在独生子女占大学生主体和扩招的两大背景下,如何教育、培养大学生,把握其身心特点和规律,促进其和谐健康成长和全面发展,如何使其成为振兴和发展我国社会主义现代化建设事业的合格人才,是摆在我们高校教育工作者面前的一个重要课题。

在大学就读期间参与社会实践是提升大学生能力的有效方法,受到国内外高等教育的普遍重视,国外普遍开展的"志愿者服务"、"服务学习"活动已经有较长的历史,得到了社会的广泛认同。面对背景复杂的工作对象,创造性地开展有卓越成效的教育工作,将是高校思想政治工作难度最大的课题。共青团中央倡导的青年志愿者活动是对大学生进行人性教育、道德教育、参与社会、磨炼意志、实现自我价值的最佳方式和途径,在大学教育中发挥着不可忽略的作用。大学生通过参加志愿服务,将自己与社会融为一体,把服务他人与教育自我有机结合起来,增强了大学生的社会责任感、奉献精神和公民意识,丰富了人生经验,锻炼和增强了参与社会事务的能力,使自己逐渐成长为有理想、有道德、有文化、有纪律的社会主义公民。因此,全面开展校园志愿服务,不仅为我国构建和谐社会和实现全面建设小康社会的奋斗目标提供可持续发展的人力资源保证,而且对于大学生个体的发展有着积极的促进作用。

# 第2节 当前我国志愿服务的特点及不足

目前我国整体志愿服务还很不成熟,如志愿服务社会认知度不高、公民志愿服务参与率偏低、志愿服务的社会法制不够健全、志愿组织建设不够、能力有待提高、筹资困难等问题,严重制约着我国志愿服务的发展。我国的志愿服务主要由共青团中央倡导和发动的"青年志愿者活动"、民政部倡导和发动的"社区志愿服务"及慈善机构和宗教团体组织的志愿服务三部分组成。高校志愿活动属于青年志愿者活动的范畴,也是我国当今志愿服务的主体。

我国高校开展大学生志愿活动的领域主要集中于扶贫助困、社区服务、公益环保等方面。大学生志愿者行动经过十几年的发展取得了重大的成就,但受社会上急功近利等不正之风的影响,在志愿者行动中存在着一个明显的不足。形式主义严重,青年志愿者行动大多还停留在活动的层面上,偶发性的活动多,持续性的行动少。不少高校经常"扛一面大旗,拉一队人马,呼一串口号,路边发放宣传单、横幅上签字、热热闹闹走一回";"雷锋叔叔没户口,三月里来四月走"。当前大学生志愿者活动中存在的问题有:①缺乏完善的活动机制。结构松散,缺少协调与沟通,缺乏宣传与动员,培训不足、管理效率低。②缺乏相应的激励机制。对于活动效果缺乏评价,干好干坏一个样,干多干少一个样,导致志愿者的积极性随入校时间的增加而锐减。③缺乏相应的社会支持。由于高校与社会组织机构之间缺少有效的联系,所以作为连接志愿者和服务对象纽带的志愿服务网络建设还很落后,服务项目单一,甚至流于形式,出现社会化障碍。高校青年志愿服务工作的社会化程度较低,一方面,是受自身发展的局限;另一方面,因为缺乏公民社会的环境和政策的支持。虽然近几年政府部门颁布了一系列政策鼓励和支持志愿者活动,但这些政策和法规仍然比较笼统,可操作性不强,难以达到预期的成效。在我国,由于志愿者行动开展较晚以及社会转型时期人们对全民性活动的不理解,使得大学生志愿者行动难以深入人心,难以激发起全民的互助意识。在这样的社会心理作用下,人们往往低估大学生志愿者行动的社会意义,对大学生志愿者活动缺乏社会的充分认可。④资金匮乏。虽然大学生志愿服务是无偿服务,但一些成本费用,比如交通费、用餐费、材料费等必需的物质资源不可能由参与志愿者行动的大学生来承担。绝大多数高校志愿活动资金来源主要是依靠学校划拨给团委极为有限的一点经费,这对于以"奉献"为宗旨之一的青年志愿活动来说是杯水车薪。而学校举办花费较大的志愿活动确实更是力不从心,同时进行商业化操作的难度也较大。由于活动缺乏稳定的经费来源,使得长期化、规范化的志愿服务难以为继,严重影响了大学生志愿者行动的效果。⑤对志愿行动的形式和服务的对象关注较多,而对志愿活动于大学生志愿者自身的教育意义则重视不够。由于没有深入挖掘青年志愿者活动本身的深层内涵,使活动起不到应有的育人功效,甚至挫伤了参与者的积极性,与志愿者活动的宗旨相违背,失去了原有的意义。

# 第 3 节　实施校园志愿服务的现实意义

目前政府、高校及社会各界对志愿服务对在校大学生的教育意义均给予了充分肯定,但由于我国的志愿服务起步较晚,社会缺乏对志愿服务的广泛认同、志愿服务本身所蕴涵的"学习"特质没有受到足够的重视、志愿服务文化以及成熟的志愿服务社会形态的形成还需假以时日,因而当前的志愿服务对于以独生子女为主体和扩招背景下的在校大学生的教育意义一时就难以显现。笔者所在的学校通过几年来的实践表明,校园志愿服务是破解这一难题的有效方法。

现今的大学校园少则几千人多则数万人,本身就是一个较为特殊的"社区"。大学校园正是为了培养大学生所建,而大学校园本身的"社区"功能却长期被人们所忽视。一提志愿服务几乎所有的人都无一例外地把目光投向校园以外,而对大学校园这个特殊"社区"里的众多的志愿服务的需求、对其中蕴藏着的深刻的教育内涵却视而不见,以至于大学校园除知识培养以外丰富的教育资源被长期闲置。在当今的高等教育大众化时代,数量与质量的矛盾使质量问题更为凸显而成为一个瞩目的焦点,对高等教育质量保障的探讨更是如火如荼。但大多数学者站在"教育自身"之外研讨教育质量保障问题,而没有自觉地在教育自身上下工夫去充分挖掘和利用高校内部的优质教育资源。实践表明,校园志愿服务活动虽然有一定局限性,虽然不能包容所有志愿服务的内涵,但大学生在社会进行志愿服务的所有困惑和不足,在校园志愿服务活动中几乎全部可以得到化解,志愿服务对特殊背景下我国大学生的教育意义可以在校园志愿服务活动中得到充分体现。如果校园志愿服务活动能够在全国大学校园得以推广,则能够充分利用近万亿元的高校优质的教育资源、使高校师资的育人功能得到充分的发挥,使大学生在接受智力培养的同时,思想道德修养也能够齐头并进,使校园志愿服务在大学生"精神成人"的过程中起到难以估量的重大作用。校园志愿服务不仅对大学生本身具有教育意义,由于大学生在校期间和走向社会之后的示范作用,明显有助于培育社会的志愿服务文化,有助于成熟的志愿服务社会形态的形成,其社会意义更是难以估量。

# 第3章 校园志愿服务的主要功能

除大类公益活动之外一般志愿服务多在社区进行,实际上大学也具有社区的基本特征,在大学校园内生活着的是大学生这样一个比较特殊的群体,因而大学本身是一个特殊的社区。在大学这个特殊的社区中校园志愿服务强调的是大学生在志愿服务过程中自身的学习和成长,大学生通过校园志愿服务的实践获得提高和发展,服务与学习并重,特别是强调志愿服务的"学习"特质和对志愿者自身的教育意义是校园志愿服务与其他志愿活动的重大区别。校园志愿服务作为大学生的一门必修课,其理论加上实践具有两大功能:一为教育功能,二为服务功能。从高校自身角度来看,校园志愿服务的另外一个功能是使高校最大限度地挖掘和整合校内志愿服务资源,使高校成为整个社会的志愿者行动基地。

## 第1节 教育功能

毋庸置疑,大学这个特殊的社区是社会中最为优质的教育资源,其中蕴涵着的社会实践的机会是这个优质教育资源的重要组成部分,应该得到充分地挖掘和利用。大学的主要服务对象是大学生,大学生在校学习期间需要得到从学习到生活各方面的服务,而这些服务都是持续性、有规律、分工明确的,这些服务岗位中的大多数可以由志愿者来承担。良好的服务需要职业化,这正是校园志愿服务的"学习"特质之所在,我们把校园内众多的服务岗位进行整合,使这些岗位服务的时间、地点、范围、内容适合大学生们进行志愿服务。我们把这些服务的岗位进行职业化规范,形成了不同岗位的工作职责、工作制度和工作流程,志愿者进岗之前接受相应的职业培训,以掌握职业化的技能、职业化的形象、职业化的态度和职业化的道德,使大学生们在志愿服务的过程中形成职业化的精神。大学相关服务部门的管理人员本身具有教师素质,在校园志愿服务过程中他们既可对大学生们进行思想品德的辅导又是志愿服务职业化的最好的培训师。因此,大学里存在对志愿服务的需求、有高效能的管理机构和机制、有一届又一届热心的大学生志愿者、有训练有素的培训师、有良好的学习、实践的氛围,这就使得大学校园内的志愿服务区别于其他种类的志愿服务而具备了鲜明的"学习"特质和可持续发展的鲜活生命力。

独生子女大学生作为独生子女中的优秀分子存在着潜在优势,他们单纯、热情、好强。多数独生子女家庭都十分重视早期教育,使他们知识面较宽,思维活跃,有较强的接受新生事物的能力,渴望成熟,渴望施展抱负实现自身的价值,成为时代的骄子。

美国教育学家马丁·特罗提出了高等教育发展阶段划分的理论:当一个国家大学适龄青年接受高等教育者的比率在 15% 以下时,属于精英高等教育阶段;15%~50% 为大众化高等教育阶段;50% 以上为普及化高等教育阶段。他的这一理论被许多国家作为制定高等教育发展政策的一个重要理论依据。目前我国大学适龄青年接受高等教育者的比率达到 23%,已经由精英高等教育阶段迈向了大众化高等教育阶段。高校扩招后,学生数量较以前有了大幅度的增加,校园文化多样性和多元性的特色也比以前更加突出。而校园文化通过潜移默化的方式对大学生个人素质和能力的培养起着正面的重要作用。

毋庸讳言,从另外一个角度来看以独生子女为主体的大学生和我国从短时间内迅速由精英阶段进入到大众化阶段,这在任何一个国家高等教育发展史上都是从未有过的,这对我国的高等教育带来的影响是不容忽视的。独生子女一出生就受到爸爸、妈妈、爷爷、奶奶的百般呵护,他们很少听到批评和指责。溺爱娇惯助长了孩子的任性和"自我中心主义"意识。也许是父辈们承受了太多的苦难,总害怕孩子吃苦受罪,所以有求必应、事事包揽,在全社会"再穷不能穷教育,再苦不能苦孩子"的口号声中,给了独生子女们特殊的关怀。在相互攀比之中他们几乎可以得到想要得到的一切东西,这种优待的结果是萎缩了孩子的劳动意识和自立能力,养成了依赖、索取、不负责任的个性。上大学后生活不善自理、不爱参加公益劳动、好高骛远、眼高手低已不再是个别现象。高校扩招使在校生规模迅速扩大,毕业生就业形势也越来越严峻。大学生的能力结构、心理状态的差异增大,一些毕业生志大才疏无法胜任具体的工作,大学生能力不足已经成为大学生就业难的重要原因。如何正确引导与帮助大学生在这些变化的形势下健康成长,使之成为德智体美全面发展的社会主义现代化建设合格人才,是关系我国教育发展的战略问题。随着高校素质教育的开展和大学毕业生就业危机的不断加剧,我们应当用创新的思维,有意识地培养大学生适应社会的能力,要形成一种正确的"多元化"能力观,文凭不等于能力,大学毕业并不意味着具备了就业能力。只有尊重现实、转变观念、充分运用校园志愿服务这个有效的实训载体加强对大学生综合能力的培养,才能使大学在高等教育大众化阶段不辱使命。

校园志愿服务能够对高校的人才培养目标起到重要作用。每一位大学生的本性中都有助人为乐的愿望,志愿服务是一种内在的激励机制,比起空洞、枯燥的说教,校园志愿服务是一种更实际、有效的德育教育的方法。校园内的志愿服务为每一个大学生提供了实践参与的机会,校园服务的志愿者出自校园,服务校园。进行校园志愿服务的每个成员都是来自学校的各年级学生,他们怀着同样的志愿走到了一起,不断地组成一个个充满希望的志愿者团体。他们所要做的就是将爱心和志愿精神奉献给他们即将生活几年的地方——校园。校园志愿服务的教育功能体现在:有助于大学生们在就业之前培养尊重劳动、保护劳动、热爱劳动的意识;有助于学生交往能力的提升,包括协调个人与他人的关系的能力、与他人迅速沟通、建立联系并友好相处的能力;有助于学生合作能力的提升,包括与团队中的其他人齐心协力共同完成既定目标的能力;有助于学生领导与管理能力的提升,包括在群体中发挥核心作用,组织并带领团队相互协作以达成团队目标的能力,使老师与学生间互相尊重,在学生与学生之间及学生与老师之间建立更正面的关系。学生在完成校园志愿服务的课程并参与若干岗位的志愿服务后,除了提高知识能力、精神成人等效能外,还可将志愿服务纳入自我生涯规划,学会了一些可应用的职业技能,加深了学生对职业的了解及对职业有更正面和积极的态度。校园志愿服务中的经历也改变着学生的观念,包括对校园问题的认识、对学校规章制度和正常公共秩序维护的理解,使学生相信他们能为学校带来改变,提高学生对学校事务的关注及参与,提高学生日后参与社会服务的意愿。在志愿服务中解决遇到的问题,促使学生用新的视野和角度思考,让学生能真正学会担负责任。完善的校园志愿服务,对现代大学生的塑造起到积极作用。提升学生自尊感、自我形象及自信心、批判思考能力和对学业的兴趣,使学生能接受不同文化的差异及个别差异,敢于承担责任、相信别人并被信任。为大学生日后就业以及长远的发展做出更好的准备。

# 第2节 服务功能

　　大学应站在大学生精神成人的高度充分挖掘和整合校园内本身的教育资源,尽可能地将校园内所有适合大学生志愿服务的岗位剥离出来,量身打造、分门别类,构成常态化、机制化的校园志愿服务体系,从而使校园志愿服务具有能满足大学校园所需要的服务功能。在构建校园志愿服务岗位的整个过程中务必注重每一个岗位本身对大学生的教育意义,把一些繁重、过于专业、有可能存在安全隐患以及时间上不适合的岗位交给专人去做而不要纳入校园志愿服务的范畴。由于校园志愿服务体系涉及大学几乎所有的部门,因此大学各部门的行政及管理人员都毫无例外地成为了校园志愿服务的组织策划者和培训师,这些工作量及成本可能远远大于聘用工人,但考虑到校园志愿服务对大学生的教育意义,必须把这项工作纳入各部门的基本工作职责,全校一盘棋,统一思想、齐抓共管,这正是校园志愿服务具有生命力的根本保证。

　　一般说来校园志愿服务的服务功能主要包括:图书馆志愿服务、实验室志愿服务、绿化志愿服务、环保志愿服务、保安志愿服务、学校管理监督志愿服务、班导生志愿服务、学生党员志愿服务和社会志愿服务等。

# 第4章 校园志愿服务的基本模式

　　校园志愿服务是大学的一门必修课,其特点是把学习贯穿于志愿服务的始终,边服务边学习,使大学生在志愿服务的过程中既满足校园服务的需求又能在服务的过程中得到学习和提高。学校把所有的校园志愿服务整合成图书馆志愿服务、实验室志愿服务、绿化志愿服务、环保志愿服务、保安志愿服务、学校管理监督志愿服务、班导生志愿服务、学生党员志愿服务和社会志愿服务等几大种类,构建成有组织章程、有管理机制、有制度和流程的完整的校园志愿服务工作体系。每一种类的志愿服务均有明确的目标和计划、有过程管理、有绩效考核、有总结激励。

　　从志愿者的角度来说,进行校园志愿服务的典型模式主要包括规划、培训、服务、反思、评价总结五个过程。

## 第1节　规　　划

　　规划包括教师和志愿者共同制定服务和志愿者职业生涯规划的目标和计划,给志愿者提供参与服务所需要的知识等。目标计划的内容包括选定服务的内容、实施时间、地点、要求以及通过服务对志愿者职业生涯的成长帮助。制订的目标计划要符合志愿者职业生涯成长的需要以及客观实际的需求,使其整个服务过程都具有学习的意义。

## 第2节　培　　训

　　承担培训的教师的知识应该广博而专业,要有爱心、有责任感、有组织和规划能力。要对学生进行服务前的教育和培训,教师将课程内容教授给学生,不仅要把静态的知识传授给学生,还要为接下来的服务做准备,要启发学生如何在服务中运用知识。主要是协助学生了解服务项目,熟悉工作的环境和工作要领,协助学生掌握参加服务所必需的方法与技巧,使学生建立正确的服务观念,体会服务的乐趣,愿意真心投入到服务工作中去。训练的方式可以是专题讲授、讨论、观摩、查阅资料等。

　　首先是基础性的培训,使志愿者懂得怎样才能成为一名合格的志愿者。其次是专业性的培训,几乎所有的志愿服务都需要志愿者具有较多的相关知识和技能。为了突出志愿服务的"学习"特质,进行岗前培训是必不可少的,不进行培训,志愿者就不能有效承担志愿服务工作,即便进行了志愿服务工作也达不到实际预期的效果。对于不同的志愿服务岗位分门别类地进行知识和技能的培训也是至关重要的。由于教育培训是高校所擅长,校园志愿服务突出强调对参与志愿服务的大学生的教育意义,所以应当使校园志愿服务课程化,建立高校长期的、专业性的志愿者服务的培训体系。志愿服务培训要明确培训目的、培训内容、培训方式以及培训过程。培训目的是通过业务培训和实践交流,使志愿者树立正确的

· 10 · 校园志愿服务教程

服务理念,增强服务技巧和与人交往的能力,以达到志愿服务职业化的要求并使志愿者本身受到良好的教育;培训内容一般包括了解志愿服务的历史与现状,明确基本概念、宗旨和信念,学习有关规定和制度,掌握服务的基本技能等;培训方式可分为集中统一的理论培训和实际岗位培训两种方式,在志愿者服务中将培训的课程和内容完成。培训过程为在统一的授课中掌握志愿服务的组织和管理以及服务的内容,在志愿服务的亲身体验中达到服务技能的成熟,在志愿服务的反思和评价总结中感悟其真谛。

# 第3节  服  务

这一过程是志愿服务的核心,志愿服务的效果和价值通过服务的具体过程来体现。校园志愿服务就是大学生们在大学生活学习期间反复在不同的时间、与不同的同学、从事不同岗位的具体服务。服务过程是任何课程、任何培训、任何交谈讨论和任何设想准备都无法替代的,对大多数大学生而言这种服务是在此前的家庭教育和学校教育的成长过程中所缺乏的,因而是全新的体验。客观来说我们应当把学习看做是"学"和"习"两个过程,大学生们在以往的学习中是"学"多"习"少,而这正是我们教育的弊病所在。这一弊病在大学生"精神成人"的过程中可以通过志愿服务得到一定程度的弥补,大学生们通过这样的"学而时习之"使学习的整个过程得以完成。由于进行了职业化的规范使简单枯燥的服务变得很有条理,岗前的培训,每一个服务岗位的职责、制度、流程和考核,年龄相仿、志同道合的大学生们在志愿服务的过程中的相互衔接、沟通、交流使其具有趣味性和职业精神,自身和外界的鼓励、自我价值的体现使服务的本身对大学生们具有吸引力,从而保证了志愿服务可持续性的、一届一届地得以传承。长期的实践表明,志愿者们在反复服务的过程中磨炼了意志,增长了才干,因而受到大学们的普遍欢迎。任何事情都有差别,我们可以通过服务过程来观察和评价,通过志愿服务过程个性化的观察和评价,一些优秀学生会脱颖而出,这给大学生的党建工作提供了一个非常关键而可靠的考核依据。于是志愿服务既成了志愿者自我教育的过程又满足了校园的需求,使大学的校园文化焕然一新,使大学校园的风气得以提升。只有当志愿者具有使命感和合作意识时,有意义的志愿服务才可能出现。服务过程要与志愿者学习的理论相结合,服务时志愿者应有主动权,指导教师要鼓励志愿者在服务过程中进行反思。在服务阶段教师是指导者和启发者,从侧面辅助志愿者将服务过程与课程联系起来,以期实现服务与课程的统一、交融。

# 第4节  反  思

反思是志愿服务的关键阶段,是最能体现校园志愿服务特色的阶段。反思本质上是自我评价。在志愿服务的某一个阶段进行志愿服务的小组或者团体坐在一起构成了一个交流平台,每一个人都可以畅谈自己的心得,分享各自的感悟。由于志愿服务是由不同的岗位、不同的时间、不同的志愿者构成,并且每一个志愿者在不同的志愿服务岗位上都会组合成新的服务小组,遇上新的同学,这样大大增加了志愿者们沟通交流的机会。规模不同、频次较多的反思会使志愿者们对服务有更深层次的理解,同时也使志愿者们的沟通表达和交往能力逐渐成熟起来。没有反思,校园志愿服务便与社区服务及其他志愿活动没有区别而失去了意义。反思包括学生的反思和教师的反思。学生要反思"通过志愿服务我得到了什么体验和收获"，"在今后的学习和生活中我将如何运用这些收获和体验"，"通过志愿服务我的行为、观念有了哪些改变"等。教师的反思则包括"我的教学是否对学生的志愿服务产生了启发，哪些地方需要改进"，"学生是否把志愿服务课程内容与志愿服务的过程联系起来了"。反思以小组或团队为单位，目的是为了进一步加深对所学内容、所从事服务的理解，纠正以往的不当行为习惯，增进志愿者们相互之间的了解和友谊，培养沟通表达能力。

# 第 5 节　评 价 总 结

　　评价总结是志愿服务的最后阶段，对志愿者来说是外部评价。志愿者们聚集在一起对整个或阶段性的志愿服务进行评价。肯定进步和成长，但也要指出缺点和不足以便日后改进。在评价总结时，要为学生提供交流经验的平台，使彼此之间能互相学习，取长补短。对学生在志愿服务项目上的贡献进行激励是开展志愿服务的一个重要内容。通过激励使学生可以享受工作完成后的喜悦。认同和肯定学生的服务成绩对于在大学生中建立服务伦理是非常重要的。反思使学生认识到他们自己的努力，而激励则使他们认识到他人是如何评价自己的工作的。最好的志愿服务是学生有机会回顾自己的成绩，并且明白自己的努力为群体的社会所认同。

# 第5章　校园志愿服务的优势

校园志愿服务与其他各种类型的志愿服务相比,有着许多明显的优势,分述如下。

## 第1节　教　育　优　势

校园志愿服务以学生为本、以培养学生为目的、服务学习并重使校园志愿服务有明显的学习特质。社会上正在开展的各种类型志愿活动的一个共同的特点是均以服务对象为中心,没有注重对志愿者本身内在精神的教育和培养。志愿活动对志愿者的教育和锻炼作用不容忽视。重视志愿精神教育中"体验"的功能,将道德教育寓于丰富多彩的志愿者活动中对大学生树立正确的价值观,提高竞争能力大有裨益。

## 第2节　环　境　优　势

在高校内有开展校园志愿服务的实际需要和良好的发展环境。在不少地方青年志愿者行动大多还停留在活动的层面上,偶发性的活动多,持续性的行动少。追求形式上的效应,"热热闹闹搞形式,轰轰烈烈走过场"这样的活动没有多大的实际意义,而在校园志愿服务中学生既是奉献者又是受益者,学生在志愿服务的过程中既受到了教育又加深了对服务工作的理解和尊重,其直接的效益是极大地降低了高校的管理成本,因而校园志愿服务成为高校自身的实际需要。

在我国扩招和独生子女占大学生主体这两大背景下,有效的教育和服务功能使校园志愿服务得到了高校的足够重视,高校越来越清醒地认识到应当把大学生志愿服务放在整体办学方向和培养目标的大背景下来认识,而不是把大学生志愿服务工作局限在学生管理和课外活动的层次上。实际的需要和思想上的重视使校园志愿服务在高校校园内有了得天独厚的发展环境。

## 第3节　管　理　优　势

高校严密的组织管理体系有效地保证了志愿服务工作在校园内的可持续发展。高校内完善的志愿服务本身是一项比较复杂的系统工程,所以需要有健全的组织机构来保证它更好实施。在我国有组织的正式的青年志愿活动是由共青团于1993年底发起的,自发起实施以来,已初步形成了以青年为主体的志愿者队伍,建立了志愿服务组织管理网络,开展了一系列具有广泛社会影响的志愿服务。但是严密的志愿服务组织管理网络有待建立,许多大学生有意于参加各种志愿服务,却苦于缺乏正式的组织管理机构。即使一些有正式的组织部门牵头开展的志愿服务活动,很多也是缺乏严密的管理,往往只是在活动初期负责志愿者招募活动,在志愿者的培训及管理方面却存在很大缺陷,从而使志愿服务的效果和社会认同度不高。

　　学校的行政管理是高校的主要管理力量,学校的行政领导对学校各组织具有重要影响,因此学校的扶植与支持对校园志愿服务的发展是至关重要的。虽然志愿服务活动是一种非政府行为,但在中国目前扩招和大学生以独生子女为主体的特殊背景下,学校的大力推动与积极支持,对校园志愿服务活动的开展有着重要的意义。有了学校的重视和支持,学校的师资配备、课程开设、时间安排等就可以紧密结合,充分地发挥志愿服务的育人功能。同时可以充分发挥高校党团组织的组织优势,改变以前志愿服务相对松散的组织结构,真正把校园志愿服务作为高校人才培养的有效途径。高校可以充分运用行政管理的优势,建立职责明确的校园志愿服务的组织管理机构,从宏观发展的角度对大学生志愿服务做出全面的规划,从经费落实、内容安排、项目制定等方面给予积极支持。此外,学校可以动用行政的力量使校内的各种资源得到充分整合,使各部门对校园志愿服务的支持形成合力,以推动其快速健康地发展。

# 第 4 节　培 训 优 势

　　高校的教育培训优势确保了校园志愿服务目标的实现。校园志愿服务不仅需要关于服务知识、服务技巧的培训,更需要人生成长、社会阅历方面的培训,因为校园志愿服务的意义在于使志愿者在帮助他人的同时,自身也获得更好的发展。对于大学生志愿者而言,在知识和技巧方面具有其他群体所不具备的优势,但是由于大学生社会经验和人生经验的缺乏,关于人生成长、社会阅历方面的培训对于大学生则显得尤为重要。而目前社会志愿组织的培训机制非常不健全,或没有或零散而单一。通常是急功近利地根据短期需要进行一些专项培训,没有能够建立科学的培训系统,更没有拓展到人生成长与社会阅历的培训。而校园志愿服务所需的培训正是高校的专长,既有培训的长效机制又有优秀的培训师资,极有利于志愿者的顺利成长。高校为校园志愿服务所提供的培训内容主要包括基础理论和技巧训练,基础理论内容主要包括志愿服务概念和服务的意义,注重于价值理念的培训。技巧训练主要包括志愿服务技巧、人际沟通技巧、特别技能培训、服务策划培训、领袖才能训练等。

　　加强志愿者行动的课程化建设是我国高校培养学生的志愿精神的最好方式。在志愿活动活跃的美国,不少大学开设了志愿服务的相关课程,为志愿服务活动提供学分,使之作为获得毕业文凭的先决条件之一,这些经验为我们提供了很好的借鉴。校园志愿服务成为大学生的必修课,参与校园志愿服务成为大学生的行为习惯,志愿服务的"课程化"和德育教育的"实践化"使校园志愿服务成为大学生德育教育和能力培养的有效载体。

# 第 5 节　资金保障优势

　　校园志愿服务有稳定的资金保障。对志愿者进行招募、培训、管理、表彰及开展活动都是要发生必要经费的。随着志愿服务的深入所需的物力财力的投入也在不断增加,国内目前开展的志愿活动的最大困难是经费没有保障,致使许多有益的活动只能开展几次,不能长久坚持,给人以走形式的印象。一些高校志愿者在奉献了爱心的同时,还要自己承担中间环节的一些费用,由于活动缺乏稳定的经费来源程序,使得长期化、规范化的志愿服务难以为继,往往是搞一次活动,向行政领导申请一次经费,或向企业寻求一次合作。诸多因素使志愿者行动难以走上组织化、规范化和系统化的轨道,极大地制约了高校青年志愿服务行动的深入开展。

由于校园志愿服务活动以校内为主,大学本身是直接的受益者,因而把校园志愿服务所需经费纳入学校常规财政预算就成为可能。校园志愿服务本身可降低学校的管理成本,学校可以把节省下来的资金用于校园服务志愿者进行招募、培训、管理、表彰及开展活动,这样就使得校园志愿服务的资金有了持续性地保障。

# 第6节　时间和费用的优势

校园志愿服务避免了时间上的冲突以及交通、用餐的尴尬,最大限度地方便了大学生志愿者。大学生志愿者参加青年志愿者活动时首先遇到的问题是时间上的冲突,当高校和一个社区合作,社区需要志愿者完成某项具体工作任务时,大学生志愿者往往正在上课,没有时间;大学生志愿者周末有了时间,可社区有关部门却不上班。大学生的课程比较紧,能够抽出的空余时间有限这是不争的事实。其次是交通、用餐的尴尬。志愿者贡献了个人的时间与精力,在不为任何物质报酬的情况下,提供服务使志愿工作具有无偿性和公益性。但在进行青年志愿者活动时除了不计报酬、贡献自己的时间及精力外,还要大学生志愿者自掏腰包解决交通、饮水和用餐问题实在是不近情理,也使得志愿活动难以持久地开展,无法实现良性循环。而校园志愿服务是在校内进行,时间可以根据学生的课程弹性安排,也不存在交通、饮水和用餐问题,极大地方便了大学生志愿者,使校园志愿服务的生命力得以持久。

# 第7节　激励优势

校园志愿服务有利于高校建立有效的激励机制。由于目前志愿服务的网络建设还不完善,社会志愿服务的考核评价体系也不健全,致使高校设置的奖励制度并不能完全鼓励学生参与社会志愿者行动,学校在学生的推优评优工作中往往忽视大学生参与社会志愿服务的经历,高校如果不对大学生志愿者给予价值肯定,不能建立一定的补偿制度,大学生志愿者行动就很难持续性的开展。校园志愿服务发生在校内,志愿服务的成效显而易见,大学生志愿者的价值容易得到认同和公正的评价,在此基础上完善评优奖励制度,可以通过注册登记,建立志愿档案,增强其身份意识;规范志愿服务行为,建立反馈渠道;实行奖惩并用,以确保每次志愿服务活动的质量和效果;与个人的成长、培养计划相关联等激励的方法对默默奉献的大学生志愿者给予必要的关怀,给予他们充分的肯定和理解,使他们在志愿服务的过程中所遭遇到的种种问题和困惑能够得到解决,进而使他们得到精神安慰和心理满足,使大学生志愿者能够真正成为道德的先锋与楷模。

# 第6章　校园志愿服务体系管理

## 第1节　体系管理概述

体系管理是在 ISO 质量管理体系基础上不断改进而形成的管理工具。这是一个通过长期的实践和不断改进而形成的"管理有目标,过程可监控,执行有记录,绩效重考评"的管理体系。通过 OA 平台使体系得以平稳运行。极大地降低了管理成本、减少了管理层级、加快了信息传递和反馈的速度、提高了决策的科学性和可靠性、管理效率。管理体系具有全员性、全程性和全面性的特色。体系管理在志愿服务体系运用可以有效地监控和管理校园志愿服务工作,使全院各部门对校园志愿服务工作一目了然;可使校园志愿服务工作做到制度化、系统化、标准化、程序化和自动化,真正形成具有特色的学生德育教育新模式。

1. 目标计划管理体系　这一体系的目的是将校园志愿服务体系的年度目标、岗位目标及承诺书以不同层级的文件形式表达出来,然后依据这些目标制订出相应的计划,并将各级目标以及实现这些目标的计划层层分解到每个岗位和每一位志愿者,从而达到"千斤重担万人挑,人人头上有指标"的目的。

2. 质量管理体系　这一体系的核心是强调"过程管理",其基本理念为"质量不是结果,而是过程"。通过 PDCA 这四个过程的不断循环,实现对质量的不断改进。PDCA 既是工作程序,也是工作方法。过程管理的核心内容为"制度"和"程序",制度的目的在于如何防范错误,而程序的目的是如何把事情做正确。这一体系由三个层级的文件构成:一级文件为《质量手册》,属于纲领性文件,对各岗位的职责、权限进行明确的规定,真正实现"纵到底横到边"。二级文件为《程序文件》,属于支持性文件,目的是使各部门协调一致,按照规定的方法和步骤,规范性地完成各自的任务。三级文件为《作业指导书》,属于操作性文件,目的是为了对各项工作的有序展开提供支持,并为管理的有效性的审核和评价提供证据。

3. 绩效考核管理体系　这一体系规定了校园志愿服务体系绩效考核的层级、频次和方法。"考核就是执行力",目的是通过绩效考核,验证校园志愿服务体系是否按质量管理体系的规范要求,履行各自的职责,完成既定的目标任务。

## 第2节　PDCA 循环管理法

PDCA 循环又叫戴明环。是美国质量管理专家戴明博士提出的,它是全面质量管理所应遵循的科学程序。全面质量管理活动的全部过程,就是质量计划的制订和组织实现的过程,这个过程就是按照 PDCA 循环,不停顿地周而复始地运转的。

PDCA 循环是能使任何一项活动有效进行的一种合乎逻辑的工作程序,特别是在质量管理中得到了广泛的应用。P、D、C、A 四个英文字母所代表的意义如下:

P(Plan)——计划。包括方针和目标的确定以及活动计划的制订。

D(Do)——执行。执行就是具体运作,实现计划中的内容。

C(Check)——检查。总结执行计划的结果,注意效果,找出问题。

A(Action)——行动改进。对总结检查的结果进行处理,成功的经验加以肯定并适当推广、标准化;失败的教训加以总结,以免重现,未解决的问题放到下一个 PDCA 循环。

PDCA 循环,可以使我们的思想方法和工作步骤更加条理化、系统化、图像化和科学化。它具有如下特点:

1. 大环套小环,小环保大环,推动大循环 通过循环把各项工作有机地联系起来,彼此协同,互相促进。

2. 不断前进、不断提高 PDCA 循环就像爬楼梯一样,一个循环运转结束,质量就会提高一步,然后再制定下一个循环,再运转、再提高,不断前进,不断提高。

3. 门路式上升 PDCA 循环不是在同一水平上循环,每循环一次,就解决一部分题目,取得一部分成果,工作就前进一步,水平就进步一步。每通过一次 PDCA 循环,都要进行总结,提出新目标,再进行第二次 PDCA 循环,使质量治理的车轮滚滚向前。PDCA 每循环一次,质量水平和治理水平均进步一步。

# 第2篇 运 行

八大步骤：

步骤一：分析现状，找出问题。发现问题是解决问题的第一步，是分析问题的条件。

步骤二：分析原因。运用头脑风暴法等多种集思广益的科学方法，把所有原因统统找出来。

步骤三：区分主因和次因是最有效解决问题的关键。

步骤四：拟定措施、制订计划。"5W1H"，即为什么制定该措施（Why）？达到什么目标（What）？在何处执行（Where）？由谁负责完成（Who）？什么时间完成（When）？如何完成（How）。措施和计划是执行力的基础，尽可能使其具有可操性。

步骤五：执行措施及计划。高效的执行力是组织达到目标的重要一环。

步骤六：检查验证、评估效果。"下属只做你检查的工作，不做你希望的工作"。

步骤七：标准化，固定成绩。标准化是系统的动力，没有标准化，企业就不会进步，甚至下滑。

步骤八：处理遗留问题。周而复始，螺旋上升。

全面质量管理活动的运转，离不开管理循环的转动。在质量管理的实际实施过程中，这四个环节紧密连接。大的方面，对每学期的校园志愿服务工作进行策划，以便整个学期工作的实施，同时对实施过程进行必要的检查督促，发现问题及时进行处置，并进行再策划循环；小的方面，对每一天的志愿服务工作甚至每一件小事，进行策划、实施、检查、处置的循环，以保证管理工作有效进行。

# 第7章 校园志愿服务规划（Plan）

## 第1节 校园志愿服务章程

志愿服务的基本思路是：党政支持、学生处（团委）承办、制度化运作。

1. 说明 "志愿者"是义务工作者的简称。一般而言，志愿者是指自愿贡献个人的时间、精力和技能，在不为任何金钱或物质报酬的情况下，为推进社会文明进步与稳定和谐而提供的服务。

志愿者的标志：象征一个人张开双臂，志愿需要每个人的爱心奉献。

2. 志愿服务理念 团结友爱、助人为乐、见义勇为、无私奉献。

3. 志愿服务宗旨 为了树立社会主义荣辱观，感恩社会，回报国家，实践自我，大力弘扬"奉献、友爱、互助、进步"的精神，构建和谐平安校园，为全院学生提供志愿服务，在服务中完善自我，通过志愿服务为大学生提供进入社会前的能力的训练和实践。

4. 加入条件　任何在校学生,不分年龄、性别、种族、宗教、政治背景及地域,只要自愿利用本人的时间,不为名誉和酬劳为国家、社会、学院及他人服务并勇于面对挫折和困难者,均可加入志愿者行列。

5. 志愿者服务条例

### 第一章　总　　则

**第一条**　为鼓励和规范志愿服务活动,推动志愿服务的健康发展,弘扬社会主义道德风尚,根据南大有关文件及有关法律、法规的规定,结合实际情况,制定本条例。

**第二条**　本院全体自愿参加志愿服务的学生及其志愿活动适用本条例。

**第三条**　本条例中所称的"志愿者",是指出于奉献、友爱、互助和社会责任,经过登记,自愿、无偿地以本人的时间、技能等资源参加公益活动的人员。

**第四条**　志愿者服务活动必须遵循自愿、合法、诚信、节俭和非营利性的原则。

**第五条**　志愿者服务内容包括各部门提供的学生力所能及范围内的各工作岗位职责。

**第六条**　志愿者服务的劳动强度安排应根据用工部门提供的岗位,以及学生个人状况、能力、性别、个人意愿对志愿者进行具体分组、分类,并由学生个人按星级标准申请劳动强度进行派工。

**第七条**　志愿者服务活动接受综合考评小组、学生处(团委)以及其他用工部门的考核、指导和监督。

**第八条**　志愿者以受资助学生志愿服务与非受资助学生志愿服务两种形式的志愿服务进行星级评选。

### 第二章　志　愿　者

**第九条**　志愿者应当具备下列条件:

(一)自愿从事志愿者服务;

(二)具有相应的民事行为能力;

(三)符合志愿者服务活动要求的身体条件;

(四)参加过学生处(团委)对青年志愿者的培训;

(五)参加过用工部门对志愿者的培训,具有相应的服务能力;

(六)志愿者在志愿服务之前,应签订志愿服务承诺书。

**第十条**　志愿者的权利

(一)自愿加入或者退出志愿者组织;

(二)自愿参加学院开展的志愿服务活动;

(三)有获得工作指导和培训机会的权利;

(四)有要求获得志愿者必需的条件和必要的保障的权利;

(五)对志愿者服务的部门与志愿者管理部门提出建议;

(六)志愿者服务的评定可纳入到学校各类评优、评奖、评助活动中。

**第十一条**　志愿者工作的目标

(一)帮助别人,快乐自己。这是初为志愿者最深最直接的感受,在帮助别人后,看到别人获得快乐而自己因此也变得快乐;

(二)提高学生环保意识,为创造一个绿色生态环境,为全院学生提供志愿服务,在服务中完善自我;

(三)通过志愿服务为大学生提供进入社会前的能力的训练和实践;

（四）通过参加志愿活动总结经验,促进个人成长;

（五）生命不息,奋斗不已。送人玫瑰,传播文明,生命不止。

**第十二条**  志愿者履行下列义务

（一）自觉遵守志愿者组织的章程;

（二）志愿者应服从青年志愿者协会以及所在部门的各项管理和调配;

（三）志愿者劳动以无偿为原则;不应该附带外在酬赏的期望;

（四）不得向服务对象收取报酬或者借钱、借物、谋取其他利益;

（五）在服务期间不得接受服务对象的捐赠;

（六）未经青年志愿者协会批准,志愿者不得私自进行工作计划外的服务内容;

（七）未经服务部门同意及青年志愿者协会批准,志愿者不得替服务对象签署任何文件;

（八）对服务部门进行服务中涉及的保密性内容进行保密;

（九）不得以志愿者的名义组织或者参与违反志愿者服务原则的活动;

（十）志愿者应听从青年志愿者协会的安排,遇到难题及时沟通汇报;

（十一）服务时不得迟到早退,因特殊原因不能参加服务,应及时通知志愿者管理办公室,否则视为旷工,将对本人进行减分;

（十二）志愿者在从事志愿服务期间应当佩戴统一的志愿者标志和志愿者服务证件;

（十三）未经学生处(团委)审批,任何部门和个人不得以志愿者组织名义开展活动;

（十四）志愿者在服务活动中要注意言谈举止,礼貌待人,不要沾惹意外事情发生;

（十五）志愿者应认真接受学生处(团委)、青年志愿者协会及学校其他用人部门的工作考核及监督。

**第十三条**  要有责任心、恒心,对承诺了的服务尽心尽力完成,如因客观原因,确实无法履行承诺的,应做好解释工作。

**第十四条**  志愿者应积极提供建议改善服务。

**第十五条**  志愿者应当在青年志愿者协会的安排下开展志愿服务,完成服务工作。

**第十六条**  在参加活动中必须遵守条例。

**第十七条**  志愿者在工作中应注意个人安全,因不服从管理人员指挥发生事故者,责任自负。

### 第三章  青年志愿者协会

**第十八条**  志愿者服务章程应当包括志愿者的登记、志愿的权利和义务等内容。

**第十九条**  青年志愿者协会的职责如下:

（一）为学生志愿者建立、健全志愿服务档案;

（二）建立志愿者服务活动的规章制度;

（三）志愿者的招募、培训、指导、管理、监督和表彰;

（四）组织开展志愿者服务活动;

（五）志愿者服务工作的宣传与交流;

（六）对志愿者提供必要保障;

（七）青年志愿者协会应当维护和保障志愿者在服务期间的合法权益。

**第二十条**  志愿者星级评定标准

（一）五星级青年志愿者:遵守服务承诺,按照岗位要求完成各项任务按学年积分从高

至低排列,评出前10%为五星级志愿(参与学院年度百名优秀志愿者及年度优秀党员志愿者评选);

(二)四星级青年志愿者:遵守服务承诺,按照岗位要求完成各项任务按学年积分从高至低排列,评定五星级志愿之后,类推20%为四星级志愿;

(三)三星级青年志愿者:遵守服务承诺,按照岗位要求完成各项任务按学年积分从高至低排列,评定四星志愿之后,类推30%为三星级志愿;

(四)二星级青年志愿者:遵守服务承诺,按照岗位要求完成各项任务按学年积分从高至低排列,评定三星志愿之后,类推30%为二星级志愿;

(五)一星级青年志愿者:遵守服务承诺,按照岗位要求完成各项任务按学年积分从高至低排列,评定二星志愿之后,类推10%为一星级志愿。

**第二十一条** 劳动强度及劳动强度权重系数认定

(一)劳动强度Ⅰ:工作地点在室内,脑力劳动为主,劳动强度权重系数为0.5;

(二)劳动强度Ⅱ:工作地点在室内或室外,轻微体力劳动为主,如卫生检查岗、治安值勤岗、图书馆流通部管理岗、发粉笔岗;劳动强度权重系数为1;

(三)劳动强度Ⅲ:工作地点在室内或室外,体力劳动为主,如草坪清洁岗、走廊、楼道清洁岗、教室清洁岗、篮球场、人工湖、校园绿化岗清洁岗、实验室岗、体育训练馆内卫生清理,劳动强度权重系数为1.5;

(四)劳动强度Ⅳ:工作地点在室外,重体力劳动;劳动强度权重系数为2;

(五)劳动强度Ⅴ:气候环境比较恶劣情况下的重体力劳动工作;(气候恶劣指大风、大雨、酷暑、严寒等天气)劳动强度权重系数为2.5。

**第二十二条** 工作时间认定

指完成某项工作所需时间。以0.5小时为基本单位,不足0.5小时的按0.5小时计算。

**第二十三条** 工作完成情况系数认定

认定类别:不合格、基本合格、合格、优良四级;

(一)不合格:没能按时、按质、按量完成工作,影响后续工作进程。不合格系数为0;

(二)基本合格:能按时、按量完成工作,但工作质量欠佳,对后续工作进程影响不大;系数为0.8;

(三)合格:能按时、按质、按量完成工作;系数为1;

(四)优良:能按时、按质、按量完成工作。师生满意,评价良好;系数为1.2。

**第二十四条** 积分规则:

每项工作得分=工作时间×劳动强度权重系数×完成情况×2(固定系数)。

**第二十五条** 学校建立表彰制度,组织举办表彰大会;每学年依据服务时间累计和绩效评价等具体制度作为考核、表彰志愿者的依据,志愿所获得的各项荣誉应作为当学年评优、评奖、评助、推优、入党的依据之一。

**第二十六条** 星级志愿者或优秀志愿者在同等条件下可优先享受相应的评先、推优等荣誉。

**第二十七条** 学校应当对符合表彰规定的志愿者颁发志愿者荣誉证书及加个人操评分对志愿者学生进行鼓励。

**第二十八条** 志愿者学生在毕业时可将《志愿服务手册》、星级评比等各类证书,作为本人在校期间参加社会服务工作的就业证明材料及志愿档案中的材料证明。

　　**第二十九条**　鼓励来招聘的用人单位在同等条件下优先录用、录取有志愿服务经历者。

　　**第三十条**　学校各宣传阵地应当开展各种无偿志愿服务的公益性宣传。对于服务表现突出的志愿者进行宣传表扬。

1. 通过本章的学习,简述对章程中志愿者星级评定的内容。
2. 结合自身情况,谈谈章程中有哪些需要完善之处,请说明理由。

# 第 2 节　校园志愿服务的组织结构

## 一、班导生志愿服务岗组织结构(图 7-1)

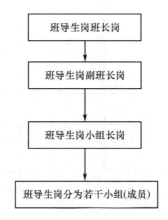

图 7-1　班导生志愿服务岗组织结构图

## 二、校卫队岗组织结构(图 7-2)

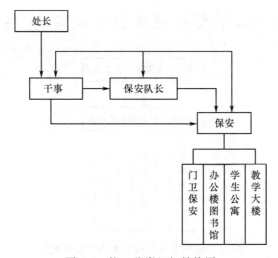

图 7-2　校卫队岗组织结构图

### 三、质量监督管理岗组织结构（图 7-3）

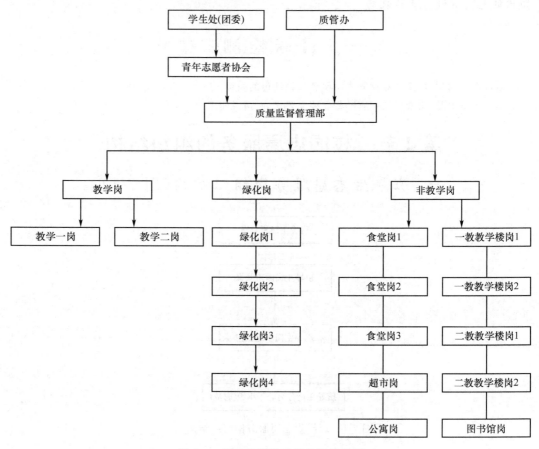

图 7-3　质量监督管理岗组织结构图

### 四、精神文明督察服务岗组织结构（图 7-4）

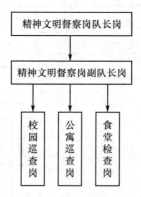

图 7-4　精神文明督察服务岗组织结构图

## 五、环保管理岗组织结构（图 7-5）

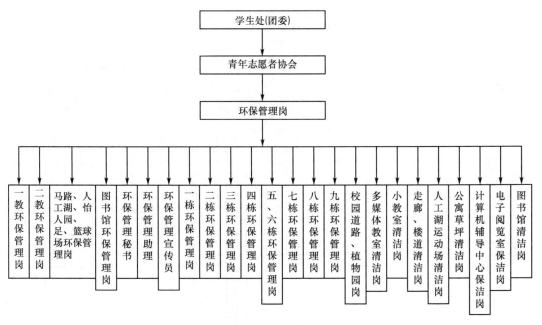

图 7-5　环保管理岗组织结构图

## 六、图书馆志愿服务岗组织结构（图 7-6）

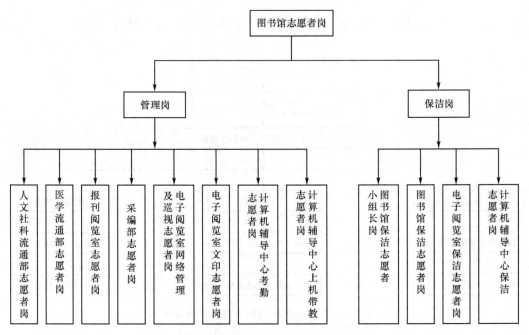

图 7-6　图书馆志愿服务岗组织结构图

## 七、实验室志愿服务岗组织结构(图 7-7)

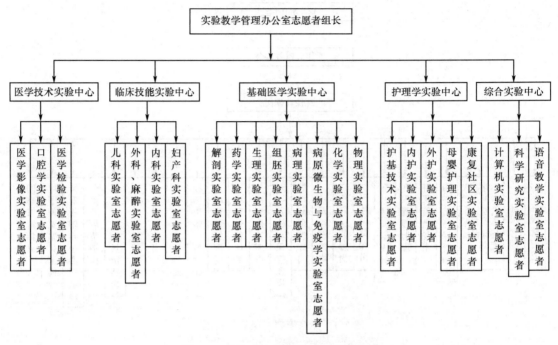

图 7-7　实验室志愿服务岗组织结构图

## 八、医疗扶贫志愿服务岗组织结构(图 7-8)

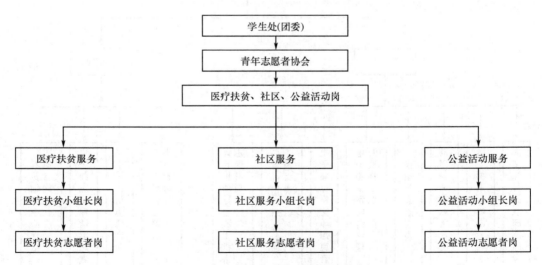

图 7-8　医疗扶贫志愿服务岗组织结构图

## 九、班干部岗组织结构（图 7-9）

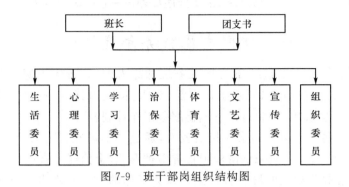

图 7-9　班干部岗组织结构图

## 十、学生干部岗志愿服务岗组织结构（图 7-10）

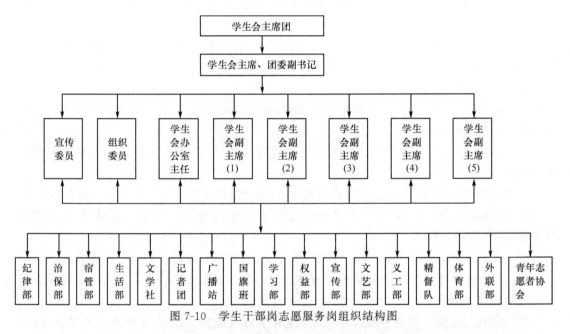

图 7-10　学生干部岗志愿服务岗组织结构图

## 十一、心理健康服务中心岗组织结构（图 7-11）

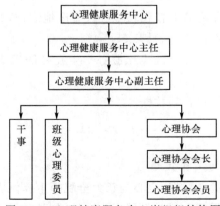

图 7-11　心理健康服务中心岗组织结构图

# 第3节　校园志愿服务年度工作计划

## 一、校园志愿服务年度计划

随着"奉献、友爱、互助、进步"的志愿服务理念深入校园,青年志愿者服务工作发展迅速,为了进一步扎实推进青年志愿者工作广泛、深入、持久地开展,推进素质教育的全面实施,促进广大青年学生成才,特制订以下志愿服务工作计划:

1. 做好参与志愿服务学生的素质拓展教育,通过教学讲授、课堂讨论、专题讲座、主题活动、户内户外体验实践、素质拓展游戏项目等多种形式,全面促进素质拓展训练。

2. 将做好志愿服务学生的思想教育工作作为工作的重点。重点抓好志愿服务前教育及培训、服务过程中的日常管理及思想稳定、服务之后的宣传教育三个关键性环节。

3. 组织具有较强组织、沟通、管理能力及有一定工作经验的学生,协助学校对志愿服务各岗位进行有效管理。

4. 组织学生志愿服务为图书馆进行图书义务引导宣传,协助图书馆做好管理工作,更好地为广大师生服务。

5. 维护校园治安。

6. 组织志愿服务学生,督促学生节约水电,对学校的水电浪费情况进行监督、反馈,并观察改进及整改情况。

7. 组织志愿服务学生对学校的消防设施进行义务检查,共同维护学校的消防安全检查,确保广大师生消防安全。

8. 组织学校的优秀学生,担任各部门的助理,协助学校各部门完成办公室行政事务工作。

9. 协助组织义务参加社会所邀请的公益服务活动(奉献爱心服务)、社区服务、医疗扶贫服务、福利院帮扶服务、宣教服务等。

10. 成立志愿服务工作宣传组,对志愿服务文化、志愿服务精神等进行义务宣传。

11. 组织志愿服务学生协助学校完成体育训练馆的管理工作,确保能为全院学生提供一个良好的活动场所。

12. 组织志愿服务学生协助所有实验室老师完成实验室工作,让学生更深入实验教学。

13. 确保全院师生在校期间学习、工作安全,每天组织志愿服务学生协助学校完成治安巡逻及保卫工作。

14. 每天组织全院志愿服务者对校园环境进行有序地维护,共同构建和谐校园。

15. 组织班导生开展工作。

16. 组织学校中一些有特殊才能的志愿服务学生在社团组织中担任指导工作,丰富社团组织活动。

17. 按时上传志愿服务平台各项数据。

## 二、岗　位　计　划

(一)校卫队志愿服务岗工作计划

1. 加强学习,提高工作责任意识,全心全意为全院师生提供服务

(1)以"三个代表"重要思想和科学发展观为指导,加强学习,注重从思想上提高在新形

势下协助保卫处搞好学校安全保卫工作的认识,使每个校卫队员更好地履行工作职责,树立良好的形象,把工作做得更扎实、更有成效。

(2) 树立全心全意为学院师生服务的思想,认真及时地做好救助工作,有效保护师生的生命财产安全,为师生排忧解难。

2. 目标任务

(1) 加强校卫队队伍建设,认真落实规章制度,文明执勤,礼貌办事。

(2) 每天早上参加保卫处组织的体能及队列队形训练。

(3) 负责白天及晚上的校园安全巡逻。

(4) 负责处理突发事件的协助工作,做到认真、严肃、听从指挥。

(5) 在新生入校报名期间对进入校园车辆进行停放管理,及时处理有堵塞交通及乱停乱放行为,确保新生报到期间交通畅通。

(6) 对新生入校后下到每个新生宿舍进行安全知识宣传工作,防止学生被骗。

(7) 负责外来人员强行入校后的巡查与协助处理。

(8) 负责学院各类大型活动的安全维护工作。

(9) 认真参加校卫队组织的各项活动,积极参与到学院的各项志愿活动中去。

(10) 负责对学生公寓、教学大楼、办公大楼、图书馆、教工宿舍、体育馆、大礼堂消防设施进行检查,及时发现问题,报保卫处。

(11) 完成学院交办的治安保卫工作。

(12) 负责各楼栋消防器材的检查维护工作。

3. 工作重点

(1) 每天的巡逻工作。

(2) 学生公寓内外来人员的查处工作。

(3) 加强校内陌生人员的询问工作。

总之,校卫队要把治安保卫工作做得更好,为创建和谐校园、平安校园和文明校园做出贡献。

(二) 质量监督岗志愿服务岗工作计划

为了使志愿服务工作系统化、规范化,严格遵循体系的精髓(PDCA循环)是将志愿服务工作发展为具有特色工作的保障,确保志愿服务工作的长期、有效开展,特制订以下工作计划:

1. 负责每月对投诉信箱的信件进行汇总,反映学生建议与意见。

2. 负责每月统计生活委员听证会上反馈的问题。

3. 负责每月对学生反馈情况及投诉电话的汇总,解决同学提出的问题。

4. 每天按时安排成员上岗,认真工作,并做好成员月工作考核。

5. 培养选拔出优秀成员,为下一届推优做准备。

6. 做好推优工作,选拔出优秀能干的新部长及干事。

7. 完成好部长、干事的交接工作,将工作落到实处。

8. 准备策划好部门成果分享会,精选并排练节目。

9. 举行部门的成果分享会,为部门学姐学长离别饯行。

10. 组织好部门的宣传活动,让新生充分了解部门工作性质。

11. 完成部门招新工作,选拔优秀人才,落实到岗到人。

12. 组织好新成员对部门工作进行岗前培训。

13. 安排新成员上岗,并做好成员工作考核。

14. 组织部门人员开展"学雷锋做好事"的部门活动。

15. 每月评出优秀成员,并做好表彰工作。

16. 积极响应学校各类活动,组织好人员参与。

（三）学习帮扶志愿服务岗工作计划

1. 指导思想　秉承我校办学理念"格物致新,厚德泽人",学校为同学营造更良好的学习环境,组建了一个学习帮扶岗。

2. 工作目标　建立"辅导员—任教老师—学习帮扶岗志愿者—同学"教育网络,共同协作,使同学的在校期间守纪律,讲文明,学习成绩经过努力有所提高,并逐步使学生扬起自信的风帆,不断前进,从而确保校园的安定稳定。

3. 具体措施

（1）以身作则,熟悉并模范遵守学院各项规章制度。讲原则、讲公德、讲礼貌。学习刻苦认真,学习态度端正。

（2）建立"辅导员—任教老师—学习帮扶岗志愿者—同学"教育网络。

（3）根据不同的学困生制定不同的帮扶措施。建议从以下三方面入手:一是通过思想交流,触动其内心世界,树立起成长进步的自信心;二是针对不同的产生原因进行有针对性的辅导,特别是从细微的行为习惯、文明礼仪引导起,以求逐步改进;三是制定相应的阶段目标,由低到高渐进式监督完成。

（4）引导学生进入学习状态,加强所帮扶班班级班风和学风建设,了解学生出勤及学习情况,指导学生在针对个人兴趣下选修有关课程,解答学生学习、生活中的疑问,加强任课教师、班主任（辅导员）、学生三方面的联系和信息反馈工作。

（5）结合所帮扶班级学科课时制订详细工作计划。

（6）让帮扶生充分利用自己的课余时间去帮扶班的课堂旁听,旁听时记录好所遇到的问题,把遇到的问题及时反映给任课教师和辅导员。

（7）利用"班级学习交流会"等形式履行好应尽职责,在会议上交流学习心得,了解同学对任教老师的教学要求,并反馈给任教老师。

（8）及时向辅导员反映学生的思想动态和行为表现,及时做好班级后进生的个案分析,并第一时间汇报和帮助处理突发事件。

（9）督促学习委员认真完成工作时间、教学双周志、教学日志的填写。

（四）环保志愿服务岗工作计划

随着"奉献、友爱、互助、进步"的志愿服务理念深入我院校园,我院的青年志愿者服务工作快速发展,为了进一步扎实推进我院青年志愿者工作广泛、深入、持久地开展,确保2012年志愿服务工作,特制订以下工作计划:

1. 组织各岗位志愿者每天按时上岗服务,确保工作有效开展,维护校园环境。

2. 对每批志愿者进行具体工作安排。

3. 公平、公正地对志愿者工作情况进行监督考核并进行评分,组织岗位负责人认真填写志愿服务手册和考核表,根据考评分及表现情况评选优秀志愿者。

4. 有计划进行志愿者岗前技能技巧培训及思想教育工作,要求每一位志愿者明确工作范畴、上岗时间、工作要求、工具维护及考评办法。

5. 定期汇总志愿者服务数据,将各类表格和数据汇总存档,确保数据准确无误后再录入。

6. 对每批志愿者在服务过程工作中进行素质拓展教育,通过教学讲授、课堂讨论、专题讲座、主题活动、户内户外体验实践、素质拓展游戏项目等多种形式,全面促进素质拓展训练。

7. 根据统计数据评选出年度优秀志愿者,协助组织召开年度优秀志愿者表彰大会,对一年来志愿者的付出予以肯定及表彰奖励。

8. 向新生宣传我院志愿服务工作,招募环保岗新生志愿者,弘扬志愿服务精神。

9. 协助对青年志愿者协会成员的各项工作进行指导,组织开展活动,弘扬志愿服务精神,宣传我院开展志愿服务活动的意义。

10. 做好志愿者所需工具统计工作,有计划进行工具调配,始终把握不浪费原则。

(五)图书馆志愿服务岗工作计划

图书馆志愿服务以学院整体志愿者管理工作发展规划为目标,结合图书馆实际情况,制订如下工作计划:

1. 与校园志愿者管理办公室做好沟通协调,对每批到馆志愿者进行严格的岗前集中培训和岗中业务培训,规范日常管理,严格执行志愿者的考核评价制度,公平公正做好考核评价工作,推荐优秀志愿者参评一年一度的年度优秀志愿者。

2. 协助做好到馆的每批图书验收工作,确保采购图书的质量。

3. 协助做好图书的初加工工作、贴图书标签及加固透明胶布,按质按量完成图书初加工工作。

4. 作好新书入库交接工作,及时将新书上架,并做好新入库图书的宣传和推荐工作。

5. 负责图书、报刊的上架及整架工作,保持书架上的图书、报刊整齐。

6. 负责图书馆一楼大厅、各个楼道、楼道扶手、各楼层走廊及墙面的卫生清洁工作,确保图书馆有一个舒适的环境。

(六)实验室志愿服务岗工作计划

为确保实验志愿服务工作能够长期、有效开展,特制订以下工作计划:

1. 组织各实验室岗位志愿者每周三按时上岗服务,确保实验室工作有效开展;其他时间根据各实验室具体要求开展。

2. 根据志愿者专业要求进行具体工作安排。

3. 公平、公正地对志愿者工作情况进行监督考核并进行评分,认真填写志愿服务手册和考核表,根据考评分及表现情况评选优秀志愿者。

4. 有计划进行志愿者岗前技能技巧培训及思想教育工作,要求每一位志愿者明确工作范畴、上岗时间、工作要求及考评办法。

5. 按期汇总实验室志愿者服务数据,将各类表格和数据汇总,交志愿者服务办公室存档。

6. 每批志愿服务工作结束后做好成果分享会,对志愿者的服务予以肯定和鼓励,再次倡导更多的人加入志愿者队伍和珍惜志愿者的劳动成果。

7. 根据统计数据评选出年度优秀志愿者,协助志愿者服务办公室召开年度优秀志愿者表彰大会,对一年来志愿者的付出予以肯定及表彰奖励。

8. 向新生宣传我院志愿服务工作,招募新生志愿者,弘扬志愿服务精神。

9. 协助对各实验室的各项工作进行指导,弘扬志愿服务精神,宣传我院开展志愿服务活动的意义。

10. 按时收集整理数据,保障数据的完整性,有效性,按期完成志愿者服务总结。

(七)精神文明督察岗工作计划

为了更好地配合学校做好学生精神文明建设工作,提高学生综合素质,精神文明督察岗将开展以下工作:

1. 对校园不文明行为进行检查,并及时进行劝导

(1)对校园随地吐痰,随地乱丢垃圾进行检查;

(2)对学生在课桌、墙壁涂鸦,海报乱贴进行检查;

(3)对学生在公共场合吸烟,酗酒进行检查;

(4)对学生在自习教室占了位子不自习进行检查;

(5)对校园内不文明恋爱行为进行检查;

(6)对学生践踏草坪,不爱护花草、树木进行检查;

(7)对学生作息时间在宿舍打牌、唱歌、看电影等影响他人正常休息的情况进行检查;

(8)对学生不注意文明礼貌,说话时满口脏话进行检查;

(9)对学生上课迟到、旷课、逃课,通宵上网进行检查;

(10)对学生带手机进入会场、课堂和其他学习场所,并随意接听,肆意让手机铃声扰乱正常的教学秩序进行检查。

2. 对打饭插队、争吵、打架等不文明行为进行检查。

3. 对公寓、教学楼公共设施进行检查,发现有损坏设施及时报修。

4. 对校园内存在的安全隐患进行检查,发现及时反馈。

5. 加强对精神文明督察岗学生素养培养,定期进行培训。保证队伍向健康、稳定、高效的方向发展。

6. 加强精神文明督察岗学生志愿服务意识,积极参加志愿服务活动并倡导志愿服务活动。

7. 加强对食堂餐具回收工作的督促,使全校学生养成良好的就餐习惯。

8. 全面开展素质拓展活动,提高学生语言表达能力、应变能力、团队合作意识及自信心等。

(八)班导生志愿服务岗工作计划

班导生在党总支、学生处(团委)的领导下,在班级所在年级班主任(辅导员)的直接指导下开展工作。班导生直接协助班主任(辅导员)加强对本班学生的日常教育、管理、服务工作,不定期深入学生宿舍和群体,了解学生思想状况,加强与学生的沟通和联系,有针对性地做好学生的思想政治工作和管理工作。特制订如下计划:

1. 协助辅导员认真抓好学生思想政治教育 做好新生入学教育,刚入校的大学新生从一个熟悉的环境到另一个陌生的环境,必然会产生许多的不适应,如对学习环境的改变难以适应、对人际关系感到困惑、对心理情绪的波动不知所措等,因此,大学新生入学教育是大学教育中的重要课题之一。新生入学教育可以分为以下几方面:

(1)带好军训。在军训时听从教官指挥,严格要求,训练同学们的吃苦耐劳精神和坚韧毅力。

(2)纪律教育、规章制度的学习。如学生手册的学习、专业课和选修课的介绍等。通过

这些介绍和学习,使大一新生能更好地规划自己的大学生活。

(3) 人身、财产、交通安全的教育。一般来说,新生的自我保护意识都较差,因此这方面的教育显得尤为重要。

(4) 高中学生到大学生角色转换的适应性教育。大学生与高中学生相比,最大的不同主要体现在:思想更成熟、学习更主动、目标更明确、生活更独立。尽快组织二年级学生干部和部分老生代表与新生座谈,通过深入新生宿舍,了解学生家庭情况、思想动态、适应程度,帮助新生解决各种问题,尽快适应大学生活。

(5) 组织做好专业思想教育。让学生热爱自己的专业,刻苦学习,尽快形成良好的学风,引导和帮助新生尽快熟悉大学的学习生活环境,认识和掌握大学阶段学习的规律、特点和方法,培养良好的学习习惯和学风。

(6) 集体主义、团队精神的教育。由于班级合并或重新分配造成同学之间出现小团体,应多找人聊天谈话,多组织集体活动,使他们之间的关系更融洽。

2. 协助辅导员加强班级建设工作　关注学生中的特殊群体,有针对性地对学生中的特殊情况予以关注,并协助辅导员解决学生中出现的问题。

(1) 贫困生。对于贫困生,积极为他们解决经济困难,并利用多种机会对他们进行"自立、自强、自尊、自爱"的"四自"教育。

(2) 学生干部。学生干部一直是我们思想教育的重点对象,对于这一批特别优秀的学生,注意进一步提高他们的思想素质,经常提醒他们摆正位置,处理好学习与工作关系。

(3) 成绩特别差的学生。多找他们谈话,提醒他们注意并帮助他们找原因,鼓励他们进一步努力。

(4) 有心理障碍的学生。多做深入调查研究,有针对性地开展教育。

3. 辅助辅导员对班级干部的选拔　一个班导生的力量毕竟有限,一个班级良性发展的一个重要因素就是有一个强有力的班级管理团队,因此,班导生将辅助辅导员选拔、培养班干部作为班级建设的一个重点。在班级管理中应注重班干部的管理能力,充分调动学生管理班级的积极性,这样一来既培养了学生的管理能力,又能让辅导员在以后的工作中省心、省力。首先,在选拔班干部方面,组织能力强、胆大、心细、具有亲和力且执行力强的人是担任班干部的最好人选。其次,在培养班干部方面,要做到这几方面:

(1) 班干部要管理好班级,自身素质要高;在生活和学习中应该处处起到模范带头作用。

(2) 在学校安排的活动和班级自己组织的活动中,辅导员除了给他们各种指导之外,更应该能够虚心听取他们的意见,提出中肯的、综合性的、合理化建议,尽量发挥他们的创造力,同时在各项工作中,也要十分注重个别指导,注意因材施教。

(3) 班干部最好不要一任定终身,而应该创建一个优化的动态过程,积极鼓励每一位同学以主人翁的姿态去参与班级管理。

(4) 班导生应该组织新生干部培训班,举办讲座和培训,通过个案分析,座谈讨论的方式,使干部们明白大学生干部工作的主动性、灵活性和创造性特点。

(5) 班导生积极带头,以活动来锻炼和教育班级学生。

4. 协助辅导员进行班级管理,管理形式多样化

(1) 制度化,创建群体管理方式。如班级考勤制度、班级公约、奖惩制度等。执行一定要严格。

（2）网络化，充分发挥网络的作用。完善班级 QQ 群、微信群的建立，及时向学生发布信息，加强师生间的联系。各种表格和通知都可以通过 QQ 和新媒体等途径来发布，同时可以建立和完善一批积极、健康向上的学生网络交流平台。

（3）宿舍化，开展寝室间的文体活动，加强宿舍文化氛围。强化"以人为本"意识，把宿舍作为学生班级工作的重要阵地。

5. 辅助班主任狠抓班级学风建设

（1）组织学生参加体育、音乐等活动等，如组织进行篮球、足球、羽毛球比赛，秋季运动会，歌咏比赛等。

（2）发掘学生特长，培养多方面的人才，锻炼学生动手、动口能力，为他们不久踏上社会打好基础。多开展主题班会，如演讲比赛等。

（3）做好弱势学生工作。弱势学生主要是对学习不重视，辅导员带领班导生和班委及其周围同学共同来督促其认真学习，培养其积极向上的学习态度。

（4）鼓励学生大胆创新，勇于表现自己，多参加系、学校活动，如卡拉 OK、辩论等比赛。鼓励学生在学好专业课的同时，多参加校内外活动，把班级气氛搞得更活跃。

（5）严格遵守本班级内部制定的规定，做到不迟到、不早退、不旷课，遵守课堂纪律。

（6）辅助辅导员定期召开班会。及时纠正一段时间内学生出现的思想及行为问题。

6. 协助辅导员加强学生日常事务管理

（1）做好学生的综合测评和奖学金评定与发放工作，对违纪学生及时处分。

（2）勤下宿舍，组织开展内务竞赛，交叉评比，形成良性竞争；充分了解困难学生的情况，建立困难学生数据资料库，力求使每个困难学生都得到相应的帮助。

（3）推荐学生参加校内外义工志愿服务岗位；深入开展贫困生调查工作，做到"公平、公正、公开"的评选。

（4）规范学生组织，指导各班级的活动。在学生工作经费有限的情况下，做好预算工作，对学生活动进行审批筛选，引导开展健康、有益的学生精品活动。

（5）做好各项工作的归档、收集和管理工作。

（6）建立和疏通信息沟通渠道。以网络建设推动学生工作日常管理，通过 QQ 网站信息发布、电子邮件等方式发布会议、奖学金、贷款、学术讲座、就业等信息，让同学们能多途径了解信息，增强工作透明度。

（7）严格抓好晨点、升旗、宿舍纪律、卫生、上课考勤等工作，建立良好的校风学风。

7. 引导学生开展"素质拓展"活动　拓展训练活动的主要目的是"磨炼意志、陶冶情操、完善人格、熔炼团队"。它能有效地提高人在体能、毅力、智慧、沟通、协作等方面的素质和能力，并且可以把其升华到可能达到的顶峰；它能够培养参与者克服困难的毅力、健康的心理素质、积极进取的人生态度、敢于挑战自我极限的勇气和精诚合作的团队意识。

（九）心理健康服务中心岗工作计划

建立我校心理健康服务中心岗的必要性：当前社会生活各领域迎来了新的挑战，尤其是经济危机的影响，大学生心理压力加大，特别是在环境适应、自我管理、学习成才、人际交往、理想现实、交友恋爱、人格发展和情绪调节等方面反映出来的心理困惑和问题日益突出。为了使学生们能拥有更好的心理素质及社会交往能力，使其在变幻复杂的社会环境中，作出适宜自己角色的正确抉择，敢于面对困难、挫折与挑战，追求更加完美的人格，为事业成功奠定坚实的心理基础，特制定以下工作计划。

1. 在学生处（团委）领导下开展工作，完善心理健康教育中心岗位制度建设，负责组织成员参加心理健康教育的培训，熟悉工作程序及工作内容。

2. 协助心理健康教育中心开展新生入校的心理状况普查工作，掌握我校大学生的心理健康状况，建立相应档案，对需要特别关注的学生给予特别咨询指导。

3. 宣传普及大学生心理健康教育知识，定期开展心理健康教育讲座，开展丰富多彩的宣传教育活动，全面提高大学生心理健康素质，创建文明向上的校园风貌。

4. 坚持开展经常性心理咨询活动，对已经发生心理问题的学生给予特殊关怀和有针对性的帮助，促其克服心理障碍，矫正心理疾病，提高心理素质。

5. 指导大学生心理健康协会开展活动，定期参加心理健康基础知识及基本技能培训。

6. 进行大学生心理问题与心理健康教育的调查研究，为学校素质教育工作提供信息服务、对策和建议。

7. 编印心理健康教育刊物和资料，开设心理健康教育网页，宣传普及心理健康知识。组织开展心理健康知识竞赛。

8. 对团支部的心理动态信息进行汇总和整理工作。

9. 对心理问题学生隐私建档并做好保密工作。

10. 协助开展我院大学生"5.25"心理健康文化月。文化月期间将举办心理委员培训，团体心理辅导，心理健康知识讲座，心理电影展播赏析等活动。

11. 组织并筹备重大心理问题学生案例研讨会，加强我校心理咨询员之间的交流，促进心理健康教育队伍的成长。

# 第 4 节　校园志愿服务岗岗位承诺书

## 一、班导生志愿服务岗承诺书

为进一步加强和改进大学生素质教育，引导班级新生文明生活、学会学习、和谐发展，提高班级学生对班导生工作的认识，促进班导生工作的规范化发展，本人郑重承诺：

1. 模范履行班导生工作条例规定的义务，以身作则，熟悉并模范遵守学院各项规章制度。

2. 协助辅导员加强对本班学生的日常教育、管理、服务工作，不定期深入学生宿舍和群体，了解学生思想状况，加强与学生的沟通和联系，有针对性地做好学生的思想政治工作和管理工作。

3. 积极主动地向新生班级宣传"校园志愿服务者"精神，弘扬经典儒家思想，倡导诵读经典古文。

4. 及时深入宿舍，了解个别学生困难状况，掌握学生的群体心理和思想上的热点，了解室内、班内学生间的人际关系，并督促学生清扫宿舍卫生，加强文明建设，创造和谐优美、整洁有序的寝室文化，发现班级有突发事件必须第一时间上报和帮忙处理。

5. 做好班导生工作，并认真记录工作日志，完成班导生工作之后，及时撰写工作总结及工作体会。

## 二、校卫队岗承诺书

为了充分发挥入党积极分子的先锋模范作用，确保思想创先进，工作创一流，为建设和

谐校园做出自己的贡献,特作出如下承诺:

1. 服从命令、听从指挥、刻苦训练、严守纪律、尊重领导、团结同学。
2. 视学校为家园、视师生为亲人、视队员为兄弟、视纪律为天职、视形象为生命。
3. 有难必帮、有求必应。
4. 认真保管好制服,不借他人使用。
5. 不做有损集体荣誉的事。
6. 不以任何理由与学校师生发生争吵、打架事件。
7. 着制服时,若遇领导主动敬礼。
8. 工作期间,不敞胸露怀、不穿拖鞋、背心。
9. 工作时文明用语、礼貌待人、微笑服务。
10. 工作时不擅离职守、不与他人闲聊,特殊情况应及时汇报。
11. 训练及工作时不迟到、不缺勤、不早退,特殊情况及时请假。

# 三、质量监督管理岗承诺书

质量监督管理部是一支强有力的精锐队伍,我们要带着高度负责、认真、严谨的态度去为每一位学生服务。严格遵守每一条规章制度,做到质量强校,持续改进部门理念,我们郑重承诺以保障学生拥有一个舒适、便捷、和谐的校园环境为工作目的,以维护学校公共财产为宗旨。

我们会带着不怕苦、不怕累的精神,志愿全身心地投入到部门工作中去,用最好的方式与食堂、超市进行沟通,反馈同学们在生活中遇到的问题,并协同领导分析,解决问题。以学生的利益为中心,严格监督食堂正常营业、超市合理经营及各方面的工作,保障学生在学校的利益,让学生在学校得到更好的环境。

我们会带着超强责任心去完成好一个岗位上的工作,适时完成领导交付的任务,绝不马虎、散漫、敷衍,会做到责任、严谨、高效工作。对顾客的署名投诉,承诺保密并在两天之内回复相关部门的整改意见;对未署名投诉,在适当时机以"答顾客问"形式答复。做到件件有答复,事事有整改意见和跟踪验证记录;实行微笑服务,礼貌待人,以理服人。

部门承诺,以学校、学生为中心,从小事做起,营造一个和谐的校园氛围,监督促进各服务部门合理正常运行,作为质量监督管理部的一员定会做到工作认真、态度严谨、实事求是,坚持以实事求是、公平、公开、公正的原则处理问题。

# 四、精神文明督察服务岗承诺书

为了进一步加强和改进大学生文明素养,引导广大学生文明生活、学会学习、和谐发展,提高广大学生对文明素养的认识,促进学生养成教育工作的规范化发展,做到以下承诺:

1. 认真履行精神文明督察岗工作条例规定的义务,以身作则。
2. 协助学校维护校园治安环境,对校园十大不文明行为(①随地吐痰,随地乱丢垃圾;②在课桌、墙壁涂鸦,海报乱贴;③公共场合吸烟,酗酒;④在自习教室占了位子不自习;⑤校园内不文明恋爱行为;⑥践踏草坪,不爱护花草、树木;⑦作息时间在宿舍打牌、唱歌、看电影等,影响他人的正常休息;⑧不注意文明礼貌,说话时满口脏话;⑨迟到、旷课、逃课、通宵上网;⑩带手机进入会场、课堂和其他学习场所,并随意接听,肆意让手机铃声扰乱正常的教学秩序）进行检查及劝导。有针对性地做好学生的思想政治工作和管理工作。

3. 关心集体，带头积极参加各项集体活动和社会公益活动，积极配合班主任工作。

4. 自觉遵守学校的各项规章制度；严于律己，模范遵守《高等学校学生行为准则》等制度，尊重师长、团结同学，自觉维护党员形象，综合表现突出，在学生中有较高的威信。

5. 发挥桥梁纽带作用，及时向党组织反馈学生中的热点问题及各种思想状况，为学校、学院和班级工作提出建设性意见和建议。

6. 积极倡导、维护校园人文、卫生环境。积极参加学校开展的各项志愿服务活动，起到模范带头作用。

7. 在校园文明建设中发挥模范作用，努力营造"讲政治、讲文明、讲学习、讲卫生"的宿舍氛围，积极创建文明寝室。

8. 做好本职工作，并认真记录工作日志，及时撰写工作总结及工作体会。

以上是本人向党组织和全院师生作出的郑重承诺，请大家给予监督。

## 五、环保管理岗服务承诺书

我志愿成为一名光荣的志愿者，尽己所能，不计报酬，回报社会，志愿服务、提升自我，践行志愿者精神，为建设团结互助、平等友爱、共同前进的美好和谐校园贡献力量。

1. 我愿意接受《志愿服务服务章程》中的各项内容，认真遵守志愿服务管理的各项规章制度。

2. 在志愿服务活动中，我自愿在学院所要求的服务时间及所提供的服务岗位上提供志愿服务。

3. 在志愿服务过程中，我愿意进行规范、有序的服务，对本人的言行负责。

4. 我自愿参加学院提供的相关技能培训，熟悉本人的岗位职责，使本人能够在服务于社会的同时拓展自我成长的空间。

5. 我志愿接受学院对本人所服务的工作进行管理、定期的服务评估，考核，以利于提高服务质量。

以上承诺我将认真履行，通过志愿服务，增强自我的社会实践能力，就业、创业的能力，弘扬"爱党、爱国、爱校"的精神，构建和谐平安校园。

## 六、图书馆志愿服务承诺书

我志愿成为一名光荣的图书馆志愿者，尽己所能，不计报酬，回报社会，志愿服务。

1. 微笑服务，讲普通话，文明用语，主动热情，有问必答，百问不厌。

2. 环境整洁，上班期间不大声喧哗、闲聊，不干私事。

3. 协助图书馆员准时开放、关闭图书馆。

4. 图书、期刊摆放整齐有序，当天报纸当天上架，新到期刊三天上架。

5. 协助图书馆员每月更新一次《新书通报》信息，向读者传递最新书讯。

6. 协助图书馆员选购书籍，以满足各专业学生的需求。

7. 协助图书馆员分类、编目，每月有一批新书上架。

8. 虚心接受读者的建议或意见，做好环境卫生工作。

## 七、实验室志愿服务承诺书

我自愿加入校园志愿服务行列。

我承诺：尽己所能，不计报酬，帮助他人，服务校园，践行志愿精神，传播先进文化，为构建和谐校园贡献力量。校园志愿服务事业，是一个平凡而又伟大的事业，是一个深受校领导关心、深受学生拥护的事业，作为参与这项崇高事业的一名成员，我会自觉遵守以下守则：

1. 弘扬无私奉献精神，不计个人名利得失；为校园及社会尽一份责任，为他人送一片爱心。

2. 出入相友，守望相助；待人以情，待人以诚；急困难者之所急，帮困难者之所需。

3. 增强消防安全、化学药品安全、财产安全责任意识，落实管理制度和安全措施。

4. 认真执行《实验室日常安全管理制度》，并依照其安全管理制度进行管理工作。

5. 时刻做好防火、防盗工作。到实验室志愿者服务期间应注意检查水、电、门、窗是否关好，杜绝安全隐患，确保实验室安全。

6. 在实验老师的带教下严格执行化学危险品（剧毒品、强腐蚀品、麻醉药品、精神药品、病原体、易燃易爆品、易制毒品）的安全管理规定。

7. 在实验老师的带教下严格按照安全操作规程使用仪器设备，用前应做安全检查，用后做好使用记录。

8. 熟知《实验课安全事故预防措施和应急预案》，若发生安全事故，应及时按应急预案处理，并及时向实验老师汇报。

9. 遵守志愿者纪律，服从组织需要，加强团队合作；积极行动，广泛宣传，推动志愿服务进程。

10. 尊重受助者人格，严守受助人隐私；不断提高服务质量，不断增强服务技能。

11. 通过志愿服务，提升自身素质；接受监督，加强自律。

12. 此承诺书一式二份，承诺人自留一份，实验中心一份。

## 八、学生助理志愿服务岗承诺书

为了进一步加强和改进自己大学生素质教育，本着校园志愿服务精神，认真协助部门办公室老师做好本职工作，本人郑重承诺：

1. 模范履行学生助理工作条例规定的义务，以身作则，熟悉并模范遵守学院各项规章制度。

2. 认真学习马克思主义基本理论和党的基本知识，坚定共产主义信念，坚持社会主义方向，提高理论修养，增强自身党性。

3. 协助部门办公室老师做好日常教育、管理、服务工作。

4. 办事踏实认真，责任心强，工作态度和立场端正。认真做好办公室老师布置的各项工作；学生助理应利用课余时间或工作时间履行好应尽职责；在休息时间，在办公室及时回答同学们提出的相关咨询，并及时反馈及汇报学生中的各类信息。

5. 学生助理应参加集体活动，保持高度组织性、纪律性，听从组织安排，不迟到、不早退。

以上是本人向党组织和全院师生作出的郑重承诺，请大家给予监督。

## 九、学生社团联合会岗位承诺书

1. 贯彻学院的有关政策、方针,全新打造社团联合会。

2. 及时传达、实施学院的有关通知。

3. 严格执行社团联合会各项管理制度和考核制度。使其制度化,规范化。

4. 在规定的时间内做好纳新,招干和换届交接工作。

5. 如有需要,根据性质酌情配合学院各职能部门的工作。

6. 定期组织社联干部例会,讨论制订社联工作计划,布置各项工作,并检查督促工作落实情况,搞好每月、学期、学年工作总结与评比。

7. 组织学院各类大型文体活动;努力营造高品位的文化氛围,提升校园文化品位、引领校园文化时尚、促进精神文明建设。

8. 加强社联全体干部建设,提高各方面的能力和个人素养,努力打造一支高效率、高质量、高强度的队伍。

9. 加强对各协会的规范、管理、监督、引导、帮助。深入各协会中及时解决其存在的问题。

10. 认真完成领导临时交办的工作。

11. 协助学生处(团委)老师对社联各协会进行考核。

## 十、学生干部志愿服务岗承诺书

作为一名学生干部,我将合理安排好学习、工作和生活,努力完成各项学习任务,加强理论知识学习和综合素质培养,做到德、智、体、美、劳全面发展,同时发挥自我的先锋模范作用,以自己的实际行动影响和带动周围同学,努力营造一种勤奋治学的良好学术氛围。为配合学校认真做好本职工作,特做出以下承诺:

1. 认真履行岗位职责,加强理论学习,提高思想觉悟,增强自身素质,积极发挥模范带头作用。

2. 提高自身修养,注重自身形象,举止文明大方,时时处处展现院团委学生干部的良好精神面貌。

3. 刻苦学习,确保无重修课程,力争每学年获三等以上专业奖学金。

4. 发挥好桥梁作用,做到及时上传下达,让同学们在第一时间了解学校的最新政策与指示,力争做到统一思想,齐头并进。

5. 做好院系的组织工作,狠抓落实,对学校学院提出的各项工作要求和一系列具体的行为规范,保证其落到实处,公平、公正、公开。

6. 积极工作,努力创新,做事踏实认真,不推诿,不扯皮,不懈怠。

7. 严格遵守工作纪律,准时参加各种会议,及时汇报工作情况。

8. 顾全大局,服从安排,加强团结,积极配合,不搞派别。

9. 及时准确反映来自同学中的各种问题和情况,不瞒报,不虚夸,不传播小道消息。

10. 对身边的各种违纪违法行为以及各类不利于校园稳定的突发事件,应在第一时间以第一责任人的身份向有关部门汇报,并尽力阻止事态的发展。

11. 吃苦在前,享受在后,做事公正,不谋私利,积极为同学服务,接受师生监督。

我必将履行以上承诺,严格自律,做好新时期大学生的楷模,请广大师生监督指正。

# 十一、心理健康服务中心岗承诺书

为进一步加强和改进自己大学生素质教育,协助学校做好学生心理健康教育工作,定期开展团体辅导及各种辅助教育活动,及时反馈学生的心理状况,建立相应的心理档案,全面提高学生的心理健康水平。现郑重承诺:

1. 定期参加心理健康教育培训,熟悉工作程序及工作内容。

2. 每个学期定期在班级中开展心理健康教育讲座及各类辅助活动,提高大学生心理健康水平,创建文明向上的校园风貌。

3. 协助辅导员和心理健康服务中心开展各类心理健康教育活动,做好各种针对性的调查问卷及个体、团体等辅导咨询工作。

4. 对班级进行心理健康知识的宣传与普及。

5. 定期在班级中开展心理问题学生的调查摸排工作,并撰写工作报告。

6. 协助班主任负责建立、管理学生心理档案。

# 第8章 校园志愿服务培训及服务（Do）

## 第1节 培 训 流 程

### 一、班导生志愿服务岗培训流程（图 8-1）

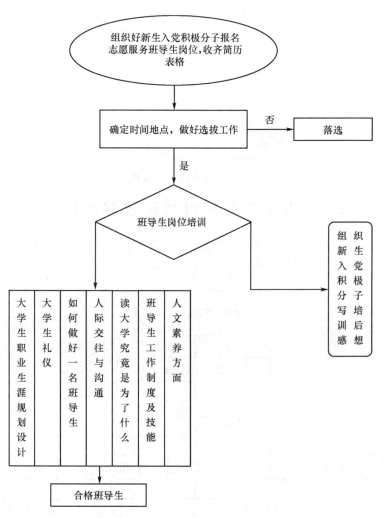

图 8-1 班导生志愿服务岗培训流程图

## 二、校卫队岗培训流程(图 8-2)

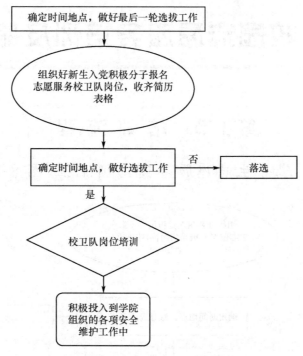

图 8-2　校卫队岗培训流程图

## 三、质量监督管理岗培训流程(图 8-3)

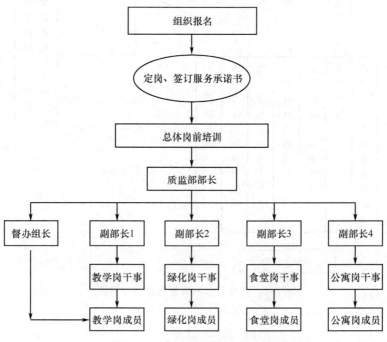

图 8-3　质量监督管理岗培训流程图

## 四、精神文明督察服务岗培训流程(图 8-4)

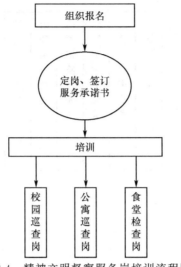

图 8-4　精神文明督察服务岗培训流程图

## 五、环保管理岗培训流程(图 8-5)

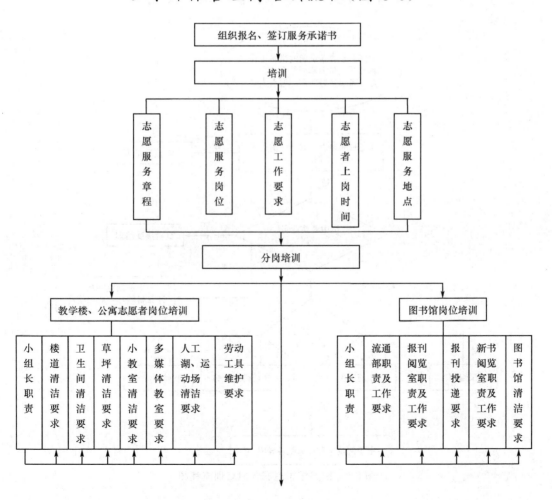

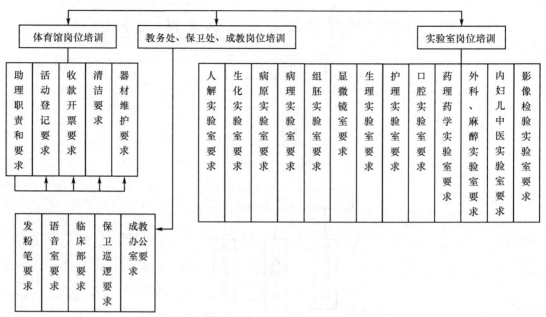

图 8-5　环保管理岗培训流程图

# 六、图书馆志愿服务岗培训流程（图 8-6）

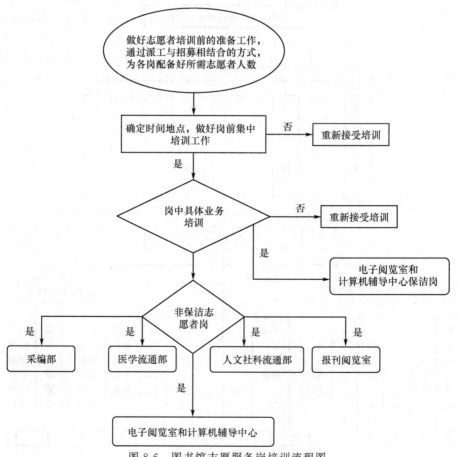

图 8-6　图书馆志愿服务岗培训流程图

# 七、实验室志愿服务岗培训流程（图 8-7）

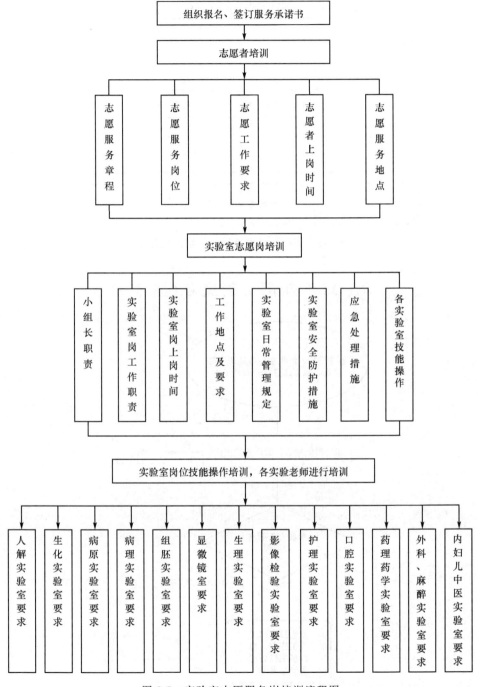

图 8-7 实验室志愿服务岗培训流程图

## 八、医疗扶贫志愿服务岗培训流程（图 8-8）

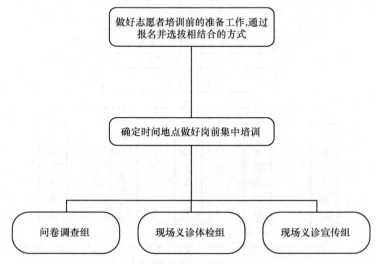

图 8-8　医疗扶贫志愿服务岗培训流程图

## 九、班干部岗培训流程（图 8-9）

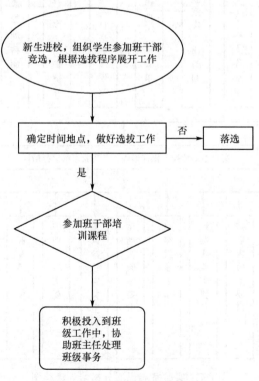

图 8-9　班干部岗培训流程图

## 十、学生干部志愿服务岗培训流程（图 8-10）

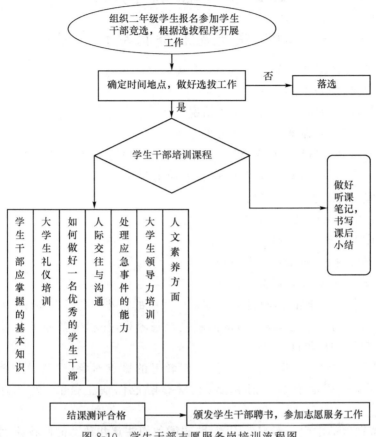

图 8-10　学生干部志愿服务岗培训流程图

## 十一、心理健康服务中心岗培训流程（图 8-11）

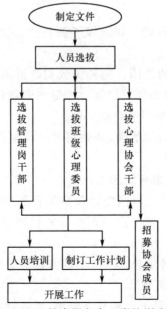

图 8-11　心理健康服务中心岗培训流程图

# 第 2 节　培训内容

## 一、班导生志愿服务岗培训内容

（一）学生党员岗班导生的工作职责（重点）

1. 定期下寝室，向新生传授学习经验。

2. 及时与辅导员沟通，反映班级学生情况。

3. 与班级学生谈心，在学生中起带头模范作用。

4. 协助辅导员做好班级学生干部选拔、培养、考核，建立学生党建工作等。

（二）学生党员岗班导生下寝室检查卫生的工作规范

1. 学生寝室走廊是否有蜘蛛网。

2. 寝室里生活用品的摆放是否整齐。

3. 寝室里床铺上被子等物品摆放是否整齐。

4. 书桌上书籍、物品的摆放是否整齐。

（三）协助班主任加强班级建设工作

1. 关注学生中的特殊群体，有针对性地对学生中的特殊情况予以关注和解决

（1）贫困生。对于贫困生，积极为他们解决经济困难，并利用多种机会对他们进行"自立、自强、自尊、自爱"的"四自"教育。

（2）学生干部。学生干部一直是我们思想教育的重点对象，对于这一批特别优秀的学生，注意进一步提高他们的思想素质，经常提醒他们摆正位置，处理好学习与工作关系。

（3）成绩特别差的学生。多找他们谈话，提醒他们注意并帮助他们找原因，鼓励他们进一步努力。

（4）有心理障碍的学生。多做深入调查研究，有针对性地开展教育。

2. 班级管理多样化

（1）制度化，创建群体管理方式。如班级考勤制度、班级公约、奖惩制度等。执行一定要严格。

（2）网络化，充分发挥网络的作用。完善班级 QQ 群的建立，及时向学生发布信息，加强师生间的联系。各种表格和通知都可以通过 QQ 和新媒体等途径来发布，同时可以建立和完善一批积极、健康向上的学生网络交流平台。

（3）宿舍化，开展寝室间的文体活动，加强宿舍文化氛围。强化"以人为本"意识，把宿舍作为学生班级工作的重要阵地。

3. 做好各项工作的归档、收集和管理工作。

4. 建立和疏通信息沟通渠道　以网络建设推动学生工作日常管理，通过 QQ 网站信息发布、电子邮件等方式发布会议、奖学金、贷款、学术讲座、就业等信息，让同学们能多途径了解信息，增强工作透明度。

5. 严格抓好晨点、升旗、宿舍纪律、卫生、上课考勤等工作，建立良好的校风学风。

（四）如何处理班级"突发事件"

1. 一旦有心理问题的学生，马上向辅导员汇报，并随时追踪。

2. 一旦发现寝室存在安全隐患,第一时间向辅导员汇报,并及时制止现场事故的发生。

3. 一旦发现同学打架斗殴、打牌赌博、吸烟酗酒等不良行为,马上上前制止,并向辅导员汇报。

（五）思考

1. 什么是"学生党员岗班导生"?

2. 学生党员岗班导生工作的职责是什么?

3. 如何做好学生党员岗班导生工作?

# 二、校卫队岗培训内容

校卫队是参与校园值班巡逻、日常执勤、日常训练及学院大型活动安全的秩序维护,在学生处(团委)指导下,在保卫处日常工作管理下,做好安全检查、秩序维护工作,预防各类安全事故发生,维护校园安全稳定,积极参与校园平安文明建设。要求所有队员必须服从命令、听从指挥、刻苦训练、严守纪律、尊重领导、团结同学。

（一）工作要求

1. 不得以任何理由与学校师生发生争吵、打架事件。

2. 工作期间,不敞胸露怀、不穿拖鞋、不穿背心。

3. 工作时文明用语、礼貌待人、微笑服务。

4. 工作时不擅离职守、不与他人闲聊,特殊情况应及时汇报。

5. 训练及工作时不迟到、不缺勤、不早退,特殊情况及时请假。

巡逻时必须穿戴全套队服、队帽,超过五次队服不齐者视为自动退出校卫队,巡逻中严肃认真,不得说话、听歌、打接电话。队列整齐,步伐一致。发现可疑人员,必须上前盘问,见到老师礼貌打招呼。

6. 参加大型活动值勤必须提前三十分钟到达集合地点,穿戴全套队服、队帽。超过三次衣帽不齐者视为自动退出校卫队。活动中必须严肃认真,不得聊天说话。必须要到活动结束后方能结束执勤。

7. 接到紧急电话,必须在第一时间赶到现场,最迟不能超过五分钟,处理突发事件时必须严肃认真,禁止说闲话打电话。

（二）校卫队规章制度

1. 校卫队定期每两个星期换一次组长,每次换组长,每组都会有 100 分作为基本分。

2. 每天按时参加集训,有事必须请假,杜绝无故不参加训练。

3. 按时参加校卫队的巡逻任务。

4. 按时参加校卫队工作例会。

5. 每个月抽一个上午或下午时间进行集训。

6. 每天巡逻时,该组全体队员都必须穿着校卫队统一制服。

（三）巡逻时间与路线

1. 每天 12:00—13:00、17:00—18:00、19:30—22:00 三个时间段对校内进行巡逻。

2. 路线　院保卫处──→停车棚──→办公大楼──→学生公寓──→食堂──→植物园──→教工宿舍──→田径场──→体育馆──→人工湖──→第二教学楼、第一教学楼──→格物园──→院保卫处。

（四）维护秩序及处理突发事件

1. 在学院举行大型活动时要求队员全部统一着装，听从老师及队长的安排，维护人员进、出场秩序，确保进、出场安全有序。

2. 在活动期间在现场进行巡逻，及时发现安全隐患。

3. 处理突发事件，要求接到电话后立即赶到事发现场，严格听从老师指挥，全力做好协助工作。

（五）询问技巧

当发现可疑人员时，在距对方 3 米以外进行询问，眼睛随时观察对方行为，询问时首先要求对方出示有效证件（身份证、驾驶证、军官证及其他能证明其身份的证件）。如对方不愿出示有关证件，立即报告保卫处老师，并随时注意对方的动静。等待保卫处人员到来一起处理。

# 三、质量监督管理岗培训内容

（一）工作性质

在质管办老师的指导下，由学生质监部成员代表质管办老师每天对非教学的质量工作进行全面的外部监测。其工作直接对质管办老师负责。

（二）工作方法

1. 检查采用每日巡查、抽查、记录、汇总、统计及告知的方法。

2. 督办工作执行《质量监督部岗位说明书》,《质量监督管理部部门制度》等相关文件。

（三）检查的范围

检查范围：教学楼，图书馆，第一、二、三食堂，承包摊点及外包方，园林绿化点，学生宿舍，环境卫生，教工宿舍，招待所，运动场，保卫科等各岗位及其他方面。

（四）工作内容

1. 负责检查第一、二、三食堂及承包摊点碗、筷等餐具的消毒情况、饭菜价格、质量、服务人员着装、服务态度、刷卡错误、食品采购、保管期限等方面的问题。

2. 负责检查各园林区员工的在岗情况,各园区绿化修、剪枝情况,各园区绿化剪草、除杂情况,各园区花木生长、虫害及死亡情况,是否及时喷洒农药、化肥等情况。

3. 负责检查学生宿舍和教职工宿舍的卫生情况、水电情况及安保情况等,招待所的水电供应、卫生及服务质量等方面的监督,保卫科工作情况及其他有关公寓内公共财产的检查等。

4. 负责检查全院的环境卫生情况（是否有垃圾、痰迹、蜘蛛网、杂物及水面漂浮物,垃圾桶每天是否及时清理及有无破损和丢失等）。

5. 负责管理投诉信箱,及时处理并反馈各种投诉信息,完成投诉情况的汇总和验证工作,每月一次,定期检查银行 ATM 机的工作情况。

6. 负责检查课堂类（是否有未及时办理有关手续,擅自停课、缺课、委托他人代课及更改上课地点等。上课是否迟到、提早下课及上课时间无故离开课堂等）。

7. 负责检查图书馆的工作质量（包括图书质量及摆放情况、服务质量及态度等）。

8. 负责检查是否因排课或排考不当造成教室使用冲突;是否管理人员通知不及时,使学生空等教师。

9. 负责检查是否未按有关规定将教室、实验室、机房等教学设备准备就绪,延误上课。

10. 负责检查现代教育中心（包括电脑及相关设备的维护，对媒体设备的维护管理情况等）。

11. 负责检查考试与成绩类（考卷是否在命题过程中泄密；考题是否存在严重错误而未能事先发现；是否造成考试延误、中断或失效；考试结束是否漏收学生试卷；试卷是否未按标准评分与计分或漏登学生成绩；在规定时间内，是否未报送考试试题、考试成绩）。

（五）部门会议

1. 组织部门成员开一次例会，各部长报告本周工作情况及注意事项，宣布下周的任务及部门活动。

2. 部长每月对干事、成员进行工作考核，并在例会中宣布考核加、扣的分数。

3. 开一次总结会议，把一个月统计的反馈报修数据和整改情况在会议上进行报告，并评选 3 名优秀成员，张贴在部门海报上进行表彰。

（六）部门活动

1. 每学期组织一次篮球联谊赛。

2. 每年一次迎新晚会。

3. 每年一次换届表彰会议。

## 四、精神文明督察服务岗培训内容

（一）工作职责

1. 精神文明督察岗队长职责

（1）对校园不文明行为进行制止、纠正。

（2）负责对小组长进行考核。

（3）不定期对上岗情况进行检查。

（4）负责对所查到问题进行分类、总结。

（5）负责本岗位其他临时性工作。

2. 精神文明督察岗小组长职责

（1）对校园不文明行为进行制止、纠正。

（2）负责对本组成员进行考核。

（3）按时组织本组组员上、下岗。

（4）负责对本组成员进行思想教育工作。

（5）负责本岗位其他临时性工作。

3. 精神文明督察岗组员职责

（1）对校园不文明行为进行制止、纠正。

（2）按时上、下岗。

（3）及时向本组小组长反映工作问题。

（4）对本组组员进行相互监督。

（5）负责本岗位临时性工作。

（二）工作规范

1. 文明礼貌

（1）路上遇见老师或长辈时，主动打招呼，说"您好"、"您早"、"老师好"，不能绕开走。

（2）工作中发现有不文明现象时，要说"同学，你好，请不要×××"，而不能说"那个同学，你不能×××"。

（3）当别人说话时，要注意听，不打断、不插话。

（4）对同学的生理缺陷，要同情和关心，不能讥笑。

（5）当别人谢你时，要说"别客气"、"没关系"，不能不理不睬。

2. 严于律己　工作中首先我们要严格要求自己，先自己做好，才能去要求别人，如果连自己都没有做好，我们就不能去要求别人，也没有资格去要求别人，所以我们要严格要求自己，才能做好本职工作。

3. 形象得体　我们每个人都有一个形象，不管是否刻意塑造。因此，上岗时间穿什么样的衣服，应该经过仔细考虑，而不应该碰到什么就穿什么，特别要注意不能上下不协调。要记住一件重要的事情：我们身上的衣服是一件与人沟通的工具，我们要搞清楚别人能够理解我们所发出去的信息。

（三）工作路线

（1）食堂路线：包括一食堂和二食堂两个地方。

（2）校园路线一：以三食堂至动物房这条路为界靠第一教学大楼这边。

（3）校园路线二：以三食堂至动物房这条路为界靠第二教学大楼这边。

（4）公寓路线：整个学生公寓内，包括楼栋内。

（四）工作内容

1. 校园十大不文明行为

（1）随地吐痰，随地乱丢垃圾。

（2）在课桌、墙壁涂鸦，海报乱贴。

（3）公共场合吸烟，酗酒。

（4）在自习教室占了位置不自修。

（5）校园内不文明恋爱行为。

（6）践踏草坪，不爱护花草、树木。

（7）作息时间在宿舍打牌、唱歌、看电影等，影响他人正常休息。

（8）不注意文明礼貌，说话时满口脏话。

（9）迟到、旷课、逃课、通宵上网。

（10）带手机进入会场、课堂和其他学习场所，并随意接听，肆意让手机铃声扰乱正常的教学秩序。

2. 具体各路线工作内容

（1）食堂路线工作内容：负责维持食堂早中晚三次吃饭时间段秩序，提醒同学注意安全；并督促学生将餐盘回收到餐盘回收处。

（2）校园路线一、二工作内容

1）对校园路线一所辖范围进行巡察，主要是随地吐痰，随地乱丢垃圾；公共场合吸烟，酗酒；校园不文明恋爱；不注意文明礼貌，说话时满口脏话；上课迟到、早退、旷课等校园不文明行为进行检查。

2）对校园环境进行维护，及时清理工作时发现的垃圾。

3）对公共设施进行检查，发现损坏公共设施及时到相关部门进行报修。

4）其他临时性工作。

（3）公寓路线工作内容

1）对公寓内进行巡察,主要是随地吐痰,随地乱丢垃圾;公共场合吸烟,酗酒;校园不文明恋爱;不注意文明礼貌,说话时满口脏话;上课迟到、早退、旷课;作息时间在宿舍打牌、唱歌、看VCD等,影响他人的正常休息等校园不文明行为进行检查。

2）对校园环境进行维护,及时清理工作时发现的垃圾。

3）对公共设施进行检查,发现损坏公共设施及时到相关部门进行报修。

4）其他临时性工作。

（五）工作要求

我们作为监督者,不仅要对不文明行为进行监督,还要与有不文明行为的同学进行交流沟通。就要求我们要有一个非常好的心态去工作,不然就无法与别人沟通,所以我们工作时要以身作则,首先要规范自己的行为,我们不能在检查其他同学的同时自己出现不文明的行为,那我们又怎么去监督其他同学,我们要保证自己是一个文明的大学生。在检查过程中发现其他同学有不文明行为,我们一定要心平气和,这样我们才能与他们进行交流,才能真正让他们意识到自己的错误;而不能以老师、长辈的口气批评他们。要有耐心,肯定有同学对我们的检查不屑一顾,不理不睬;那么这个时候我们一定要有耐心,说一次他不听,那么说两次、三次、四次……说多了他总会被我们的行动所打动,因为我们是在帮助他。责任心,我们要有高度的责任心,对得起胸前佩戴的党徽,对得起手臂上佩戴的红袖标,对得起自己的良心。

（六）工作沟通技巧

我们在检查过程中遇到不配合工作的同学,该怎么办?应该用什么样的态度与他交流?第一,平等,平等的沟通是走进人心里的秘诀和精髓。以诚相待,用平等的目光看待他们,多从他们的角度想问题,理解他们的烦恼,他们可能不是故意做出不文明行为,是因为烦恼而产生的,所以我们要理解他们。第二,尊重,尊重是沟通的前提。每个人都需要别人的尊重,不管他做了什么,做错了什么;我们都是同龄人,都是学校的学生,自尊心强,而且拥有自己很多的想法,所以我们应该考虑他们的感受。第三,倾听,学会倾听。"倾听是沟通的一种重要的形式,在与人交流的过程中,受人欢迎,受人尊重的往往不是夸夸其谈的人,而是乐于倾听别人讲话的人。"这句话提醒我们,一定要做一个好的听众,倾听他们的诉苦,这样我们才能更深入地了解他们的内心世界,解除他们的烦恼,给予他们更好的帮助。第四,鼓励,多用鼓励的语言。虽然我们都是学生,但每个人都喜欢听到别人鼓励他的话。如果我们作为同辈人,还用一种老师的口气教育他们,那么可想而知,会是一个什么样的后果,他们不但不会听你劝说,甚至还会骂你等;我们鼓励他们,他们反而会意识到自己的这种行为确实不好,确实错了,那么我们的工作就真正落到了实处。

（七）工作意义

通过参加校园精神文明督察岗工作,对校园不文明行为进行纠正,维护校园和谐整洁、清新活泼、文明礼貌、积极向上的良好氛围,提高学生严于律己的自觉性;并通过本岗位工作使组员的精神文明素养,沟通能力等综合素质得以提高。

（八）工作考核

1. 督察要求

（1）按时督察。按时参加督察岗安排的工作,不迟到、不早退、不缺席;如遇特殊原因不能按时上岗,应提前向本组负责人请假,须递交书面请假申请并获得批准。（迟到:2分/每

次,早退:2分/每次,无故缺席扣5分/每次,以工作记录及签到表为检查依据)

(2)文明督察。上岗时必须佩戴臂章、服装整洁、举止得体,做好相应记录。(无佩戴臂章扣4分,服装不整洁扣4分,举止不得体扣4分,没有做好工作记录扣4分)

(3)文明用语。督察队成员在督察过程中必须使用"同学你好!你的行为违反了学院的××规定,请你改正"和"请问你的姓名、班级"等文明用语。力争做到"文明校园、文明督察",让"文明"二字贯彻始终。(没有使用文明用语扣6分,以同学投诉、老师检查结果为依据)

(4)督察态度。认真负责,坚持原则。工作认真负责,不敷衍了事,坚持原则,敢于督察各种不文明行为,并如实做好记录,同时,注意工作方式和工作方法(工作不认真负责、敷衍了事扣4分,发现不文明行为没有制止扣4分,以老师检查及工作记录为依据)。如遇突发事件,及时与当日值班老师沟通(没有及时向老师汇报扣6分)。各文明督察小组的组长,于次日早上8:30前将检查记录交至相应的负责老师(没有准时上交检查记录扣2分)。

2.督察内容

(1)对教室、寝室、校园内等公共场所抽烟、赌博、酗酒等不文明行为进行检查,如发现以上不文明行为要及时进行制止及劝导;(发现一项者没有制止扣2分,以老师检查及工作记录为依据)

(2)对打饭插队、争吵、打架等不文明行为进行检查,如发现以上不文明行为要及时进行制止及劝导;(发现一项没有制止扣2分,以老师检查及工作记录为依据)

(3)对不节约用水、违章用电、赌博性质的扑克牌、打麻将、喝酒、商品推销、起哄、吵闹等不文明行为进行检查,如发现以上不文明行为要及时进行制止及劝导;(发现一项没有制止扣2分,以老师检查及工作记录为依据)

(4)对男女交往行为不端、奇装异服、袒胸露背、酗酒吸烟、乱扔垃圾、践踏草坪、晚自修时间打球、闲逛、损坏公物、乱张贴、破坏公共设施、偷窃等不文明行为进行检查。(发现一项没有制止扣2分,以老师检查及工作记录为依据)

# 五、环保管理岗培训内容

(一)基本思想要求

认真学习马克思主义基本理论和党的基本知识,坚定共产主义信念,坚定社会主义方向,提高理论修养,增强自身党性;组织观念强,服从党组织的各项安排,积极完成党组织交给的各项任务;关心集体,带头积极参加各项集体活动和社会公益活动,积极配合各级领导工作负责协助青年志愿者协会管理办公室对青年志愿协会管理办公室进行全面管理,组织青年志愿者协会管理办公室成员对志愿者进行培训、管理、考核、优秀志愿者评选、素质拓展活动及志愿者材料汇总等工作。

(二)沟通的重要性及技巧

沟通,是一种能力,并不是一种本能。它不是天生具备的,而是一个需要我们后天培养的,需要我们去努力学习的,努力经营的。随着沟通时代的来临,学习沟通技巧,能够让我们每一个人都更具有影响力,能够把自己的理论更顺利地实施。

任何一个人在达成人生的各项愿望过程中,都难免会遇到需要与他人合作的机会,而别人对你的协助意愿和配合程度,往往决定了你是否顺利以及是否能加速达到目标。你在一生中都面临着与他人沟通。

1. 沟通中的应用技巧

(1) 跟朋友聊天时,站得近一点。与朋友亲人聊天甚至出游时,任何时候,我们都习惯跟人保持着自己的安全距离。每个人的安全距离是由个人经历、文化背景、家庭环境,甚至职业习惯决定的,远近不一,但是距离并不一定总是产生美,有时候恰恰是这个距离成为你和朋友之间隔阂的罪魁祸首。下次与朋友谈话时,勇敢地迈近一点吧,你会发现站得近,你们的心灵也更近了一些。

(2) 与人交往时,说出你对他的欣赏。看到小区保安扶着一个老奶奶上楼,马上称赞他,说出你的欣赏,这会让保安和你自己都感觉更快乐,不要心里觉得这个人原来还不错,但不说出来,告诉老妈她做的菜很美味,感谢男友多等了你十分钟,学会真诚而主动地赞美人,发现别人的优点,马上赞美他,表达正面而积极的观点时,你也敞开了心扉,和对方的联系进一步加深。一段时间后,你会发现自己才是最大的受益者,要知道,施比受更加幸福。

(3) 别再绷着脸了,笑一笑。不要以为只有心情好才能笑,研究证明,假装微笑其实是个心理假动作,仅仅微笑这个动作也会让你更开心。当然前提是你那会儿心理并不难受。当我们微笑的时候,大脑会向我们传递信息:我很幸福。然后我们的身体就会放松下来。而当我们向别人微笑时,对方会感觉更舒服,大部分人都会回报以微笑,这个良性循环的确会使我们更快乐。

(三) 工作要求

1. 负责对每批志愿者进行具体工作安排,确保工作有效开展,并有计划地进行岗前技能技巧培训及思想教育工作,要求每一位志愿者学生明确工作范畴、上岗时间、工作要求、工具维护及考评办法,做好记录。

2. 每天必须公平、公正地对本组志愿者工作情况进行监督考核并进行评分,认真填写志愿者手册和考核表。

3. 定期汇总志愿者工作,将各类表格和数据汇总存档,确保数据准确无误;根据志愿者表现每批志愿者进行一次优秀志愿者评选,做到公平、公正、公开,并在指定地点公示,做好记录。

4. 协助有计划地制订志愿者宣传方案,对志愿者各类工作进行宣传,做好规划并记录。

5. 协助定期做好志愿者工具统计工作,有计划地进行工具调配,始终把握不浪费原则。

6. 协助做好素质拓展活动,做好活动前的准备工作,整理活动用品,活动结束后将活动用品按数收回。

# 六、图书馆志愿服务岗培训内容

(一) 图书馆志愿者岗位分类设置

1. 管理岗  流通部、阅览室和采编部。具体包括二楼人文社科流通部,三楼医学流通部和采编部及四楼报刊阅览室。

2. 保洁岗  一、二、三、四楼走廊和墙面,主、副楼道及其墙面,图 101、图 102、图 103 多媒体教室及三楼自习室。

(二) 保洁岗各岗位工作要求和工作方法

1. 服务期限为四周,按时上岗、认真完成。

2. 一天打扫三次,早晚各拖地一次、中午清扫一次,打扫区域内不能有明显垃圾,应注意烟头、纸屑。

3. 上岗时间 早上 7:30,早上不参加晨点。中午 13:00,下午 18:00。注意:劳动工具使用后归位、每周周三下午一次彻底大扫除(每次大扫除增加一个小时的志愿者分值,下午 15:30 以前打扫完成)、劳动工具数量不够及时向小组长反映。

(三)图书馆保洁岗各岗位工作具体要求

1. 清洁区域为一楼大厅和走廊,还包括大门外区域和两个不锈钢垃圾桶表面、窗台、大厅花瓶表面,并实时清理天花板和墙角的蜘蛛网,有嚼过的口香糖黑色垃圾及时用铲子铲除(工具到三楼采编部借用)。工作方法:先清扫可见垃圾、然后在地面洒适当的水(切忌过多,以免地面湿滑摔倒行人)、用宽拖把推拖,不时清洗拖把。

2. 清洁区域为二楼大厅和走廊,还包括墙面、窗户、窗台、墙角蜘蛛网,中午和晚上各倒一次垃圾桶;工作要求和方法同图书馆 1 岗,即先清扫可见垃圾、然后在地面洒适当的水(切忌过多,以免地面湿滑摔倒行人)、用宽拖把推拖,不时清洗拖把。

3. 三楼和四楼走廊要求同一、二楼。

4. 主楼道,镜子(镜面和镜架,正面和背面)、墙面和扶手;先用扫把清扫台阶,然后用湿抹布抹扶手、墙面和镜面,最后用圆拖把拖洗台阶。

5. 两侧副楼道、墙面、扶手,先用扫把清扫台阶、然后用湿抹布抹扶手、墙面,最后用圆拖把拖洗台阶。

6. 打扫多媒体教室时先将黑板擦干净并清除黑板槽内的粉笔灰、整理讲台和多媒体控制台,然后清扫地面、收拾课桌内的垃圾,最后拖地,早晚各拖地一次,中午清扫整理一次。打扫自习室时先清扫垃圾、再用湿抹布将课桌椅抹干净,再将地面拖干净,最后将阅览椅摆放整齐。

7. 特别注意及时关闭窗户和关闭电源。

(四)管理岗各岗位工作要求及工作方法

1. 管理岗总体工作要求 服务期限为四周,按时上岗、认真完成,熟悉图书馆工作人员行为规范,遵守图书馆的各项规章制度,不穿高跟鞋、拖鞋和背心入内,将读者归还图书及时上架,不断巡视,指导读者正确使用书位牌和阅览牌,随时顺架,发现读者失范行为及时劝诫;上岗第一周的周一报到,学习图书馆工作人员行为规范和各项规章制度,并接受工作人员和资深志愿者的具体业务指导,第一次上岗时将各自的课程表交给图书馆工作人员,以便对志愿者进行排班,同时方便考核志愿者上岗情况。

2. 管理岗具体工作要求

(1)流通部志愿者上岗时间为周一到周五行政坐班时间,表现良好欢迎继续上岗,周一至周五没有上课时应及时到岗,保证图书能够及时上架,佩戴志愿者胸牌以示身份,每次上岗要签到签退,以计算志愿者分值,除上架顺架等工作外,随时打扫室内卫生,定期清洁书架。

(2)报刊阅览室志愿者工作要求基本上同流通部志愿者相同,除了行政坐班时间外,晚上和周末上岗,佩戴志愿者胸牌以示身份,严格按照值日表上岗,上岗期间不要带非志愿者同学进内工作人员工作区,注意培养工作人员形象,严格执行凭证入内制度,指导读者正确使用书位牌和阅览牌,晚上 6 点及时打开走廊和洗手间的照明灯,下班时注意按要求整理报刊,打扫卫生,摆放好阅览椅,加强巡视频次,及时规劝读者失范行为,下班后及时关窗、关电、关门,离开前关掉洗手间和走廊的照明灯,践行节能减排理念,提高环保意识。

(3)采编部志愿者上岗时间和工作要求基本上同流通部志愿者相同,学习图书初加工、分类和著录知识,并协助采编部工作人员做好其他临时性工作,向工作人员深入学习信息检索知识和技巧,培养情报思维能力。

(4)电子阅览室和计算机辅导中心志愿者上岗时间同上,学习计算机安装维护和网络维护基本知识,加强巡视,指导读者上网使用电子资源,计算机等级考试辅导能力培养,指纹考勤机的使用和维护,复印机打印机的使用和维护等技能。

(五)工作考核

(1)志愿者每天完成工作后要在志愿者服务手册上写好当天的工作日志,工作日志应如实填写,小组长或者工作人员会根据检查情况最后评价其工作日志是否属实。

(2)志愿者服务手册将会放入档案,所以一定不能涂改。

(3)我们会根据各志愿者岗岗位说明书及相应绩效考核表对大家的工作进行考核,考核优秀的同学我们会推荐其为优秀志愿者。

# 七、实验室志愿服务岗培训内容

(一)志愿者实验室工作职责

1. 热爱实验室工作,有敬业精神,有责任心,树立劳动光荣观念,工作勤勤恳恳、积极主动,以饱满热情的精神状态、认真负责的工作态度投入到工作中,努力完成各项本职工作。

2. 虚心学习,听从指挥,积极配合,尊敬带教老师,团结互助,相互支持。

3. 遵守《实验室管理规则》和《实验室安全管理规定》,遵守实验室各项规章制度。

4. 接受岗前培训和技能培训,按上岗时间要求按时上、下岗,不迟到,不早退。

5. 按要求做好实验室清洁卫生工作,做好实验仪器清洁维护工作,使实验室长期保持整洁状态。

6. 爱护实验仪器设备,未经实验带教老师允许,不得随意动用实验仪器。

7. 要有安全意识,未经实验带教老师允许和指导,不得擅自从事危险性工作,不得操作有安全操作规程要求的设施设备,不得接触化学危险品。

(二)遵守实验室日常管理规定

1. 志愿者必须尽量在课余时间参与实验室的各项工作。

2. 实验前必须认真预习实验内容,明确实验目的、原理、方法和步骤,准备接受指导老师提问。

3. 志愿者进入实验室必须穿工作服,不允许穿拖鞋,严禁高声喧哗、吸烟、随地吐痰和吃零食。

4. 进入实验室后应遵守实验室各项规章制度,未经指导老师允许不得随意动用实验仪器、实验动物和实验标本。

5. 实验准备就绪后,须经指导教师检查同意,方可进行实验,实验中应严格遵守仪器操作规程和实验动物手术操作步骤,并认真观察和分析实验现象,如实记录实验数据,独立分析实验结果。

6. 实验中要爱护实验仪器设备、实验标本和实验动物,注意安全,节约用水、电、药品、试剂等消耗材料,凡违反操作规程不听指挥而造成事故、损坏仪器设备、实验标本者,必须写出书面检查,并按有关规定赔偿损失。

7. 实验中若发生仪器障碍或其他事故,应立即报告指导教师,待查明原因或排除故障后,方可继续进行实验。

8. 实验完毕后,应及时切断仪器电源,将所用仪器设备、标本、手术器械等整理好回位,实验动物收集到指定地方,并打扫实验室,关好水、电,经指导教师检查同意后,方可离开实验室。

9. 应按实验要求及时、认真完成实验报告,不得抄袭他人实验结果。

(三)掌握校园志愿服务实训的安全防护和应急处理措施

1. 一旦发生火情,要及时报警,并采取应急措施,根据危险品的化学性质选择适用的灭火器材。

2. 实验室应时刻做好防火、防盗工作。协助管理人员检查水、电、门、窗是否关好,杜绝安全隐患,确保实验室安全。

3. 实验室的化学危险品(剧毒品、强腐蚀品、麻醉药品、精神药品、病原体、易燃易爆品、易制毒品)的安全管理应严格执行其相关规定。

(四)各实验室进行技能培训

1. 人体解剖学实验室志愿者培训内容

(1)掌握关节的基本结构和功能;椎间盘的位置、形态和功能意义,脊柱的组成、分部和功能以及脊柱的生理性弯曲;

(2)五大关节:颞下颌关节、肩关节、肘关节、髋关节、膝关节的结构和运动。

(3)骨盆的组成、分部。

2. 生物化学实验室志愿者培训内容(722 型分光光度计的操作方法)

(1)开启电源,指示灯亮,仪器预热 20 分钟,选择开关置于"T"。

(2)打开试样室盖(光门自动关闭),调节"0%T"旋钮,使数字显示为"00.0"。

(3)将装有溶液的比色皿放置比色架中。

(4)旋动仪器波长手轮,把测试所需的波长调节至刻度线处。

(5)盖上样品室盖,将参比溶液比色皿置于光路,调节透过率"100%T"旋钮,使数字显示为"100.0T"(如果显示不到 100%T,则可适当增加灵敏度的挡数,同时应重复"3",调整仪器的"00.0")。

(6)将被测溶液置于光路中,数字表上直接读出被测溶液的透过率(T)值。

(7)吸光度 A 的测量,将选择开关置于 A 旋动吸光度调零旋钮,使得数字显示为".000",然后移入被测溶液,显示值即为试样的吸光度 A 值。

(8)浓度 C 的测量,选择开关由 A 旋至 C,将已标定浓度的溶液移入光路,调节浓度按钮,使得数字显示为标定值,将被测溶液移入光路,即可读出相应的浓度值。

(9)每台仪器所配套的比色皿不能与其他仪器上的比色皿单个调换。

(10)本仪器数字显示后背部,带有外接插座,可输出模拟信号,插座 1 脚为正,2 脚为负接地线。

(11)如果大幅度改变测试波长时,需等数分钟后才能正常工作。(因波长由长波向短波或短波向长波移动时,光能量变化急剧,光电管受光后响应较慢,需一段光响应平衡时间)

3. 病原微生物学实验室志愿者岗培训内容

(1) 清洁维护工作

1) 每周至少一次大扫除,包括四个实验室、一个准备室、一个标本陈列室的地板、实验台、讲台(包括实验台下层、讲台下面)、窗子、仪器设备表面擦拭干净。

2) 实验用过的物品,在实验老师的指导下有细菌的经过灭菌后进行清洗,晾干,将皿底和盖对好,在指定位置摆放好。

3) 定期在实验老师的指导下做显微镜的维护工作。用擦镜纸蘸少许二甲苯擦拭镜头,再用干净的擦镜纸拭去镜头上残留的二甲苯,以免二甲苯渗入镜头内溶解粘固透镜的胶质,造成镜片移位或脱落。显微镜擦净后,将低倍镜朝外,油镜头和高倍镜朝内呈八字形,反光镜垂直,一手握镜臂,一手托镜座,将显微镜按号码放回显微镜柜子。

(2) 实验准备工作

1) 熟悉各实验操作规程。

2) 配培养基:配料—溶解—调整 pH—分装后高压灭菌(或灭菌后分装)—无菌试验。

3) 仪器设备的使用。

(3) 工作中要注意的问题

1) 工作过程中要注意安全,严格按照操作规程操作。

2) 实验室打扫后要记得关好水电门窗。

3) 如临时有事不能到实验室来工作,请及时告之老师。

4. 形态实验室一志愿者培训内容

(1) 每周至少一次到实验室进行日常清洁维护工作,工作内容包括打扫实验室、对实验仪器进行清洁维护;工作要求包括将地面上的垃圾扫干净再拖地,实验仪器进行除尘,不损坏实验品,并要摆放整齐。

(2) 在上实验课期间,还要配合实验准备人员进行实验课准备的辅助工作,做一些文字记录工作。工作要求为在实验教师的指导下,本着节约的原则做好实验辅助工作,实验课后做好器材的清点和保养工作,做文字记录工作时,做到细心、认真、不出差错。

(3) 电视显微镜的结构和使用,与普通光学显微镜结构类似,使用也相近,主要区别在于电视显微镜需要连接电源、CD 摄像头,用数据线同电视连接,将图像在电视上显示。实验人员可在显微镜下操作,将镜下观察的细微结构显示在电视上,便于学生观看。

(4) 显微镜的维护和使用,用擦镜纸蘸少许二甲苯擦拭镜头,再用干净的擦镜纸拭去镜头上残留的二甲苯,以免二甲苯渗入镜头内溶解粘固透镜的胶质,造成镜片移位或脱落。显微镜擦净后,将低倍镜朝外,油镜头和高倍镜朝内呈八字形,反光镜垂直,一手握镜臂,一手托镜座,将显微镜按号码放回显微镜柜子。

(5) 结缔组织的识别。

5. 形态实验室二志愿者培训内容

(1) 目的要求

1) 掌握细胞、组织适应性反应的常见类型,熟悉其形态特点。

2) 掌握变性、坏死的类型及形态变化,熟悉各种变性、坏死的相互关系及后果。

3) 掌握肉芽组织的形态特点及其在创伤愈合中的作用,熟悉创伤愈合与骨折愈合的类型及过程。

（2）看大体标本

1）心肌肥大。

2）肾压迫性萎缩。

3）肝脂肪变性。

4）心肌脂肪浸润。

5）肾干酪样坏死。

6）足干性坏疽。

7）坏疽性阑尾炎。

8）小肠湿性坏疽。

（3）观看病理切片

1）骨骼肌萎缩。

2）脾中央动脉玻璃样变性。

3）肝脂肪变性。

4）肉芽组织。

6. 机能实验室一志愿者培训内容

（1）测量红细胞的沉降率，步骤如下

1）采血：用消毒的干燥注射器和针头有肘窝正中静脉抽血 1.6ml，立即将血液沿管壁缓缓放入已盛有 3.8％枸橼酸钠 0.4ml 的青霉素瓶中，在桌面顺时针旋转 3 次，使之充分混匀，但需避免剧烈振荡，以免红细胞破坏。

2）固定：取干燥的惠氏沉降管一只，从小瓶内吸血至刻度"0"点为止，拭去下端管口外面的血液，垂直地竖立在固定架的橡皮垫上，管的上端由一弹簧铁片固定起来。勿使血液从下端漏出。注意管不能稍有歪斜，管内不应该有凝血块和气泡。待 1 小时末，读取红细胞下沉的距离，即为红细胞沉降率（ml/h）。注明受试者姓名、性别、年龄、红细胞沉降率。

3）观察实验结果

7. 机能实验室二志愿者培训内容　培训药物对离体兔肠的作用中实验的操作：

（1）将换能器与 Med lab 系统连接并固定在铁支架双凹夹上。接通电源，开机，点击桌面上的 Medlab 的快捷键，进入实验记录窗口。

（2）装好恒温装置：浴箱内加水，接电源，管内加台氏液，给氧，调节温度。

（3）取兔肠段：将兔打晕，取十二指肠一段，分成长 2～3cm 三段，置于蒂罗德（台氏）液中。

（4）连接记录系统：取肠一段，一端与充氧器 m 端连接，一端与换能器连接、在显示屏上记录一段正常的收缩曲线。

（5）给药。

8. 外科实验室志愿者培训内容

（1）志愿者工作职责

1）每周至少一次到实验室进行日常清洁维护工作，工作内容包括打扫实验室、清洗实验用品、对实验仪器进行清洁维护；工作要求包括将实验室的实验桌擦拭干净，将地面上的垃圾扫干净再拖地，实验用品清洗干净后放回到原位，不损坏实验品，并要摆放整齐。

2）在上实验课期间，还要配合实验准备人员进行实验课准备的辅助工作，做一些文字记录工作。工作要求为在实验准备人员的指导下，本着节约的原则做好实验辅助工作，实验课后做好器材的清点和保养工作，做文字记录工作时，做到细心、认真，不出差错。

（2）工作中要注意的问题

1）工作过程中一定要注意自身安全,保护好自己的财产安全。

2）实验室打扫后要记得关好水电门窗。

3）如临时有事不能到实验室来工作,请及时告之老师。

4）外科实验室技能培训内容——换药术。

（3）实验目的

1）观察伤口或创面情况,并给予及时适当的处理。

2）清理伤口,清除异物、分泌物和坏死组织,减少细菌繁殖因素控制感染促进伤口愈合,缩短治疗时间。

3）拆除伤口缝线。

（4）实验准备

1）自身准备:衣帽整洁,戴好口罩。

2）实验器材:绷带、拆线剪、镊子(有齿、无齿)、弯盘、纱块、棉球、胶布等。

3）实验药品:0.5％碘伏。

4）实验对象:塑胶成人模型。

（5）实验步骤:了解病人的心情,向病人讲解换药的目的和意义,消除病人的心理恐惧→充分了解伤口→换药前的无菌准备→换药。

（6）换药注意事项

1）换药者操作应当稳、准、轻,禁忌动作过粗过大,同时注意无菌操作。

2）根据伤口情况准备换药敷料和用品。

3）合理掌握换药的间隔时间。

（7）实验结束:清洗清点器械,打扫实验室卫生、关好水电门窗。

9.内、儿、妇产科和中医陈列室实验室志愿者培训内容

（1）每周至少一次到实验室进行日常清洁维护工作,工作内容包括打扫实验室、清洗实验用品、对实验仪器进行清洁维护;工作要求包括将实验室的实验桌擦拭干净,将地面上的垃圾扫干净再拖地,实验用品清洗干净后再放回到原位,不损坏实验品,并要摆放整齐。

（2）在上实验课期间,还要配合实验准备人员进行实验课准备的辅助工作,做一些文字记录工作。工作要求为在实验准备人员的指导下,本着节约的原则做好实验辅助工作,实验课后做好器材的清点和保养工作,做文字记录工作时,做到细心、认真,不出差错。

（3）工作中要注意的问题

1）工作过程中一定要注意自身安全,保护好自己的财产安全。

2）实验室打扫后要记得关好水电门窗。

3）如临时有事不能到实验室来工作,请及时告之老师。

4）在培训时一定要按照操作规程操作,以防被器材所伤。

10.内科实验室技能培训内容

（1）掌握体格检查基本方法。

（2）掌握正常心尖搏动位置、强弱、性质和范围。

（3）能比较准确地叩诊出心脏相对浊音界。

（4）初步掌握心脏听诊方法。

（5）实验步骤

1）心脏视诊。观察心前区是否隆起，心尖搏动。以切线方向进行观察。视诊心前区异常搏动。

2）心脏触诊。触诊心尖搏动、心前区异常搏动和震颤。用手掌在心前区和心底部触诊，必要时用小鱼际确定具体位置和时期。触诊心包摩擦感。在胸骨左缘第3、4肋间触诊。

3）心脏叩诊。先叩左界，从心尖搏动最强点外2～3cm处开始，由外向内，由清变浊，做标记。自下而上叩至第2肋间。叩右界则沿右锁骨中线，自上而下，叩至浊音，于其上一肋间由外向内叩出浊音界，自下而上叩至第2肋间。用直尺测量左右心浊音界各标记点距前正中线距离和左锁骨中线与前正中线的距离。

4）心脏听诊。听诊器置心尖搏动最强的部位，听诊心率、心律、心音（强度改变、心音分裂、额外心音）、杂音。然后依次在肺动脉瓣区、主动脉瓣区、主动脉瓣第二听诊区、三尖瓣区听诊。听诊心包摩擦音。在胸骨左缘第3、4肋间听诊。

11. 计算机实验室志愿者岗培训内容

（1）每周至少一次到实验室进行日常清洁维护工作，工作内容包括打扫实验室、对实验仪器进行清洁维护；工作要求包括将地面上的垃圾扫干净再拖地，实验仪器进行除尘，不损坏实验品，并要摆放整齐。

（2）在上实验课期间，还要配合实验准备人员进行实验课准备的辅助工作，做一些文字记录工作。工作要求为在实验教师的指导下，本着节约的原则做好实验辅助工作，实验课后做好器材的清点和保养工作，做文字记录工作时，做到细心、认真，不出差错。

（3）本实验室是计算机实验室，用于做实验的主要是学生们上机操作，在本实验室做志愿者的同学可同时参加上机培训，还可了解每次实验大概内容，了解计算机的用途，办公软件的学习。到本实验室做志愿者的同学可参与准备实验，因每周进行的实验不同，实验内容也不同，这样在本实验室做志愿者的同学就可以掌握不同的实验。通过"Excel 2000 文字系统使用"这个实验，志愿者可以掌握函数引用的方法，能在公式中应用常用函数。

（4）掌握工作表简单格式化方法。

（5）掌握创建图表和图表进行简单的修改的方法。

（6）工作中要注意的问题

1）工作过程中一定要注意自身安全，保护好自己的财产安全。

2）未经老师同意，不能随意动用实验室的电源和物品。

3）实验室打扫后要记得关好水电门窗。

4）如临时有事不能到实验室来工作，请及时告之老师。

5）拖地的时候一定要看电源是否全关掉。

12. 护理实验室志愿者培训内容（铺备用床的操作规程）

（1）实验目的：保持病室整洁，准备接收新患者。

（2）实验准备

1）自身准备：衣帽整洁，正确戴口罩、洗手。

2）用物准备：床、床垫、大单、被套、棉胎或毛毯、枕芯、枕套、床刷、护理车、小簸箕、消毒小毛巾。

3）按使用顺序自上至下为大单、被套、棉胎、枕套、枕芯之用物携至床边。

4）各用物折叠方法正确。有脚轮的床应先固定,调整床的高度。

5）移床头柜距床 20 厘米,椅放床尾正中离床约 15 厘米。

6）将用物放椅上或护理车上。酌情翻床垫,扫床铺、铺床褥。

（3）实验步骤

铺大单:

1）取大单放在床铺上,正面向上,中线对齐,上下同时散开。

2）铺角:右手托起床垫左手伸过床头中线将大单塞入床垫下在离床头约 30cm 处、右手将大单边缘向上提起、使之成一等边三角形、左手夹住下垂三角形平整地塞入床垫下。

3）先床头后床尾,两端折成 45°角塞床垫下,中间床单位拉紧平塞于床垫下。

4）转至对侧、先床头再后中间、无拍拉等多余动作。

被套子、套枕头:

1）将被套正面向上,开口朝床尾,对齐床中线。

2）将被套开口端的被套上层倒转向上约 1/3,中线对齐平铺床上。

3）将"S"形棉被套入,底边同被套开口边对齐于封口处。

4）将折叠的棉被的两边打开和被台平齐,先对侧后近侧。

5）至床尾逐层拉平盖被、系带对好两上角,盖被上缘与床头平齐。

6）两侧边沿内折和床垫齐,尾端向内折塞入床垫与床尾齐。

套枕头:

1）使枕套四角充实,系上开口端带子。

2）轻拍枕头、开口处背门,横放于床尾,再用两手平拖主床头。

（4）实验结束:清洗清点器械、打扫实验室、关好水电门窗。

13. 口腔实验室志愿者培训内容

（1）实验目的:掌握口腔常用器械口镜、探针和镊子的使用方法,熟悉其他器械的使用方法。

（2）实验准备

1）实验器材:口镜、探针、镊子、挖匙、充填器、调和刀和调和板、各种车针、拔髓针和光滑髓针、根管钻和根管挫等。

2）实验对象:以上器械。

（3）介绍口镜的使用方法、消毒方法及日常保养。

（4）介绍探针的使用方法、消毒方法及日常保养。

（5）介绍镊子的使用方法、消毒方法及日常保养。

（6）介绍挖匙的使用方法、消毒方法及日常保养。

（7）介绍充填器的使用方法、消毒方法及日常保养。

（8）介绍各种车针的使用方法、消毒方法及日常保养。

（9）介绍拔髓针和光滑髓针的使用方法、消毒方法及日常保养。

（10）介绍根管钻和根管挫的使用方法、消毒方法及日常保养。

（11）进行实验总结,完成实验。

（12）实验结束:清洗清点器械、打扫实验室、关好水电门窗。

# 八、医疗扶贫志愿服务岗培训内容

（一）医疗扶贫行动意义及宗旨

1. 为偏远地区的贫病者提供服务，令他们得到起码的医疗照顾，重拾尊严，重现笑脸。

2. 激励广大的医务医学工作者志愿参与这一伟大行动，同时也提高自己的精神世界，更可以借此培养学生的医德。

3. 通过加强医疗扶贫工作，让更多人受惠，同时唤起更多人的关心。

4. 医疗扶贫行动宗旨：无私奉献，诚心关怀。

（二）医疗扶贫行动原则

1. 向穷看原则　医疗扶贫活动开展的主要范围在贫困地区的山区农村。

2. 便利原则　开展医疗地点选择尽可能最接近病人的地方方便病人。

3. 优先原则　医疗扶贫活动是以医疗为主的活动，对可能危及生命的疾病要优先，对疗效好的疾病优先，对老年人及家庭主要劳动力优先。

4. 安全原则　在医疗扶贫活动中，应当把患者的医疗安全放在首位。

（三）医疗扶贫行动方式

1. 地区调查　为了掌握真正贫困病人的标准，体现为得不到起码医疗的病人服务的原则，应实事求是进行地区调查，选择贫困县乡和村，从而在行动之初就确保项目开展的有效性。

2. 问卷调查　重视原始资料的收集和记录，在个人辅助计划中，应提供病人姓名、住址、联系办法、常规项目检查、分发药物登记。

3. 现场义诊。

（四）医疗扶贫前的准备，包括各种常见病的基本常识

# 九、班干部岗培训内容

（一）班长培训内容

1. 协助辅导员和班导生开展班级工作，认真、仔细，做到无差错。

2. 制订班级工作计划、总结，按时完成，计划可实施，总结有整改。

3. 按时召开班级例会，会议记录详细、清晰，及时传达学校的精神和指示。

4. 按时参加学校组织的各类会议和活动，不缺席、不迟到、早退，认真做好会议记录，字迹清晰、记录完整。

5. 严于律己，模范带头。严守职责、经常督促检查其他班委的学习和开展的各项工作情况，带头搞好学习和遵守校规校纪。

6. 及时汇报班级动态，对于突发事件能立刻汇报并能应急处理，关注心理问题学生。

7. 积极主动配合各部门工作，做好晨点、查寝、请假、销假等日常工作，没有不良情绪，对于班级学生的不配合能给予制止和劝说，做好本职工作。

8. 自觉维持课堂纪律，班级纪律良好，不做任何干扰教学的行为，对于班级上课睡觉、玩手机、聊天等不良现象给予制止。

9. 配合辅导员完成各项奖助学金评选等工作，做到班级无异议，做好评选记录，字迹清楚、记录完整，有可追溯性。

10. 倡导团结友爱，增强班级凝聚力。通过各种形式加强班级同学之间的团结友爱、互

相帮助,形成良好的班风和学风,增强班级同学的集体荣誉感和凝聚力。

11. 积极支持和配合班级团支部书记搞好班级团组织的各项工作;支持和鼓励同学参加学生会和社团组织的各项活动。

（二）团支书培训内容

1. 负责召集团支部会议,传达贯彻团委的指示和决议;研究安排团支部工作,重大问题提交团委决定。

2. 制订班级团支部活动计划、总结,每月组织团活动,按时完成,计划可实施,总结有整改。

3. 按时召开团支部工作例会,会议记录详细、清晰,及时传达团委的精神和指示。

4. 按时参加学校组织的各类会议和活动,不缺席、不迟到、早退,认真做好会议记录,字迹清晰、记录完整。

5. 及时汇报团支部思想动态,支持学校组织的志愿服务活动,对于突发事件能立刻汇报并能应急处理,关注心理问题学生。

6. 做好团费收缴工作和上交工作。

7. 了解掌握团员的思想、工作和学习情况,发现问题及时解决,每日按时签到。

8. 做好团员档案管理存档工作。

9. 积极主动地配合各部门工作,做好晨点、查寝、请假、销假等日常工作,没有不良情绪,对于班级学生的不配合能给予制止和劝说。

10. 班级文明礼貌及班级整体学风建设良好,在学校组织的各类评比及活动中获得优异的成绩。

11. 认真填写周情况反馈表,每日按时签到。

12. 根据支部的具体情况,形成支部的工作特色,积极开展志愿服务活动,完成学校团委的临时性工作。

（三）学习委员培训内容

1. 了解本班同学的学习情况和要求。及时向辅导员、任课老师或教务处反映。

2. 主持开展对同学学习有帮助的各种活动,如召开学习经验交流会、座谈会等。

3. 配合教务处做好教学日志和双周志工作。

4. 完成老师、班长、团支书交办的临时性工作。

（四）生活委员培训内容

1. 协助班级负责管理好班费,认真登记班费收支情况并定期公示。

2. 每个月必须到班级所有寝室下寝室一次,了解同学们生活情况和存在的问题,做好记录。

3. 协助辅导员搞好班级宿舍清洁卫生工作。

4. 完成老师、班长、团支书交办的临时性工作。

（五）文艺委员培训内容

1. 负责组织好班级文艺队伍,组织好训练和筹备工作,积极参加学院开展的各项文艺活动。

2. 完成老师、班长、团支书交办的临时性工作。

（六）体育委员培训内容

1. 协助组织班内各项体育活动的代表队,参加院系的各项比赛。

2. 做好班级参赛队伍组织和管理工作。

3. 协助好体育老师上好体育课。

4. 完成老师、班长、团支书交办的临时性工作。

（七）组织委员培训内容

1. 负责团支部的组织建设工作,检查团员执行决议、履行义务、遵守组织纪律的情况。

2. 负责要求入团积极分子的培养教育和新团员发展工作。

3. 积极组织团员青年开展丰富多彩的校园文化活动。

4. 完成老师、班长、团支书交办的临时性工作。

（八）宣传委员培训内容

1. 了解团员的思想状态,做好团员的思想政治工作。

2. 按校团委要求,做好班级支部的宣传工作。

3. 根据学校、院(部)宣传部要求,领导本班做好宣传报道工作。

4. 协助团支书开好团会。

5. 完成老师、班长、团支书交办的临时性工作。

（九）心理委员培训内容

1. 负责班内同学的心理健康教育工作,及时了解学生心理状况,并向班主任、心理老师反映。

2. 协助相关老师开展心理普查工作。

3. 完成老师、班长、团支书交办的临时性工作。

（十）治保委员培训内容

1. 协助老师负责学院各项工作中本班级同学的纪律维护工作。

2. 定期到本班寝室巡视。

3. 完成老师、班长、团支书交办的临时性工作。

（十一）寝室长培训内容

1. 在校园文明建设中发挥模范作用,努力营造"讲政治、讲文明、讲学习、讲卫生"的宿舍氛围,积极创建文明寝室。

2. 配合做好寝室安全工作。

3. 积极参加校园节水节电宣传活动,并且带头做到节水节电。

4. 及时将寝室卫生、同学表现、违纪行为、心理问题、未经学校允许的外来人员及各类疾病疫情等向老师及相关部门汇报。

# 十、学生干部志愿服务岗培训内容

（一）学生干部的作用

1. 桥梁作用。

2. 榜样作用。

3. 模范带头作用。

4. 团结凝聚作用。

（二）学生干部应具备的能力和素质

1. 思想端正,坚持走社会主义道路,树立正确的人生观、价值观。

2. 组织协调能力。

3. 较强的执行力及能动力。

4. 领导力。

5. 社交表达能力。

6. 自我调节的能力。

（三）学生干部工作职责

1. 负责学生会日常管理工作。

2. 积极参加学校组织的学生干部管理和培训课程,不迟到、不早退。

3. 注重寝室卫生并在寝室同学中起到带头作用,不酗酒、不吸烟、不使用违章电器等。

4. 协助学校做好学生管理工作,不包庇违纪学生,遇到突发情况立即汇报,解决学生问题。

5. 制订工作计划、总结等,做好各项会议记录,字迹清晰,便于保存。

6. 协助学校开展各类文体活动,丰富校园文化生活。

7. 负责协调各班级、各团支部的日常工作,提倡开展学校各类特色活动。

8. 掌握学生思想动态,定期与各班级班长、团支书进行谈话沟通,了解班级现状,做好记录。

9. 建立学生干部档案,做好分类、保存。

10. 考察培养新人,培养有工作热情的接班人,做好学生干部上下届交接工作。

（四）学生干部管理规章制度

学生会会议管理:

(1) 定期召开学生代表大会,下达有关学生工作方面的决议。

(2) 定期召开学生干部会议,布置相应工作,传达各类信息。

(3) 定期召开主席团会议。

(4) 严格考勤制度,要求学生会各成员须准时到会,三次无故缺席者取消本学期的评优评奖资格。

(5) 各项会议的会议记录由主席团不定期抽查,会议记录必须及时存档在团委活动室。

(6) 所有人员需准时到会签到,不得代签,不得无故缺席、迟到、早退,如遇事、病假者,需事先请假并说明原因。

（五）办公室使用制度

1. 学生会办公室每天需要有人值班,负责联系、接待、办公等事务,并保持室内的卫生清洁。

2. 办公室内不得吸烟,不得赌博(包括变相赌博),不得进行其他一切有损学生会形象、秩序和安全的活动。

3. 学生会办公室用于学生会日常工作,任何个人都不得将其挪为私用,各部、其他社团或学生团体使用办公室需由其负责人提出书面申请,并征得办公室负责人的同意方可使用。

4. 学生会各部或社团工作人员在办公室需佩戴部门或协会工作证。

5. 办公室内的物品不得随意移动、转借或据为私有,物品使用完毕应放回原处。

# 十一、心理健康志愿服务岗培训内容

1. 心理健康志愿服务岗的工作职责(重点)

(1) 明确自身角色定位。

（2）普及心理科学知识，并帮助广大学生消除对心理咨询的模糊认识和神秘感。

（3）主动关注周围同学心理健康，反映同学中存在的比较突出或典型的心理问题及面临的主要困扰，并将掌握到的情况进行宣传登记，及时上报心理健康服务中心。

（4）有计划地组织开展有意义的心理健康教育活动。

（5）承担一般心理问题学生的咨询服务工作。

（6）协助心理健康志愿服务岗中心开展相关工作。

2. 心理健康志愿服务岗的角色定位

（1）角色定位：以心理知识为指导，以自身成长为前提，以心理辅导技术为手段，以自助助人、助人自助为理念，提倡和形成关爱心灵、珍惜生命的校园风气，在学校心理健康教育和心理咨询工作中发挥作用，成为学校心理健康服务工作中的骨干分子，为广大学生的成长和发展贡献一份积极的力量。

（2）所需素养

1）基本素质：个性乐观开朗，情绪稳定，心理健康状况良好；热心心理健康教育工作，具有服务意识，责任心强；有亲和力，善于与人沟通，人际关系较好；善于合作；保密、守信。

2）具有尊重和重视生命的意识。学会树立尊重和重视生命的理念，感悟生命的价值，增强关注生命、呵护心灵、维护同学心理健康的使命感和责任感。

3）具有加强自我成长和探索的意识。通过对学生的自我探索与自我认识、寻找和澄清自我价值观、提升共情能力、拓展情商以及无条件接纳与宽容等方面进行的辅导和培训，通过理论讲解与体验式训练，促进学生培养不断成长与进步的意识。

3. 宣传心理健康知识

（1）按时参加心理健康服务中心组织的各项培训活动及相关的心理健康知识讲座等。

（2）及时传达和宣传心理健康服务中心发布的相关心理健康教育信息，使同学们了解心理发展的规律，能对发展过程中的出现的问题进行自我调节和自我保健。

（3）积极主动学习有关心理健康知识，关注学校心理健康服务工作动态，努力提高自身的心理素质及业务水平。

4. 主动关注周围同学的心理健康

（1）关注周围同学心理健康，对性格孤僻、家庭情况复杂、经济贫困、纪律观念淡薄和学习困难等特殊人群给予特别的关注和帮助。

（2）从学习、生活、交往、情感、危机事件和综合评价等方面反映同学中存在的比较突出或典型的心理问题及面临的主要困扰，并将掌握到的情况进行登记，及时上报辅导员或心理健康服务中心。

5. 有计划地组织开展有意义的心理健康活动

（1）活动应以普及心理科学基础知识、培训心理调试的技能、认识与识别心理异常现象、提高心理健康水平和心理素质为宗旨。

（2）活动形式以同学们喜闻乐见的多样化方式开展，如团体心理辅导活动，心理健康教育主题班会和"5·25心理健康服务月"主题活动等。

6. 承担一般心理问题学生的咨询服务工作

（1）了解心理辅导的基本理念和基本知识与能力。了解心理咨询的几个主要学派（精神分析、理性情绪和行为疗法等）的基本辅导理念和技术；初步掌握建立辅导关系常用的主要技术(尊重、真诚、共情和积极关注等)。

(2) 了解大学生常见心理问题的表现特征和心理危机干预的基本常识。

1) 学会鉴别正常和异常、发展性与障碍性问题。

2) 了解大学生常见的心理问题。包括环境适应问题、学习问题、人际关系问题、恋爱与性心理问题、性格与情绪问题、求职与择业问题和神经症等问题。

3) 了解危机的识别与处理原则。

4) 树立及时汇报和转介意识。当出现紧急突发的心理危机事件,应及时向辅导员和心理健康服务中心反映,并积极配合做好危机干预工作,发挥积极的作用。

7. 协助心理健康志愿服务岗中心开展相关工作

(1) 协助开设心理讲座,做好组织和秩序维持等工作。

(2) 协助建立心理健康教育与咨询网站,做好网站维护和更新工作。

(3) 协助定期出版面向全校学生的心理健康知识读物,如《心理报》,协助定期更新和维护心理健康知识宣传橱窗。

(4) 协助建立并适时更新全校学生心理健康状况档案,定期分类整理、报告学生心理健康状况。

# 第3节　校园志愿服务各岗岗位说明书

## 一、班导生志愿服务岗岗位说明书

| 入岗条件 | 中共党员 | 填写日期 | | 核准人 | |
|---|---|---|---|---|---|
| 职位概要 | 协助班主任(辅导员)加强对本班学生的日常教育、管理、服务工作。 | | | | |
| 工作内容 | | 权重 | 标准要求 | | |
| 1. 参加导生培训,熟悉导生工作制度。 | | 5% | 有培训记录,有证实性材料。 | | |
| 2. 按照规定,制定个人导生工作计划。 | | 5% | 结合实际情况,合理、有计划地实施,有证实性材料。 | | |
| 3. 协助班主任(辅导员)对本班学生的入学教育、日常管理、行为教育、学习辅导、活动开展等工作。 | | 80% | 1. 了解学生的思想动态,及时与班主任(辅导员)进行沟通,并做好有心理问题及其他思想问题的学生思想工作,第一时间汇报班级出现的各种情况。<br>2. 配合专业老师对学生学习进行指导,及时反馈学生中的疑难问题。<br>3. 协助对本班学生进行日常管理(查夜、查寝、查课),发现情况及时汇报或配合班主任进行管理。<br>4. 配合班主任(辅导员)按计划、策划开展班团活动;带动班级学生争优创先。<br>5. 协助班主任(辅导员)加强班级学生党建工作和组织建设、思想建设,组织学生参加校、学院的争先创优工作、综合测评、社会实践、大型群体活动等。 | | |
| 4. 完成党总支、学生处、团委、班主任(辅导员)交给的其他任务。 | | 10% | 结合实际情况,合理、有计划地实施,有证实性材料。 | | |

# 二、校卫队岗岗位说明书

| 入岗条件 | 中共党员 | 填写日期 | | 核准人 | |
|---|---|---|---|---|---|
| 职位概要 | 协助保卫处担负校内巡逻、维护学校治安秩序,确保学校教学、科研等工作的顺利进行。承担学校的义务消防任务,确保校园消防安全。 | | | | |
| **工作内容** | | **权重** | **标准要求** | | |
| 1. 遵守校卫队制度,志愿服务管理。 | | 10% | 服从命令、听从指挥、刻苦训练、严守纪律、尊重领导、团结同志。有警必接、有险必救、有难必帮、有求必应,勇于与一切犯罪分子作斗争,不得做有损集体荣誉的事。 | | |
| 2. 参加训练。 | | 10% | 周一至周五早晨6:30集合进行体能训练。 | | |
| 3. 业务培训。 | | 10% | 每周一次工作培训,对工作进行总结,及个人能力的展现。 | | |
| 4. 工作时间。 | | 10% | 每天负责对校园进行至少3次的巡逻。 | | |
| 5. 工作态度。 | | 10% | 工作时应文明用语、礼貌待人、微笑服务。工作时不得擅离职守、不得与他人闲聊,遇到情况应及时汇报。有警必接、有险必救、有难必帮、有求必应。不得迟到、不得缺勤、不得早退,特殊情况应及时请假。 | | |
| 6. 工作行为。 | | 5% | 工作期间,注意仪表,穿拖鞋、背心。 | | |
| 7. 工作内容。 | | 45% | 对校内可疑人员、车辆查问;对校内乱停乱放的各种车辆纠正、执法;对学生违规行为进行制止;对校内所发生的纠纷进行调解;查处校内各种安全隐患;妥善处理校内突发事件。 | | |

# 三、质量监督管理岗岗位说明书

## (一)质监部部长岗岗位说明书

| 入岗条件 | 中共党员 | 填写日期 | | 核准人 | |
|---|---|---|---|---|---|
| 职位概要 | 在老师的指导下,负责对学校教学、食堂、超市、后勤的服务工作进行监督,及对参与此项工作的人员进行考核、管理。 | | | | |
| **工作内容** | | **权重** | **标准要求** | | |
| 1. 在老师的指导下,每天对各岗位质量监督员的各项工作内容进行检查。完成考核的日常工作。 | | 20% | 做到分工明确,责任到人,对发现1次问题并及时改正的同学实行加分制。 | | |
| 2. 负责每个星期的例会主持工作,掌握了解各岗位的工作情况。 | | 20% | 每个星期开部门例会一次,告知成员上周的整改情况及下周的任务。 | | |
| 3. 负责做好信息收集工作。 | | 20% | 每周汇总一次,及时用邮件或者短信方式进行汇报。 | | |
| 4. 负责人员招聘、考核和奖惩工作。 | | 20% | 执行各项考核规程,满意度80%以上。 | | |
| 5. 负责对各岗位质量监督员的各项工作内容进行督查督办。 | | 20% | 每周总结一次,及时进行汇报。 | | |

（二）教学楼监督岗岗位说明书

| 入岗条件 | 志愿者学生 | 填写日期 | 核准人 | |
|---|---|---|---|---|
| 职位概要 | 在老师的指导下,负责对学校教学设施进行监督,听取学生的意见,及时向学校反馈。 | | | |
| 工作内容 | | 权重 | 标准要求 | |
| 1. 负责检查教学楼各楼层的地面、楼梯、天花板的卫生情况,有无破损。 | | 20% | 保证每周巡查 2 次以上,做好记录工作,及时处理和反馈各种投诉信息,完成报修及验证情况。 | |
| 2. 负责检查教学楼各楼层的多媒体运行情况。 | | 20% | 保证每周巡查 2 次以上,做好记录工作,及时处理和反馈各种投诉信息,完成报修及验证情况。 | |
| 3. 负责检查教学楼的垃圾桶是否有破损、未及时清理等情况。 | | 10% | 保证每周巡查 2 次以上,做好记录工作,及时处理和反馈各种投诉信息,完成报修及验证情况。 | |
| 4. 负责检查教学楼的桌椅,电灯,黑板等设施是否正常运行。 | | 20% | 保证每周巡查 2 次以上,做好记录工作,及时处理和反馈各种投诉信息,完成报修及验证情况。 | |
| 5. 负责检查教学楼层的消防安全设施情况,是否存在安全隐患。 | | 20% | 保证每周巡查 2 次以上,做好记录工作,及时处理和反馈各种投诉信息,完成报修及验证情况。 | |
| 6. 负责检查霓虹灯及 ATM 机的正常使用情况。 | | 10% | 定时巡查,发现异常及时汇报。 | |

（三）超市质量监督员岗岗位说明书

| 入岗条件 | 志愿者学生 | 填写日期 | | 核准人 | |
|---|---|---|---|---|---|
| 职位概要 | 在老师的指导下,负责对学校超市服务进行监督,听取学生的意见,及时向学校反馈。 | | | | |
| 工作内容 | | 权重 | 标准要求 | | |
| 1. 负责检查商品的供货商证件及证明;验查所有商品是否公布真实的商品信息(包括商品名称、规格数量、生产企业等)。 | | 20% | 保证每周巡查 2 次以上,做好记录工作,及时反馈各种信息。 | | |
| 2. 负责检查商品价格;对超市所有商品的价格、数量、重量与校外超市的相同商品进行比对。 | | 10% | 保证每周巡查 2 次以上,做好记录工作,及时反馈各种信息。 | | |
| 3. 负责检查商品外观;商品包装的外观必须整齐,无渗漏,无污物等。 | | 20% | 保证每周巡查 2 次以上,做好记录工作,及时反馈各种信息。 | | |
| 4. 负责检查是否有对消费者作误导性导购的行为。 | | 20% | 保证每周巡查 2 次以上,做好记录工作,及时反馈各种信息。 | | |
| 5. 负责检查超市是否妥善处理消费者有关修理、换货、退货要求,是否建立无条件退、换货制度。 | | 20% | 及时处理和反馈投诉信息,查明情况后与超市工作人员做好沟通工作。 | | |
| 6. 负责收集反馈师生员工对超市的意见。 | | 10% | 详细记录师生意见,及时反馈信息。 | | |

（四）公寓管理监督员岗岗位说明书

| 入岗条件 | 志愿者学生 | 填写日期 | | 核准人 | |
|---|---|---|---|---|---|
| 职位概要 | 在老师的指导下,负责对学生公寓的各项水、电设施、卫生状况及其他问题进行监督,听取学生的意见,及时向学校反馈。 | | | | |
| 工作内容 | | 权重 | 标准要求 | | |
| 1. 负责检查学生宿舍的水电正常使用情况,及其他有关公寓内公共财产的检查等。 | | 20% | 每周巡查 2 次以上,做好记录工作,及时反馈各种信息。 | | |

续表

| 工作内容 | 权重 | 标准要求 |
|---|---|---|
| 2. 负责检查学生宿舍和教职工宿舍的卫生情况,楼道是否堆放杂物等。 | 20% | 每周巡查2次以上,做好记录工作,及时反馈各种信息。 |
| 3. 负责检查学生宿舍和教工宿舍内是否乱张贴小广告等不良宣传信息。 | 20% | 每周巡查2次以上,做好记录工作,及时反馈各种信息。 |
| 4. 负责检查宿舍的消防安全情况,是否存在安全隐患。 | 20% | 每周巡查2次以上,做好记录工作,及时反馈各种信息。 |
| 5. 负责留意是否有外来人员到宿舍进行推销、销售物品。 | 20% | 定期走访,收集学生信息,及时反馈信息。 |

### (五) 食堂管理监督员岗岗位说明书

| 入岗条件 | 志愿者学生 | 填写日期 | | 核准人 | |
|---|---|---|---|---|---|
| 职位概要 | 在老师的指导下,负责对学生食堂的服务进行监督,听取学生的意见,及时向学校反馈。 | | | | |

| 工作内容 | 权重 | 标准要求 |
|---|---|---|
| 1. 负责检查食堂公共卫生、饭菜质量及价格情况。 | 20% | 每天按时上岗,仔细巡查,及时反馈各种信息。 |
| 2. 负责检查食堂碗、筷等餐具的消毒情况。 | 20% | 每天按时上岗,仔细巡查,及时反馈各种信息。 |
| 3. 负责食堂设点处的值班工作,及时处理刷卡错误、饭菜里有异物等就餐问题。 | 20% | 每天按时上岗,及时解决各种就餐问题,与食堂工作人员做好沟通工作。 |
| 4. 负责检查食堂服务人员着装及服务态度情况。 | 20% | 每天按时上岗,仔细巡查,与食堂工作人员做好沟通工作。 |
| 5. 负责收集反馈师生员工用餐意见,做好记录。 | 20% | 详细记录用餐意见,及时反馈信息。 |

# 四、精神文明督察服务岗岗位说明书

| 入岗条件 | 中共党员 | 填写日期 | | 核准人 | |
|---|---|---|---|---|---|
| 职位概要 | 协助学校加强引导广大学生文明生活、提高素养、和谐发展的日常教育、管理、服务工作。 | | | | |

| 工作内容 | 权重 | 标准要求 |
|---|---|---|
| 1. 按时督察。 | 10% | 按时参加督察岗安排的工作,不迟到、不早退、不缺席;如遇特殊原因不能按时上岗,应提前向负责人请假,须递交书面请假申请并获得批准(迟到:2分/每次,早退:2分/每次,无故缺席扣5分/每次,以工作记录及签到表为检查依据) |
| 2. 文明督察。 | 10% | 上岗时必须佩戴臂章、服装整洁、举止得体,做好相应记录。(无佩戴臂章扣4分、服装部整洁扣4分、举止不得体扣4分,没有做好工作记录扣4分) |
| 3. 文明用语。 | 10% | 文明用语。督察队成员在督察过程中必须使用"同学你好!你的行为违反了学院的××规定,请你改正"和"请问你的姓名、班级"等文明用语。力争做到"文明校园、文明督察",让"文明"二字贯彻始终。 |

续表

| 工作内容 | 权重 | 标准要求 |
|---|---|---|
| 4. 督察态度。 | 10% | 1. 工作认真负责,不敷衍了事,坚持原则,敢于督察各种不文明行为,并如实做好记录,同时,注意工作方式和工作方法。(工作不认真负责、敷衍了事扣4分,发现不文明行为没有制止扣4分,以老师检查及工作记录为依据)<br>2. 如遇突发事件,及时与当日值班老师沟通。<br>3. 各文明督察小组的组长,于次日早上8:30前将检查记录交至相应的负责老师。 |
| 5. 对学校公共场所不文明行为进行督察。 | 20% | 1. 对教室、寝室、校园内等公共场所抽烟、赌博、酗酒等不文明行为进行检查,如发现以上不文明行为要及时进行制止及劝导。<br>2. 对男女交往行为不端、奇装异服、袒胸露背、酗酒吸烟、乱扔垃圾、践踏草坪、晚自修时间打球、闲逛、损坏公物、乱张贴、破坏公共设施、偷窃等不文明行为进行检查。 |
| 6. 对食堂用餐秩序进行督察。 | 20% | 对食堂插队、争吵、打架等不文明行为进行检查,如发现以上不文明行为要及时进行制止及劝导。(发现一项没有制止扣2分,以老师检查及工作记录为依据) |
| 7. 对寝室内等不文明行为进行督察。 | 20% | 对不节约用水、违章用电、赌博性质的扑克牌、打麻将、喝酒、商品推销、起哄、吵闹等不文明行为进行检查,如发现以上不文明行为要及时进行制止及劝导。(发现一项没有制止扣2分,以老师检查及工作记录为依据) |

# 五、环保管理岗岗位说明书

## (一)环保管理岗负责人岗岗位说明书

| 上岗条件 | 中共党员 | 填写日期 | | 核准人 | |
|---|---|---|---|---|---|
| 职位概要 | 负责对环保岗位的志愿者进行培训、管理、考核、优秀志愿者评选及志愿者材料汇总等工作。 | | | | |
| 工作内容 | | 权重 | 标准要求 | | |
| 1. 对志愿者进行培训。 | | 20% | 负责对每批志愿者进行具体工作安排,确保工作有效开展,并有计划进行岗前技能技巧培训及思想教育工作,要求每一位志愿者学生明确工作范畴、上岗时间、工作要求、工具维护及考评办法,做好记录。 | | |
| 2. 督促志愿者按时上岗,并进行考核及评分,填写服务手册及考核表。 | | 20% | 每天必须公平、公正地对本组志愿者进行工作情况进行监督考核并进行评分,认真填写志愿者手册和考核表。 | | |
| 3. 对每批志愿者进行工作汇总,根据工作表现评选优秀志愿者。 | | 20% | 定期汇总志愿者工作,将各类表格和数据汇总存档,确保数据准确无误;根据志愿者表现每批志愿者进行一次优秀志愿者评选,做到公平公正公开,并在指定地点公示,做好记录。 | | |
| 4. 负责成果分享会的组织。 | | 20% | 每批志愿者服务结束后协助做好岗后答谢会,给志愿者的工作予以肯定和鼓励,再次倡导更多的人加入志愿者队伍和珍惜志愿者劳动。 | | |
| 5. 协助做好志愿者服务活动宣传工作。 | | 10% | 协助有计划地制订志愿者宣传方案,有效地对志愿者各类工作进行宣传,做好规划并记录。 | | |
| 6. 做好劳动工具统计及管理工作。 | | 10% | 协助定期做好志愿者工具统计工作,有计划地进行工具调配,始终把握不浪费原则。 | | |

（二）环保管理秘书岗岗位说明书

| 入岗条件 | 中共党员 | 填写日期 | | 核准人 | |
|---|---|---|---|---|---|
| 职位概要 | 负责协助对志愿者进行培训、管理、考核、优秀志愿者评选及志愿者材料汇总等工作。 | | | | |
| 工作内容 | | 权重 | 标准要求 | | |
| 1. 负责收集、整理办公室的各类志愿者材料。 | | 30% | 负责及时收集、整理志愿者考核、评分情况，做到认真准确，并分类存档，根据需要制作成电子文档。 | | |
| 2. 按时对志愿者进行考核评分。 | | 30% | 每天必须督促该小组志愿者按时按要求上岗，并做好记录。 | | |
| 3. 对定期上岗志愿者工作情况进行核实，评选优秀志愿者 | | 20% | 定期核实上岗志愿者的工作情况，根据志愿者表现组织优秀志愿者评选，及时公示确保评选工作的公平、公正及公开性，做好记录。 | | |
| 4. 定期安排管理办公室会议。 | | 20% | 根据情况合理安排青年志愿者协会志愿者管理办公室成员及志愿者相关会议，确保工作合理开展，做好会议记录 | | |

（三）环保管理宣传岗岗位说明书

| 入岗条件 | 中共党员 | 填写日期 | | 核准人 | |
|---|---|---|---|---|---|
| 职位概要 | 负责对志愿者进行培训、管理、考核、优秀志愿者评选及志愿者材料汇总等工作。 | | | | |
| 工作内容 | | 权重 | 标准要求 | | |
| 1. 协助开展志愿者宣传工作。 | | 40% | 协助青年志愿者协会志愿者管理办公室负责人（学生）制订方案对我院志愿者工作进行全面有效宣传，充分利用宣传栏，有计划有目的开展工作，做好记录。 | | |
| 2. 负责优秀名单的书写工作。 | | 40% | 定期根据办公室的需要书写优秀志愿者名单并公示，做好记录。 | | |
| 3. 完成青年志愿者协会志愿者管理办公室其他临时工作。 | | 20% | 认真按时按量完成青年志愿者协会志愿者管理办公室临时交办的工作。 | | |

（四）小组长岗岗位说明书

| 上岗条件 | 学生干部 | 填写日期 | | 核准人 | |
|---|---|---|---|---|---|
| 职位概要 | 负责协助对志愿者进行培训、管理、考核工作。 | | | | |
| 工作内容 | | 权重 | 标准要求 | | |
| 1. 负责协助对该小组志愿者进行岗前培训。 | | 30% | 协助志愿者协会对该小组志愿者进行上岗前志愿者服务工作技能技巧培训，要求每一位志愿者学生明确自己的工作范畴、上岗时间、工作要求、工具维护及考评办法，做好记录。 | | |
| 2. 负责每天督促每一位志愿者按时按要求上岗。 | | 30% | 每天必须督促该小组志愿者按时按要求上岗，并做好记录。 | | |
| 3. 负责每天对该小组志愿者出勤、工作情况进行考核及评分。 | | 30% | 每天必须对当天志愿者的出勤情况、工作完成情况进行考核及评分，并做好记录随时接受志愿者协会成员及老师的检查。 | | |
| 4. 负责疏导志愿者协会与志愿者之间工作。 | | 5% | 及时将志愿者工作中所发现的问题及时向协会反映，把志愿者协会每天的检查情况及时通知到每个志愿者，确保工作正常衔接。 | | |
| 5. 负责发放志愿者手册、志愿者证及考核表。 | | 5% | 负责发放志愿者手册、志愿者证及考核表，及时将志愿者手册及考核表上交志愿者协会进行数据录入。 | | |

（五）草坪清洁岗岗位说明书

| 上岗条件 | 学生 | 填写日期 | | 核准人 | |
|---|---|---|---|---|---|
| 职位概要 | 负责学校公寓内草坪、水泥路的卫生及保洁工作。 | | | | |
| 工作内容 | | 权重 | 标准要求 | | |
| 1. 负责草坪每天的打扫工作。 | | 40% | 每天早上 7:20 前、中午 1:00 前、下午 5:30 前完成。要求无纸屑、瓜皮果壳、树叶、塑料袋等杂物。 | | |
| 2. 负责草坪旁马路每天的打扫工作。 | | 20% | 每天早上 7:20 前、中午 1:00 前、下午 5:30 前完成。要求无纸屑、瓜皮果壳、树叶、塑料袋等杂物。 | | |
| 3. 负责大扫除工作。 | | 20% | 每周三中午 2:30 前完成。要求无纸屑、瓜皮果壳、树叶、塑料袋等杂物。 | | |
| 4. 负责维护及统一摆放该岗工具。 | | 20% | 工作期间维护好工具，每次工作完后按要求摆放工具。 | | |

（六）多媒体教室清洁岗岗位说明书

| 上岗条件 | 学生 | 填写日期 | | 核准人 | |
|---|---|---|---|---|---|
| 职位概要 | 负责多媒体教室的清洁工作。 | | | | |
| 工作内容 | | 权重 | 标准要求 | | |
| 1. 负责多媒体地面清洁工作。 | | 20% | 每天扫 2 次：中午 1:00 前、下午 5:30 前完成。要求无纸屑、瓜皮果壳、塑料袋等杂物。 | | |
| 2. 负责每天的桌子抽屉清空工作。 | | 20% | 每天 2 次：中午 1:00 前、下午 5:30 前完成。要求无纸屑、瓜皮果壳、塑料袋等杂物。 | | |
| 3. 负责每天讲台、黑板的清洁工作。 | | 20% | 每天一次：抹讲台、擦黑板下午 5:30 前完成。黑板上无粉笔字痕迹，讲台整洁干净。 | | |
| 4. 负责每周的大扫除工作。 | | 20% | 每周三下午 3:30 前完成扫地、抽屉清空、抹桌椅讲台、擦黑板、抹窗户、扫蜘蛛网等。 | | |
| 5. 负责维护及统一摆放该岗工具。 | | 20% | 工作期间维护好工具，每次工作完后按要求摆放工具。 | | |

（七）人工湖、运动场清洁岗岗位说明书

| 上岗条件 | 学生 | 填写日期 | | 核准人 | |
|---|---|---|---|---|---|
| 职位概要 | 负责学校人工湖周围小路、篮球场、足球场的卫生及保洁工作。 | | | | |
| 工作内容 | | 权重 | 标准要求 | | |
| 1. 负责人工湖周围小路、篮球场及足球场每天的打扫工作。 | | 70% | 每天早上 7:20 前、中午 1:00 前、下午 5:30 前完成。要求无纸屑、瓜皮果壳、树叶、塑料袋等杂物。 | | |
| 2. 负责大扫除工作。 | | 10% | 每周三中午 2:30 前完成。要求无纸屑、瓜皮果壳、树叶、塑料袋等杂物。 | | |
| 3. 负责维护及统一摆放该岗工具。 | | 20% | 工作期间维护好工具，每次工作完后按要求摆放工具。 | | |

（八）小教室清洁岗岗位说明书

| 上岗条件 | 学生 | 填写日期 | | 核准人 | |
|---|---|---|---|---|---|
| 职位概要 | 负责小教室的清洁工作。 | | | | |
| 工作内容 | | 权重 | 标准要求 | | |
| 1. 负责每天地面、讲台、黑板清洁工作。 | | 30% | 每天的早上 7:20 前、中午 1:00 前、下午 5:30 前完成。要求无纸屑、瓜皮果壳、塑料袋等杂物，黑板上无粉笔字痕迹，讲台整洁干净。 | | |

续表

| 工作内容 | 权重 | 标准要求 |
|---|---|---|
| 2. 负责教室抽屉清空工作。 | 30% | 每天的早上 7:20 前、中午 1:00 前、下午 5:30 前完成。 |
| 3. 负责每周的大扫除工作。 | 10% | 每周三中午 2:30 前完成扫地、拖地、抹桌椅窗户、扫蜘蛛网等。 |
| 4. 负责考试期间小教室开关门工作。 | 10% | 每天早上 7:00 前开门、9:30 关门。 |
| 5. 负责维护及统一摆放该岗工具。 | 20% | 工作期间维护好工具,每次工作完后按要求摆放工具。 |

### (九) 走廊、楼道清洁岗岗位说明书

| 上岗条件 | 学生 | 填写日期 | | 核准人 | |
|---|---|---|---|---|---|
| 职位概要 | 负责走廊、楼道的清洁工作。 | | | | |

| 工作内容 | 权重 | 标准要求 |
|---|---|---|
| 1. 负责每天的扫地工作。 | 30% | 每天扫 3 次:早上 7:20 前、中午 1:00 前、下午 5:30 前完成。要求无纸屑、瓜皮果壳、塑料袋等杂物。 |
| 2. 负责每天楼道及栏杆的清洁工作。 | 10% | 每天拖地、抹栏杆 2 次:中午 1:00 前、下午 5:30 前完成。无脏物,无污点。 |
| 3. 负责每天垃圾清倒工作。 | 30% | 每天倒 2 次:早上 7:20 前、中午 1:00 前完成。无垃圾外溢。 |
| 4. 负责垃圾桶的清洗工作。 | 10% | 每天清洗一次,无脏物,无苍蝇蚊虫。 |
| 5. 负责每周的大扫除工作。 | 10% | 每周三下午 2:30 前完成扫地、拖地、抹窗户、墙壁、栏杆、扫蜘蛛网等工作。 |
| 6. 负责维护及统一摆放该岗工具。 | 10% | 工作期间维护好工具,每次工作完后按要求摆放工具。 |

## 六、图书馆志愿服务岗岗位说明书

### (一) 报刊阅览室服务岗岗位说明书

| 入岗条件 | 学生 | 填写日期 | | 核准人 | |
|---|---|---|---|---|---|
| 职位概要 | 接待读者、为读者提供报刊阅览服务。 | | | | |

| 工作内容 | 权重 | 标准要求 |
|---|---|---|
| 1. 负责每日报纸上架及期刊报纸的整架、清点与保管,加强巡视。 | 20% | 每日报纸需及时上架,期刊、报纸需按序摆放,无差错,丢失期刊需照价赔偿。 |
| 2. 负责接待读者,解答读者咨询。 | 20% | 每日需在工作日志中记录接待读者数量。 |
| 3. 负责期刊报纸阅览室的卫生。 | 15% | 保持阅览室清洁卫生(无尘埃、无烟头、无垃圾、无痰迹),书架整洁、美观,每周进行两次大扫除(周三晚和周日晚各一次),使用拖把拖地前不能在地面上泼水,拖地时应先将水沥干一些,以免地面太过湿滑,打扫完后劳动工具应按要求归位,不能乱摆乱放。 |
| 4. 负责上岗期间本室的消防安全、廊道及卫生间的电灯开关工作。 | 15% | 每晚负责廊道和卫生间的照明灯的开关,下班前负责关好门、窗,关闭室内电源,节约用水用电。 |
| 5. 负责指导读者正确使用书位牌和阅览牌,规范读者的不良行为。 | 10% | 规范并指导读者正确使用书位牌和阅览牌,严格执行读者凭证入内制度,遇到读者手机铃响、闲聊、吃零食、乱拿乱放、穿拖鞋或高跟鞋等不良行为时应及时劝诫制止。 |

| 工作内容 | 权重 | 标准要求 |
|---|---|---|
| 6. 按照规定要求上岗。 | 10% | 首次上岗时上交一份课程表，无课期间按时上岗，上岗期间着装正式，不穿拖鞋或高跟鞋，并佩戴统一的图书馆志愿者胸牌。如遇特殊情况不能上岗应及时与流通部工作取得联系，说明原因。 |
| 7. 遵守图书馆的作息制度和各类规章制度。 | 10% | 不迟到、不早退、不脱岗；不吃零食、不闲聊；未按时开、闭馆，引起投诉或未履行请假手续（需提前一天请假）而未到岗者，将不计工分，情节严重的将予以请辞。 |

### （二）采编部服务岗岗位说明书

| 入岗条件 | 学生 | 填写日期 | | 核准人 | |
|---|---|---|---|---|---|
| 职位概要 | 协助做好图书加工等各项工作。 | | | | |

| 工作内容 | 权重 | 标准要求 |
|---|---|---|
| 1. 协助图书加工员做好图书的初加工工作（打登录号、盖馆藏章、贴条形码及磁条），贴图书标签及透明胶布。 | 20% | 按质按量完成图书初加工工作。 |
| 2. 协助图书加工员对到馆的新书做好拆包验收工作，检查图书质量，核对图书册数、金额是否与采购清单一致。 | 20% | 规范操作，3 个工作日内完成，无差错。 |
| 3. 协助负责期刊报纸合订本的装订和问题图书的修补工作。 | 15% | 按时按质完成工作。 |
| 4. 协助做好对光盘、磁带贴条形码。 | 15% | 规范操作，无差错。 |
| 5. 协助做好新加工图书入库前的书脊加固工作。 | 10% | 按时按质完成。 |
| 6. 协助做好与流通部、新书阅览室的新书入库交接工作。 | 10% | 认真核对，填写入库单，无差错。 |
| 7. 协助办理新生借阅证及日常读者办证的过塑工作。 | 10% | 按时按质完成。 |

### （三）人文社科流通部服务岗岗位说明书

| 入岗条件 | 学生 | 填写日期 | | 核准人 | |
|---|---|---|---|---|---|
| 职位概要 | 负责人文社科流通部图书的上架及整架工作。 | | | | |

| 工作内容 | 权重 | 标准要求 |
|---|---|---|
| 1. 负责人文社科流通部图书的上架及整架工作。 | 30% | 应首先保持书架上的图书整齐，然后再进行图书按类上架，不断提高上架和整架效率。指导读者合理使用工具书。 |
| 2. 负责指导读者正确使用书位牌和阅览牌，规范读者的不良行为。 | 20% | 规范并指导读者正确使用书位牌和阅览牌，严格执行读者凭证入内制度，遇到读者手机铃响、闲聊、吃零食、乱拿乱放、穿拖鞋或高跟鞋等不良行为时应及时劝诫制止。 |
| 3. 协助负责流通部的卫生。 | 20% | 保持本室清洁卫生（无尘埃、无烟头、无垃圾、无痰迹），书架整洁、美观，每周进行一次大扫除（周三下午），使用拖把拖地前不能在地面上泼水，拖地时应先将水沥干一些，以免地面太过湿滑，打扫完后劳动工具应按要求归位，不能乱摆乱放。 |

| 工作内容 | 权重 | 标准要求 |
|---|---|---|
| 4. 按照规定要求上岗。 | 15% | 首次上岗时上交一份课程表,无课期间按时上岗,上岗期间着装正式,不穿拖鞋或高跟鞋,并佩戴统一的图书馆志愿者胸牌。如遇特殊情况不能上岗应及时与流通部取得联系,说明原因。 |
| 5. 遵守图书馆的作息制度。 | 15% | 不迟到、不早退、不脱岗;未按时开、闭馆,引起投诉或未履行请假手续(需提前一天请假)而未到岗者,将不计工分,情节严重的将予以请辞。 |

### (四)图书馆保洁志愿服务岗岗位说明书

| 入岗条件 | 学生 | 填写日期 | | 核准人 | |
|---|---|---|---|---|---|
| 职位概要 | 负责自习室、楼道和卫生间卫生打扫工作。 | | | | |

| 工作内容 | 权重 | 标准要求 |
|---|---|---|
| 1. 负责流通部(楼道和卫生间保洁岗除外)的阅读桌椅、地面和书架的清洁和整理工作。 | 30% | 及时将阅读桌、椅摆放整齐,保持地面和书架干净整洁。 |
| 2. 负责各岗所辖区域的卫生打扫工作。 | 40% | 保持各岗所辖区域的清洁卫生,各楼层大厅和走廊保洁的志愿者每天早上和傍晚对所辖区域拖地一次,中午打扫一次;卫生间保洁志愿者每天中午和傍晚各拖地一次,及时冲洗便池不留异味。所有拖把应在卫生间内水池清洗;宽拖把只用于大厅和走廊清洁之用,切勿用于清洁卫生间内地面;使用拖把拖地前不能在地面上泼水,拖地时应先将水沥干一些,以免地面太过湿滑。 |
| 3. 各楼层大厅和走廊保洁的志愿者负责区域的垃圾桶的倾倒工作,男卫生间的保洁志愿者负责卫生间内水池的清洗工作。 | 30% | 爱惜劳动工具,节约用水用电,每次打扫完后将劳动工具归位摆放妥当,按时认真完成所辖区域的卫生打扫工作,每天至少倾倒责任区垃圾桶一次。 |

### (五)医学流通部服务岗岗位说明书

| 入岗条件 | 学生 | 填写日期 | | 核准人 | |
|---|---|---|---|---|---|
| 职位概要 | 负责流通部图书的上架及整架工作。 | | | | |

| 工作内容 | 权重 | 标准要求 |
|---|---|---|
| 1. 负责医学流通部图书的上架及整架工作。 | 30% | 应首先保持书架上的图书整齐,然后再进行图书按类上架,并需不断提高上书效率。加强精装本医学专业书籍的整架工作。 |
| 2. 负责指导读者正确使用书位牌和阅览牌,规范读者的不良行为。 | 20% | 规范并指导读者正确使用书位牌和阅览牌,严格执行读者凭证入内制度,遇到读者手机铃响、闲聊、吃零食、乱拿乱放、穿拖鞋或高跟鞋等不良行为时应及时劝诚制止。 |
| 3. 协助负责流通部的卫生。 | 20% | 保持本室清洁卫生(无尘埃、无烟头、无垃圾、无痰迹),书架整洁、美观,每周进行一次大扫除(周三下午),使用拖把拖地前不能在地面上泼水,拖地时应先将水沥干一些,以免地面太过湿滑,打扫完后劳动工具应按要求归位,不能乱摆乱放。 |
| 4. 按照规定要求上岗。 | 15% | 首次上岗时上交一份课程表,无课期间按时上岗,上岗期间着装正式,不穿拖鞋或高跟鞋,并佩戴统一的图书馆志愿者胸牌。如遇特殊情况不能上岗应及时与流通部工作取得联系,说明原因。 |
| 5. 遵守图书馆的作息制度。 | 15% | 不迟到、不早退、不脱岗;未按时开、闭馆,引起投诉或未履行请假手续(需提前一天请假)而未到岗者,将不计工分,情节严重的将予以请辞。 |

# 七、实验室志愿服务岗岗位说明书

## (一)实验室志愿者小组长岗岗位说明书

| 入岗条件 | 学生 | | 填写日期 | | 核准人 | |
|---|---|---|---|---|---|---|
| 职位概要 | 配合实验教学中心每批志愿者的日常工作检查和考核评价工作。 | | | | | |
| 工作内容 | | 权重 | 标准要求 | | | |
| 1. 上岗前接受一次培训。 | | 20% | 培训后符合上岗要求 | | | |
| 2. 协助负责收集、整理实验教学中心办公室的各类义工材料。 | | 15% | 1. 固定每周两次(周三下午、自习课),必要时随叫随到;<br>2. 听从指挥,志愿者材料收集,整理完全,有序。 | | | |
| 3. 督查并督办上岗不佳的志愿者。 | | 20% | 协助各实验室实验员老师管理志愿者,负责督查志愿者到岗情况并督办上岗不佳的志愿者。 | | | |
| 4. 负责实验室每批所有实验室志愿者的服务期满的考核评价工作。 | | 30% | 在每批实验室志愿者服务期满后的第一个工作日,将表格内相关内容填写完毕的考核情况表上交给实验教学中心有关工作人员。 | | | |
| 5. 辅助实验教学中心办公室填写本批实验室志愿者工作总结。 | | 10% | 在每批实验室志愿者服务期满后的三个工作日之内,完成实验室志愿者工作总结。 | | | |
| 6. 帮助实验教学中心办公室交办的其他临时工作。 | | 5% | 及时按要求完成。 | | | |

## (二)病理实验室志愿者岗岗位说明书

| 入岗条件 | 学生 | | 填写日期 | | 核准人 | |
|---|---|---|---|---|---|---|
| 职位概要 | 配合实验教师进行实验室清洁维护,实验课前准备及实验课的学生指导工作。 | | | | | |
| 工作内容 | | 权重 | 标准要求 | | | |
| 1. 上岗前接受一次培训及实验课过程中反复培训。 | | 20% | 培训后符合上岗要求,上岗后逐步掌握:细胞、组织适应性反应的常见类型,熟悉其形态特点,变性、坏死的类型及形态变化,熟悉各种变性、坏死的相互关系及后果,混合血栓的形态特点,各种炎症细胞的镜下特点,肿瘤的命名原则及分类,动脉粥样硬化的病变特点,原发性高血压的基本病变,慢性支气管炎、肺气肿、肺心病的病变特点,门脉性肝硬化的病变特点,慢性肾盂肾炎的病变特点及甲醛、二甲苯等化学品的使用和中毒的急救措施。 | | | |
| 2. 负责病理实验室日常清洁维护工作。 | | 20% | 1. 固定每周两次(周三下午、自习课),必要时随叫随到;<br>2. 听从指挥,负责病理实验室卫生打扫彻底(无尘埃、无烟头、无垃圾、无痰迹、无蜘蛛网)。 | | | |
| 3. 进行实验仪器清洁养护工作。 | | 20% | 1. 固定每周两次(周三下午、自习课),必要时随叫随到;<br>2. 仪器(如电视显微镜及普通光学显微镜)表面无灰尘,不损坏仪器设备,无差错;<br>3. 定期检查病理玻片,检查玻片的色泽及清洁,从而达到对实验科学的严谨态度的认识。 | | | |
| 4. 配合带教老师进行实验课准备及辅助工作。 | | 20% | 1. 必要时随叫随到,掌握病理实验课的准备内容,理解实验原理;<br>2. 在老师指导下,准备实验课需要的玻片及电视显微镜且符合要求。 | | | |

续表

| 工作内容 | 权重 | 标准要求 |
|---|---|---|
| 5. 辅助带教老师进行病理实验指导。 | 10% | 1. 进入实验室需上交一份课表。课余时间必须参加实验课;<br>2. 通过技能培训及准备实验所学到的知识能够尽自己所能指导同学实验;<br>3. 课后清洗清点器械、打扫实验室、关好水电门窗。 |
| 6. 帮助带教老师做一些文字记录。 | 5% | 填写实验课记录,实验课安排表及实验室台帐等,工作符合要求无差错。 |
| 7. 完成实验室交办的其他临时工作。 | 5% | 及时按要求完成。 |

### (三)病原实验室志愿者岗岗位说明书

| 入岗条件 | 学生 | 填写日期 | | 核准人 | |
|---|---|---|---|---|---|
| 职位概要 | 配合实验教师进行实验室清洁维护,实验课前准备及实验课的学生指导工作。 | | | | |

| 工作内容 | 权重 | 标准要求 |
|---|---|---|
| 1. 上岗前接受一次培训及实验课过程中反复培训。 | 20% | 培训后符合上岗要求,上岗后逐步掌握:细菌形态,革兰染色,细菌的生理,细菌分布与消毒灭菌,免疫学实验,化脓性球菌,肠道杆菌,抗酸染色及其他,线虫,吸虫原虫。 |
| 2. 负责病原实验室日常清洁维护工作。 | 20% | 1. 固定每周两次(周三下午、自习课),必要时随叫随到;<br>2. 听从指挥,负责病原实验室卫生打扫彻底(无尘埃、无烟头、无垃圾、无痰迹、无蜘蛛网)。 |
| 3. 进行实验仪器清洁养护工作。 | 20% | 1. 固定每周两次(周三下午、自习课),必要时随叫随到;<br>2. 将实验用过的实验用品消毒、清洗、晾干后摆放好,不损坏仪器设备,无差错。 |
| 4. 配合带教老师进行实验课准备及辅助工作。 | 20% | 1. 必要时随叫随到,理解实验原理;<br>2. 在老师指导下,实验课准备的辅助工作符合要求;<br>3. 课前准备显微镜、香柏油、二甲苯、擦镜纸、标本;培养基、菌种、接种针、接种环、生理盐水、恒温箱、药敏试纸、镊子、酒精灯、75%乙醇、肥皂;伤寒诊断菌液、伤寒诊断血清、HBsAg检测试剂、试管、标本片(蛔虫虫卵、钩虫卵、鞭虫卵、蛲虫卵、丝虫微丝蚴)等;<br>4. 严格无菌操作,为以后临床各种手术操作做好观念准备。 |
| 5. 辅助带教老师进行病原实验指导。 | 10% | 1. 进入实验室需上交一份课表。课余时间必须参加实验课;<br>2. 通过技能培训及准备实验所学到的知识能够尽自己所能指导同学实验;<br>3. 课后清洗清点器械、打扫实验室、关好水电门窗。 |
| 6. 帮助带教老师做一些文字记录。 | 5% | 工作符合要求,填写实验课记录,实验课安排表。 |
| 7. 完成实验室交办的其他临时工作。 | 5% | 及时按要求完成。 |

### (四)生化实验室志愿者岗岗位说明书

| 入岗条件 | 热爱实验室工作 | 填写日期 | | 核准人 | |
|---|---|---|---|---|---|
| 职位概要 | 配合实验教师进行实验室清洁维护,实验课前准备及实验课的学生指导工作。 | | | | |

| 工作内容 | 权重 | 标准要求 |
|---|---|---|
| 1. 上岗前接受一次培训及实验课过程中反复培训。 | 20% | 培训后符合上岗要求,上岗后逐步掌握:氯化钠的精制,食用醋中 HAc 含量的测定,市售双氧水中 $H_2O_2$ 含量的测定,硫酸亚铁铵的制备等实验。 |

续表

| 工作内容 | 权重 | 标准要求 |
|---|---|---|
| 2. 负责生化实验室日常清洁维护工作。 | 20% | 1. 固定每周两次（周三下午、自习课），必要时随叫随到；<br>2. 听从指挥，负责大化实验室卫生打扫彻底（无尘埃、无烟头、无垃圾、无痰迹、无蜘蛛网）。 |
| 3. 进行实验仪器清洁养护工作。 | 20% | 1. 固定每周两次（周三下午、自习课），必要时随叫随到；<br>2. 在清洁养护工作前了解仪器的性能和安全注意事项，仪器表面无灰尘，不损坏仪器设备，无差错；<br>3. 通过学习清洗玻璃试管的方法，学习化学实验的特点，从小事做起才可能使实验取得成功。 |
| 4. 配合带教老师进行实验课准备及辅助工作。 | 20% | 1. 必要时随叫随到，掌握大化实验课的准备内容，理解实验原理；<br>2. 在老师指导下，准备实验课需要的试管、试管架、恒温水浴箱、752型分光光度计、移液管、试管夹、刻度吸量管、洗耳球、滴管、漏斗等；<br>3. 在老师指导下进行预实验，预测实验结果，分析误差原因。 |
| 5. 辅助带教老师进行实验指导。 | 10% | 1. 进入实验室需上交一份课表。课余时间必须参加实验课。<br>2. 通过技能培训及准备实验所学到的知识能够尽自己所能指导同学实验。<br>3. 课后清洗清点器械、打扫实验室、关好水电门窗。 |
| 6. 帮助带教老师做一些文字记录。 | 5% | 填写实验课记录，实验课安排表及实验室台帐等，工作符合要求无差错。 |
| 7. 完成实验室交办的其他临时工作。 | 5% | 及时按要求完成。 |

### （五）儿科实验室志愿者岗岗位说明书

| 入岗条件 | 学生 | | 填写日期 | | 核准人 | |
|---|---|---|---|---|---|---|
| 职位概要 | 配合实验教师进行实验室清洁维护，实验课前准备及实验课的学生指导工作。 | | | | | |
| 工作内容 | | 权重 | | 标准要求 | | |
| 1. 上岗前接受一次培训及实验课过程中反复培训。 | | 20% | | 培训后符合上岗要求，上岗后逐步掌握：小儿生长发育，小儿心肺复苏术。 | | |
| 2. 负责儿科实验室日常清洁维护工作。 | | 20% | | 1. 固定每周两次（周三下午、自习课），必要时随叫随到；<br>2. 听从指挥，负责儿科实验室卫生打扫彻底（无尘埃、无烟头、无垃圾、无痰迹、无蜘蛛网）。 | | |
| 3. 进行实验仪器清洁养护工作。 | | 20% | | 1. 固定每周两次（周三下午、自习课），必要时随叫随到；<br>2. 仪器（小儿心肺复苏模拟人）表面无灰尘，不损坏仪器设备，无差错。 | | |
| 4. 配合带教老师进行实验课准备及辅助工作。 | | 20% | | 1. 必要时随叫随到，掌握儿科实验课的准备内容，理解实验原理；<br>2. 在老师指导下，准备实验课需要：婴儿心肺复苏模拟人；摆放好电脑显示器；接好电源连线；准备好消毒纱布。 | | |
| 5. 辅助带教老师进行实验指导。 | | 10% | | 1. 进入实验室需上交一份课表，课余时间必须参加实验课；<br>2. 通过技能培训及准备实验所学到的知识能够尽自己所能指导同学实验；<br>3. 课后清洗清点器械、打扫实验室、关好水电门窗。 | | |
| 6. 帮助带教老师做一些文字记录。 | | 5% | | 填写实验课记录，实验课安排表及实验室台帐等，工作符合要求无差错。 | | |
| 7. 完成实验室交办的其他临时工作。 | | 5% | | 及时按要求完成。 | | |

（六）妇产科实验室志愿者岗岗位说明书

| 入岗条件 | 学生 | 填写日期 | | 核准人 |
|---|---|---|---|---|
| 职位概要 | 配合实验教师进行实验室清洁维护,实验课前准备及实验课的学生指导工作。 | | | |

| 工作内容 | 权重 | 标准要求 |
|---|---|---|
| 1. 上岗前接受一次培训及实验课过程中反复培训 | 20% | 培训后符合上岗要求,上岗后逐步掌握:产前检查,正常分娩阴道助产术,妇科检查,异常分娩阴道助产术,计划生育手术(吸宫术及上环术)。 |
| 2. 负责妇产科实验室日常清洁维护工作。 | 20% | 1. 固定每周两次(周三下午、自习课),必要时随叫随到;<br>2. 听从指挥,负责妇产科实验室卫生打扫彻底(无尘埃、无烟头、无垃圾、无痰迹、无蜘蛛网)。 |
| 3. 进行实验仪器清洁养护工作。 | 20% | 1. 固定每周两次(周三下午、自习课),必要时随叫随到;<br>2. 各种手术器械及模型表面无灰尘,不损坏仪器设备,无差错。 |
| 4. 配合带教老师进行实验课准备及辅助工作。 | 20% | 1. 必要时随叫随到,掌握妇产实验课的准备内容,理解实验原理;<br>2. 在老师指导下,准备实验课需要:妇科检查模型,吸痰器,难产包,胎头吸引器,产钳,50毫升注射器,橡皮管,接生手套,产床,胎心听筒,侧切剪。计划生育模型,上环包,电动吸引器,刮宫包(吸管,扩宫器,探针,窥阴器,宫颈钳,卵圆钳,刮匙)消毒手套及棉球,碘伏液,镊子,垫单及布巾,阴道窥器,检查台,消毒布巾,垫单等。 |
| 5. 辅助带教老师进行妇产科实验指导。 | 10% | 1. 进入实验室需上交一份课表,课余时间必须参加实验课;<br>2. 通过技能培训及准备实验所学到的知识能够尽自己所能指导同学实验;<br>3. 课后清洗清点器械、打扫实验室、关好水电门窗。 |
| 6. 帮助带教老师做一些文字记录。 | 5% | 填写实验课记录,实验课安排表及实验室台账等,工作符合要求无差错。 |
| 7. 完成实验室交办的其他临时工作。 | 5% | 及时按要求完成。 |

（七）护理实验室志愿者岗岗位说明书

| 入岗条件 | 学生 | 填写日期 | | 核准人 |
|---|---|---|---|---|
| 职位概要 | 配合实验教师进行实验室清洁维护,实验课前准备及实验课的学生指导工作。 | | | |

| 工作内容 | 权重 | 标准要求 |
|---|---|---|
| 1. 上岗前接受一次培训及实验课过程中反复培训。 | 20% | 培训后符合上岗要求,上岗后逐步掌握:16项基本的护理操作技能,其中包括铺备用床,暂空床,麻醉床,卧床病人更换床单,穿脱隔离衣,口腔护理,鼻饲,导尿术,灌肠,心肺复苏,酒精擦浴,压疮护理,测量生命体征,给氧等以及酒精化品的使用和氧气使用的注意事项并能了解熟悉呼吸机,心电监护仪,床边心电图的使用方法及维护措施。 |
| 2. 负责护理实验室日常清洁维护工作。 | 20% | 1. 固定每周两次(周三下午、自习课),必要时随叫随到;<br>2. 听从指挥,负责护理实验室卫生打扫彻底(无尘埃、无烟头、无垃圾、无痰迹、无蜘蛛网)。 |

续表

| 工作内容 | 权重 | 标准要求 |
|---|---|---|
| 3. 进行实验仪器清洁养护工作。 | 20% | 1. 固定每周两次(周三下午、自习课),必要时随叫随到;<br>2. 仪器(如呼吸机,心电监护仪,床边心电图等)表面无灰尘,不损坏仪器设备,无差错;<br>3. 定期检查血压计,身高体重测量仪的清洁及校对工作,从而达到对实验科学的严谨态度的认识。 |
| 4. 配合带教老师进行实验课准备及辅助工作。 | 20% | 1. 必要时随叫随到,掌握护理实验课的准备内容,理解实验原理;<br>2. 在老师指导下,准备实验课需要的实验用物且符合要求。 |
| 5. 辅助带教老师进行护理实验指导。 | 10% | 1. 进入实验室需上交一份课表。课余时间必须参加实验课。<br>2. 通过技能培训及准备实验所学到的知识能够尽自己所能指导同学实验。<br>3. 课后清洗清点器械、打扫实验室、关好水电门窗。 |
| 6. 帮助带教老师做一些文字记录。 | 5% | 填写实验课记录,实验课安排表及实验室台帐等,工作符合要求无差错。 |
| 7. 完成实验室交办的其他临时工作。 | 5% | 及时按要求完成。 |

## (八) 计算机实验室志愿者岗岗位说明书

| 入岗条件 | 学生 | 填写日期 | | 核准人 | |
|---|---|---|---|---|---|
| 职位概要 | 配合实验教师进行实验室清洁维护,实验课前准备及实验课的学生指导工作。 | | | | |

| 工作内容 | 权重 | 标准要求 |
|---|---|---|
| 1. 上岗前接受一次培训及实验课过程中反复培训。 | 20% | 培训后符合上岗要求,上岗后逐渐掌握计算机汉字输入,Windows XP 操作系统的使用,Word2003 文字系统的使用,Excel2003 电子表格软件使用,PowerPoint2003 的使用,多媒体软件的相关使用,Internet 资源服务的应用。 |
| 2. 负责计算机实验室日常清洁维护工作。 | 20% | 1. 固定每周两次(周三下午、自习课),必要时随叫随到;<br>2. 听从指挥,打扫计算机实验室及准备室卫生,卫生打扫彻底。(无尘埃、无烟头、无垃圾、无痰迹、无蜘蛛网) |
| 3. 进行实验仪器清洁养护工作。 | 20% | 1. 固定每周两次(周三下午、自习课),必要时随叫随到;<br>2. 电脑桌面及仪器表面无灰尘,不损坏仪器设备,无差错;<br>3. 辅助实验教师对电脑进行基本维护及运行管理工作。 |
| 4. 配合带教老师进行计算机实验课准备的辅助工作。 | 20% | 1. 必要时随叫随到;<br>2. 在老师指导下,实验课准备的辅助工作符合要求;<br>3. 课前准备电脑,熟练掌握各类软件、MP3 的下载与安装等电脑技术和网络知识。 |
| 5. 辅助带教老师进行计算机实验指导。 | 10% | 1. 到岗志愿者上交课表一份,课余时间必须到岗辅助实验教师上好实验课;<br>2. 通过技能培训及准备所学到的知识能够尽自己所能指导同学上机;<br>3. 课后打扫实验室、关好水电门窗。 |
| 6. 辅助带教老师做一些文字记录。 | 5% | 填写计算机台账,实验课安排表等,工作符合要求无差错。 |
| 7. 完成实验室交办的其他临时工作。 | 5% | 及时按要求完成。 |

### (九) 解剖实验室志愿者岗岗位说明书

| 入岗条件 | 学生 | 填写日期 | | 核准人 | |
|---|---|---|---|---|---|
| 职位概要 | 配合实验教师进行实验室清洁维护及实验准备辅助工作。 | | | | |
| 工作内容 | | 权重 | 标准要求 | | |
| 1. 上岗前接受一次培训及实验课过程中反复培训。 | | 20% | 培训后符合上岗要求,上岗后逐步掌握人体解剖的相关实验流程,并根据实验流程准备相关实验。 | | |
| 2. 负责六个实验室、一个陈列室、一个尸体房、一个标本制作准备室,两个办公室的日常清洁维护工作。 | | 20% | 1. 固定每周一次(周三下午),必要时随叫随到;<br>2. 听从指挥,卫生打扫彻底,特别注意死角的卫生。 | | |
| 3. 进行实验仪器(主要是解剖台、所有标本模型、陈列柜、示教桌、实验桌椅板凳)清洁养护工作。 | | 20% | 1. 固定每周一次(周三下午),必要时随叫随到;<br>2. 仪器表面无灰尘,不损坏仪器设备,无差错。 | | |
| 4. 配合带教老师进行实验课准备的辅助工作(培训前主要是一些简单的实验准备,经过培训后可以进行一些实体操作课的准备,比如制作标本等);配合老师带教老师进行标本固定工作,协同老师进行标本的保养工作。 | | 20% | 1. 对实验课前标本制作工作采取自愿的原则,标本制作过程中应严格按操作规程、操作顺序进行,对实验准备工作必要时随叫随到;<br>2. 在老师指导下,实验课准备的辅助工作符合要求;实验操作基本符合要求;<br>3. 课后做好器材的清点和保养;<br>4. 标本固定符合要求,标本保养时要随叫随到(课外时间)。 | | |
| 5. 帮助带教老师做一些文字记录。 | | 10% | 填写实验课记录,实验课安排表及实验室台账等,工作符合要求无差错。 | | |
| 6. 完成实验室交办的其他临时工作。 | | 10% | 及时按要求完成。 | | |

### (十) 口腔实验室志愿者岗岗位说明书

| 入岗条件 | 学生 | 填写日期 | | 核准人 | |
|---|---|---|---|---|---|
| 职位概要 | 配合实验教师进行实验室清洁维护,实验课前准备及实验课的学生指导工作。 | | | | |
| 工作内容 | | 权重 | 标准要求 | | |
| 1. 上岗前接受一次培训及实验课过程中反复培训。 | | 20% | 培训后符合上岗要求,上岗后逐步掌握;熟悉实验流程、实验室的常用器械的名称和基本使用方法(以志愿者服务期间所上实验课内容中要用的实验器械为主介绍),本阶段所上实验课流程及所用器械的如何维护和基本的使用方法及贵重仪器的基本使用方法和基本保养方法(如口腔专用的综合治疗机、烤蜡炉、烤瓷炉等仪器)。 | | |
| 2. 负责口腔实验室日常清洁维护工作。 | | 20% | 1. 固定每周两次(周三下午、自习课),必要时随叫随到;<br>2. 听从指挥,负责口腔实验室卫生打扫彻底(无尘埃、无烟头、无垃圾、无痰迹、无蜘蛛网)。 | | |
| 3. 进行实验仪器清洁养护工作 | | 20% | 1. 固定每周两次(周三下午、自习课),必要时随叫随到;<br>2. 仪器(如综合治疗机,洁牙机,烤瓷炉等)表面无灰尘,不损坏仪器设备,无差错;<br>3. 定期检查化学药品(95%乙醇、75%乙醇、自凝牙托水等)的存放。 | | |
| 4. 配合带教老师进行实验课准备及辅助工作。 | | 20% | 1. 必要时随叫随到,掌握口腔实验课的准备内容,理解实验原理;<br>2. 在老师指导下,准备实验课需要的器械和材料且符合要求。 | | |

续表

| 工作内容 | 权重 | 标准要求 |
|---|---|---|
| 5. 辅助带教老师进行口腔实验指导。 | 10% | 1. 进入实验室需上交一份课表。课余时间必须参加实验课；<br>2. 通过技能培训及准备实验所学到的知识能够尽自己所能指导同学实验；<br>3. 课后清洗清点器械、打扫实验室、关好水电门窗。 |
| 6. 帮助带教老师做一些文字记录。 | 5% | 填写实验课记录，实验课安排表及实验室台账等，工作符合要求无差错。 |
| 7. 完成实验室交办的其他临时工作。 | 5% | 及时按要求完成。 |

（十一）麻醉实验室志愿者岗岗位说明书

| 入岗条件 | 学生 | 填写日期 | | 核准人 | |
|---|---|---|---|---|---|
| 职位概要 | 配合实验教师进行实验室清洁维护，实验课前准备及实验课的学生指导工作。 | | | | |
| 工作内容 | | 权重 | 标准要求 | | |
| 1. 上岗前接受一次培训及实验课过程中反复培训。 | | 20% | 培训后符合上岗要求，上岗后逐步掌握：麻醉的术前一般性准备，椎管穿刺、神经麻醉，全麻插管，静动脉穿刺术、简易呼吸器的使用等各项准备工作，熟悉贵重仪器麻醉机及心电监护仪的运行和正确操作。 | | |
| 2. 负责麻醉实验室日常清洁维护工作。 | | 20% | 1. 固定每周两次（周三下午、自习课），必要时随叫随到；<br>2. 听从指挥，负责麻醉实验室卫生打扫彻底（无尘埃、无烟头、无垃圾、无痰迹、无蜘蛛网）。 | | |
| 3. 进行实验仪器清洁养护工作。 | | 20% | 1. 固定每周两次（周三下午、自习课），必要时随叫随到；<br>2. 仪器（如多功能手术床）表面无灰尘，不损坏仪器设备，无差错；<br>3. 定期检查麻醉常用手术器械和养护，检查手术器械的清洁，从而达到对实验科学的严谨态度的认识。 | | |
| 4. 配合带教老师进行实验课准备及辅助工作。 | | 20% | 1. 必要时随叫随到，掌握麻醉实验课的准备内容，理解实验原理；<br>2. 在老师指导下，准备实验课需要的器械及放置方法，且符合要求。 | | |
| 5. 辅助带教老师进行麻醉实验指导。 | | 10% | 1. 进入实验室需上交一份课表。课余时间必须参加实验课；<br>2. 通过技能培训及准备实验所学到的知识能够尽自己所能指导同学实验；<br>3. 课后清洗清点器械、打扫实验室、关好水电门窗。 | | |
| 6. 帮助带教老师做一些文字记录。 | | 5% | 填写实验课记录，实验课安排表及实验室台账等，工作符合要求无差错。 | | |
| 7. 完成实验室交办的其他临时工作。 | | 5% | 及时按要求完成。 | | |

### （十二）内科实验室志愿者岗岗位说明书

| 入岗条件 | 学生 | | 填写日期 | | 核准人 | |
|---|---|---|---|---|---|---|
| 职位概要 | 配合实验教师进行实验室清洁维护,实验课前准备及实验课的学生指导工作。 | | | | | |
| 工作内容 | | 权重 | 标准要求 | | | |
| 1. 上岗前接受一次培训及实验课过程中反复培训。 | | 20% | 培训后符合上岗要求,上岗后逐步掌握:头颈部检查,前胸与肺部检查,心脏检查,腹部检查,神经系统检查;了解每种中草药的性能、功效、用法及用量。 | | | |
| 2. 负责内科实验室及中医陈列室日常清洁维护工作。 | | 20% | 1. 固定每周两次(周三下午、自习课),必要时随叫随到;<br>2. 听从指挥,负责内科实验室及中医陈列室卫生打扫彻底(无尘埃、无烟头、无垃圾、无痰迹、无蜘蛛网)。 | | | |
| 3. 进行实验仪器清洁养护工作。 | | 20% | 1. 固定每周两次(周三下午、自习课),必要时随叫随到;<br>2. 仪器(心电图机)表面无灰尘,不损坏仪器设备,无差错;<br>3. 定期检查血压计,心电图机是否正常运行。 | | | |
| 4. 配合带教老师进行实验课准备及辅助工作。 | | 20% | 1. 必要时随叫随到,掌握病理实验课的准备内容,理解实验原理;<br>2. 在老师指导下,准备实验课需要的血压计,棉签,叩诊锤等;<br>3. 参与中医陈列室开放的准备工作。 | | | |
| 5. 辅助带教老师进行实验指导。 | | 10% | 1. 进入实验室需上交一份课表。课余时间必须参加实验课;<br>2. 通过技能培训及准备实验所学到的知识能够尽自己所能指导同学实验;<br>3. 课后清点实验用品、打扫实验室、关好水电门窗。 | | | |
| 6. 帮助带教老师做一些文字记录。 | | 5% | 填写实验课记录,实验课安排表及实验室台账等,工作符合要求无差错。 | | | |
| 7. 完成实验室交办的其他临时工作。 | | 5% | 及时按要求完成。 | | | |

### （十三）生化实验室志愿者岗岗位说明书

| 入岗条件 | 学生 | | 填写日期 | | 核准人 | |
|---|---|---|---|---|---|---|
| 职位概要 | 配合实验教师进行实验室清洁维护,实验课前准备及实验课的学生指导工作。 | | | | | |
| 工作内容 | | 权重 | 标准要求 | | | |
| 1. 上岗前接受一次培训及实验课过程中反复培训。 | | 20% | 培训后符合上岗要求,上岗后逐步掌握:蛋白质的沉淀反应,琥珀酸脱氢酶的竞争性抑制,血糖的测定,血清尿素氮的测定,血清丙氨酸氨基转移酶的测定等实验。 | | | |
| 2. 负责生化实验室日常清洁维护工作。 | | 20% | 1. 固定每周两次(周三下午、自习课),必要时随叫随到;<br>2. 听从指挥,负责生化实验室卫生打扫彻底(无尘埃、无烟头、无垃圾、无痰迹、无蜘蛛网)。 | | | |
| 3. 进行实验仪器清洁养护工作 | | 20% | 1. 固定每周两次(周三下午、自习课),必要时随叫随到;<br>2. 在清洁养护工作前了解仪器的性能和安全注意事项,仪器表面无灰尘,不损坏仪器设备,无差错;<br>3. 通过学习清洗玻璃试管的方法,学习化学实验的特点,从小事做起才可能使实验取得成功。 | | | |

续表

| 工作内容 | 权重 | 标准要求 |
|---|---|---|
| 4. 配合带教老师进行实验课准备及辅助工作 | 20％ | 1. 必要时随叫随到，掌握生化实验课的准备内容，理解实验原理；<br>2. 在老师指导下，准备实验课需要的试管、试管架、恒温水浴箱、722 型分光光度计、移液管、试管夹，刻度吸量管、洗耳球，滴管，漏斗等；<br>3. 在老师指导下进行预实验，预测实验结果，分析误差原因。 |
| 5. 辅助带教老师进行实验指导。 | 10％ | 1. 进入实验室需上交一份课表。课余时间必须参加实验课；<br>2. 通过技能培训及准备实验所学到的知识能够尽自己所能指导同学实验；<br>3. 课后清洗清点器械、打扫实验室、关好水电门窗。 |
| 6. 帮助带教老师做一些文字记录。 | 5％ | 填写实验课记录，实验课安排表及实验室台账等，工作符合要求无差错。 |
| 7. 完成实验室交办的其他临时工作。 | 5％ | 及时按要求完成。 |

### （十四）生理实验室志愿者岗岗位说明书

| 入岗条件 | 学生 | | 填写日期 | | 核准人 | |
|---|---|---|---|---|---|---|
| 职位概要 | 配合实验教师进行实验室清洁维护，实验课前准备及实验课的学生指导工作。 | | | | | |
| 工作内容 | | 权重 | 标准要求 | | | |
| 1. 上岗前接受一次培训及实验课过程中反复培训。 | | 20％ | 培训后符合上岗要求，上岗后逐步掌握：出血时间与凝血时间的测定，反射弧的分析，红细胞沉降率，红细胞渗透脆性，能量代谢，人体动脉血压的测定，体温的测量，心血管运动的神经体液调节，坐骨神经腓肠肌标本制备等实验。 | | | |
| 2. 负责生理实验室日常清洁维护工作。 | | 20％ | 1. 固定每周两次（周三下午、自习课），必要时随叫随到；<br>2. 听从指挥，负责生理实验室卫生打扫彻底（无尘埃、无烟头、无垃圾、无痰迹、无蜘蛛网）。 | | | |
| 3. 进行实验仪器清洁养护工作。 | | 20％ | 1. 固定每周两次（周三下午、自习课），必要时随叫随到；<br>2. 清洗实验用品，注射器、方盘、烧杯，三通管、手术器械等摆放整齐，仪器表面无灰尘，不损坏仪器设备，无差错。 | | | |
| 4. 配合带教老师进行实验课准备及辅助工作。 | | 20％ | 1. 必要时随叫随到，掌握生理实验课的准备内容，理解实验原理；<br>2. 在老师指导下，准备实验课需要：蛙手术器械、蛙板、蛙钉、烧杯，蟾蜍，家兔、兔手术台、手术器械、血压换能器、动脉夹、动脉插管、三通管、气管插管、丝线、纱块、CPRS 智能生理记录系统，戊巴比妥钠、肝素、生理盐水、去甲肾上腺素、乙酰胆碱等。 | | | |
| 5. 辅助带教老师进行生理实验指导。 | | 10％ | 1. 进入实验室需上交一份课表，课余时间必须参加实验课；<br>2. 通过技能培训及准备实验所学到的知识能够尽自己所能指导同学实验；<br>3. 课后清洗清点器械、打扫实验室、关好水电门窗。 | | | |
| 6. 帮助带教老师做一些文字记录。 | | 5％ | 填写实验课记录，实验课安排表及实验室台账等，工作符合要求无差错。 | | | |
| 7. 完成实验室交办的其他临时工作。 | | 5％ | 及时按要求完成。 | | | |

（十五）外科实验室志愿者岗岗位说明书

| 入岗条件 | 学生 | 填写日期 | | 核准人 | |
|---|---|---|---|---|---|
| 职位概要 | 配合实验教师进行实验室清洁维护,实验课前准备及实验课的学生指导工作。 | | | | |
| 工作内容 | | 权重 | 标准要求 | | |
| 1. 上岗前接受一次培训及实验课过程中反复培训。 | | 20% | 培训后符合上岗要求,上岗后逐步掌握:外科的术前一般性准备,无菌操作基本技术、消毒铺巾、穿无菌手术衣、打结缝合技术、换药技术等各项无菌操作基本技能的实验课前的准备工作以及常用外科手术器械的认识和使用以及维护等。 | | |
| 2. 负责外科实验室日常清洁维护工作。 | | 20% | 1. 固定每周两次(周三下午、自习课),必要时随叫随到;<br>2. 听从指挥,负责外科实验室卫生打扫彻底(无尘埃、无烟头、无垃圾、无痰迹、无蜘蛛网)。 | | |
| 3. 进行实验仪器清洁养护工作。 | | 20% | 1. 固定每周两次(周三下午、自习课),必要时随叫随到;<br>2. 仪器(如多功能手术床)表面无灰尘,不损坏仪器设备,无差错;<br>3. 定期检查外科常用手术器械和养护,检查手术器械的清洁,从而达到对实验科学的严谨态度的认识。 | | |
| 4. 配合带教老师进行实验课准备及辅助工作。 | | 20% | 1. 必要时随叫随到,掌握外科实验课的准备内容,理解实验原理;<br>2. 在老师指导下,准备实验课需要的器械及放置方法,且符合要求。 | | |
| 5. 辅助带教老师进行外科实验指导。 | | 10% | 1. 进入实验室需上交一份课表。课余时间必须参加实验课;<br>2. 通过技能培训及准备实验所学到的知识能够尽自己所能指导同学实验;<br>3. 课后清洗清点器械、打扫实验室、关好水电门窗。 | | |
| 6. 帮助带教老师做一些文字记录。 | | 5% | 填写实验课记录,实验课安排表及实验室台账等,工作符合要求无差错。 | | |
| 7. 完成实验室交办的其他临时工作。 | | 5% | 及时按要求完成。 | | |

# 八、医疗扶贫志愿服务岗岗位说明书

（一）医疗扶贫组长岗岗位说明书

| 入岗条件 | 学生干部 | 填写日期 | | 核准人 | |
|---|---|---|---|---|---|
| 职位概要 | 负责医疗扶贫活动的策划、筹备、组织、数据整理、人员管理及人员工作考核。 | | | | |
| 工作内容 | | 权重 | 标准要求 | | |
| 1. 做好活动策划。 | | 5% | 1. 活动前做好完善活动策划;<br>2. 能指导活动正常进行。 | | |
| 2. 负责做好活动人员安排,筹备活动准备工作。 | | 10% | 1. 合理安排活动人员;<br>2. 筹备活动准备工作,确保工作顺利开展。 | | |
| 3. 负责组织医疗扶贫志愿者培训工作。 | | 20% | 协助志愿者协会对该组医疗扶贫志愿者进行医疗服务工作技能技巧培训,要求每一位医疗扶贫服务志愿者明确自己的工作范畴、工作时间、工作要求、医疗设施的维护及考评办法,做好记录。 | | |
| 4. 负责组织活动开展. | | 50% | 1. 组织好医疗扶贫志愿者赶赴服务点;<br>2. 组织活动开展,现场做好协调和布置工作;<br>3. 组织好活动收尾工作,组织好医疗扶贫志愿者队伍安全返回;<br>4. 对医疗扶贫志愿者进行工作考核,做好记录。 | | |

（二）公益服务活动组长岗岗位说明书

| 上岗条件 | 学生干部 | 填写日期 | | 核准人 | |
|---|---|---|---|---|---|
| 职位概要 | 负责人员进行培训、管理、考核工作。 | | | | |
| 工作内容 | 权重 | 标准要求 | | | |
| 1. 负责协助安排公益服务志愿者,负责进行岗前培训准备工作。 | 30% | 通知到位,协助志愿者协会做好前期分组工作,以及岗前培训一系列准备工作。 | | | |
| 2. 负责督促公益服务志愿者按时按要求培训。 | 30% | 协助志愿者协会对该组公益志愿者进行社区服务工作技能技巧培训,要求每一位公益志愿者明确自己的工作范畴、扶贫时间、工作要求、医疗设施的维护及考评办法,做好记录。 | | | |
| 3. 负责处理公益服务过程中的一系列布置,发放社区服务登记表。 | 30% | 公益服务登记表的发放。场地的布置,路途的安全,与居委会的领导以及居民的交流。宣传的布置,摄像的布置。控制场地的氛围。 | | | |
| 4. 负责协调志愿者协会与公益服务志愿者之间工作。 | 5% | 将培训工作中所发现的问题及时向志愿者协会反映,把志愿者协会最新的通知及时通知到公益服务志愿者,确保工作正常衔接。 | | | |
| 5. 负责发放志愿者体会表,收取公益服务情况反馈表。 | 5% | 负责志愿者体会表的回收,并及时上交公益服务情况反馈表,以及把反馈情况数据综合反馈,并与志愿者协会进行数据录入。 | | | |

（三）社区服务组长岗岗位说明书

| 上岗条件 | 学生干部 | 填写日期 | | 核准人 | |
|---|---|---|---|---|---|
| 职位概要 | 负责对社区服务人员进行培训、管理、考核工作。 | | | | |
| 工作内容 | 权重 | 标准要求 | | | |
| 1. 负责协助安排社区服务志愿者,负责进行岗前培训准备工作。 | 30% | 通知到位,协助志愿者协会做好前期分组工作,以及岗前培训一系列准备工作。 | | | |
| 2. 负责督促社区服务志愿者按时按要求培训。 | 30% | 协助志愿者协会对该组社区志愿者进行社区服务工作技能技巧培训,要求每一位社区志愿者明确自己的工作范畴、扶贫时间、工作要求、医疗设施的维护及考评办法,做好记录。 | | | |
| 3. 负责处理社区服务过程中的一系列布置,发放社区服务登记表。 | 30% | 社区服务登记表的发放。场地的布置,路途的安全,与居委会的领导及居民的交流。宣传的布置,摄像的布置。控制场地的氛围。 | | | |
| 4. 负责协调志愿者协会与社区服务志愿者之间工作。 | 5% | 将培训工作中所发现的问题及时向志愿者协会反映,把志愿者协会最新的通知及时通知到社区服务志愿者,确保工作正常衔接。 | | | |
| 5. 负责发放志愿者体会表,收取社区服务情况反馈表。 | 5% | 负责志愿者体会表的回收,并及时上交社区服务情况反馈表,以及把反馈情况数据综合反馈,并与志愿者协会进行数据录入。 | | | |

（四）公益服务志愿者岗岗位说明书

| 上岗条件 | 学生 | 填写日期 | | 核准人 | |
|---|---|---|---|---|---|
| 职位概要 | 协助完成安排的任务,服从安排,无私奉献。 | | | | |
| 工作内容 | 权重 | 标准要求 | | | |
| 1. 协助小组长进行岗前培训准备工作。 | 10% | 配合小组长进行岗前培训一系列准备工作。 | | | |

| 工作内容 | 权重 | 标准要求 |
|---|---|---|
| 2. 按时参加志愿者协会组织的岗前培训。 | 30% | 不缺勤,不迟到,不早退,要明白自己的工作范畴、工作要求、医疗设施的维护及考评办法,并做好记录。 |
| 3. 积极参加服务活动,服从工作安排。 | 50% | 1. 服从活动负责人的各项工作安排,不拒绝不推诿;<br>2. 积极配合负责人认真开展工作,做到吃苦耐劳、积极肯干;<br>3. 服务过程中做到礼貌待人、热情服务。 |
| 4. 发现问题,及时与负责人沟通汇报。 | 5% | 及时向小组长沟通工作中存在的情况,及时向负责老师汇报工作发现的问题,确保工作正常开展。 |
| 5. 填写志愿者体会表。 | 5% | 及时填写志愿者体会表,以及把反馈情况交给小组长,并配合志愿者协会进行活动总结。 |

### (五)社区服务志愿者岗岗位说明书

| 上岗条件 | 学生 | 填写日期 | | 核准人 |
|---|---|---|---|---|
| 职位概要 | 协助完成安排的任务,服从安排,无私奉献。 | | | |

| 工作内容 | 权重 | 标准要求 |
|---|---|---|
| 1. 协助小组长进行岗前培训准备工作。 | 10% | 配合小组长进行岗前培训一系列准备工作。 |
| 2. 按时参加志愿者协会组织的岗前培训。 | 30% | 不缺勤、不迟到,不早退,要明白自己的工作范畴、工作、工作要求、医疗设施的维护及考评办法,并做好记录。 |
| 3. 积极参加服务活动,服从工作安排。 | 50% | 1. 服从活动负责人的各项工作安排,不拒绝不推诿;<br>2. 积极配合负责人认真开展工作,做到吃苦耐劳、积极肯干;<br>3. 服务过程中做到礼貌待人、热情服务。 |
| 4. 发现问题,及时与负责人沟通汇报。 | 5% | 及时向小组长沟通工作中存在的情况,及时向负责老师汇报工作中发现的问题,确保工作正常开展。 |
| 5. 填写志愿者体会表。 | 5% | 及时填写志愿者体会表,以及把反馈情况交给小组长,并配合志愿者协会进行活动总结。 |

# 九、班干部岗岗位说明书

| 入岗条件 | 学生干部 | 填写日期 | | 核准人 |
|---|---|---|---|---|
| 职位概要 | 协助做好班级的日常管理工作以及临时安排的各项工作任务,服务于班级学生。 | | | |

| 工作内容 | 权重 | 标准要求 |
|---|---|---|
| 1. 协助辅导员做好学生的日常管理工作,如晨点、查课、查寝、查卫生、请假、销假等情况,定时向辅导员汇报工作情况。 | 10% | 每周定时向辅导员汇报工作情况,有证实性资料。 |
| 2. 每周定期组织班级例会及班委工作会议。 | 5% | 有会议记录等证实性材料。 |
| 3. 协助辅导员做好班级各类奖学金等评优评奖工作。 | 10% | 有评选记录,保证公平、公正、无投诉。 |
| 4. 起到辅导员与学生之间的桥梁作用,及时汇报班级动态以及传达辅导员的各类通知等工作。 | 10% | 反馈信息、传达信息及时、准确,特事特报,有信息记录等证实性材料。 |
| 5. 做好班级班费支出明细,有账可查。 | 5% | 有班费支出记录,保证班费支出正常并且无错账、乱账。 |
| 6. 协助辅导员做好班级学生的素质养成教育,开展各类有益的集体活动。 | 10% | 有活动策划、总结、照片等证实性材料。 |

续表

| 工作内容 | 权重 | 标准要求 |
|---|---|---|
| 7. 鼓励班级学生积极主动参加学院的各类活动，并按照学院的要求做好参赛选手的后勤工作。 | 5% | 按照学院的安排做好活动准备，不拖沓。 |
| 8. 协助辅导员做好学生实习及毕业等繁琐工作。 | 10% | 工作认真、不拖沓、积极负责，有证实性材料。 |
| 9. 做好班级财产登记，并注意维护。 | 5% | 有证实性材料。 |
| 10. 做好每个学期的学初计划及学末总结，反思工作，不断进取。 | 10% | 有证实性材料。 |
| 11. 信守承诺。完成辅导员交办的临时性工作。 | 10% | 按时按质完成。 |
| 12. 工作实绩。 | 10% | 能对学生思想上、行为上起到好的引导作用。学生对其认可度、满意度高。 |

# 十、学生干部志愿服务岗岗位说明书

| 入岗条件 | 入党积极分子 | 填写日期 | | 核准人 | |
|---|---|---|---|---|---|
| 职位概要 | 在学生处（团委）的指导下，做好全院学生的日常管理工作，协助指导老师完成学院的各类文体竞赛类活动以及临时安排的各项工作任务，做好服务工作。 | | | | |

| 工作内容 | 权重 | 标准要求 |
|---|---|---|
| 1. 做好学生的日常管理工作，如晨点、查课、查寝、查卫生、查晚归等情况，定时向指导老师汇报工作情况。 | 10% | 每周定时向指导老师汇报工作情况，并整理汇总好工作数据，特事特报，有证实性资料。 |
| 2. 协助学生处（团委）老师做好迎接新生工作，并协助做好新生入校的思想引导工作。 | 10% | 按照工作分配尽职尽责，组织新生开展各项活动，有证实性资料。 |
| 3. 做好学生操行评定三联单的制作、修改、监督等工作。 | 10% | 保证三联单无错误，同学无意见，投诉 0 起/学期。 |
| 4. 做好学生的通信员，老师的好助手，起到沟通学生与老师的桥梁作用，反馈学生中的信息，做好交流解释工作。 | 10% | 反馈信息及时、准确，能站在学校的角度思考问题，不掺杂个人情绪在工作中。 |
| 5. 定期开展各部门之间的交流工作会议，做好沟通，积极地开展各项工作。 | 5% | 有会议记录，有谈话记录等证实性材料。 |
| 6. 组织完成各种文体竞赛类活动，促进校园和谐建设。 | 10% | 有证实性材料，有安全策划，各类活动有较好的活动效果。 |
| 7. 各部门安排好每天值班人员，有工作及时解决。 | 5% | 有值班记录，有问题反馈意见簿等证实性材料。 |
| 8. 做好学生会换届选举的交接工作。 | 10% | 推荐优秀的学生进入学生会，并且无条件地做好换届交接工作。 |
| 9. 做好办公室财产登记，并注意维护、爱惜。 | 5% | 有证实性材料。 |
| 10. 做好每个学期的学初计划及学末总结，反思工作，不断进取。 | 10% | 有证实性材料。 |
| 11. 信守承诺。完成学生处（团委）交办的临时性工作。 | 10% | 按时按质完成。 |
| 12. 工作实绩。 | 5% | 能对学生思想上、行为上起到好的引导作用。学生对其认可度、满意度高。 |

# 十一、心理健康服务中心岗岗位说明书

| 入岗条件 | 学生 | 填写日期 | | 核准人 | |
|---|---|---|---|---|---|
| 职位概要 | 协助学生处(团委)做好学生心理健康教育工作,定期开展团体辅导及各种辅助教育活动,及时反馈学生的心理状况,建立相应的心理档案,全面提高学生的心理健康水平。 | | | | |

| 工作内容 | 权重 | 标准要求 |
|---|---|---|
| 1. 参加心理健康教育培训,熟悉工作程序及工作内容。 | 5% | 有培训记录,有证实性材料。 |
| 2. 制定工作计划及拟写工作总结。 | 5% | 结合实际情况,合理有计划的策划、组织、实施、整改,有证实性材料。 |
| 3. 每个学期定期开展心理健康教育讲座及各类辅助活动,提高大学生心理健康水平,创建文明向上的校园风貌。 | 15% | 1. 每个学期开展讲座不少于 4 次,每学期开展一次"心理文化月"活动,制定详细工作策划,并组织实施;<br>2. 每月组织本中心的学员开展一次素质拓展活动,有计划、有证实性材料;<br>3. 定期开展心理知识宣传教育活动,有证实性材料;<br>4. 播放心理健康教育片,并进行影片鉴赏及心理分析;<br>5. 配合班主任(辅导员)按计划、策划开展班团活动;带动班级学生争优创先;<br>6. 协助班主任(辅导员)、加强班级学生生党建工作和组织建设、思想建设,组织学生参加校、学院的争先创优工作、综合测评、社会实践、大型群体活动等。 |
| 4. 做好各种针对性的调查问卷及个体、团体等辅导咨询工作。 | 20% | 1. 新生开学际,做好新生心理普查,及时反馈普查结果;<br>2. 负责开展个案咨询,针对个别心理问题学生做好个人心理问卷调查及心理疏导,有详细工作记录;<br>3. 做好团支部的团体辅导及各团体问卷调查工作,有证实性材料;<br>4. 做好学生的职业生涯规划培训及考试前心理抗压能力测试等。 |
| 5. 做好各团支部的心理委员及心理协会会员的培训、指导工作。 | 15% | 1. 定期开展相应的知识与技术技能培训及各种工作会议,做好督导与检查工作,有证实性材料;<br>2. 及时了解和反馈学生的思想状况,听取他们的意见和要求,掌握各方面的动态信息,以便更好地了解心理健康水平,有记录、有正式性材料。 |
| 6. 负责建立、管理学生心理档案。 | 5% | 做好档案管理,保持档案清晰、整洁,便于查找。 |
| 7. 定期开展心理问题学生的调查摸排工作,并撰写工作报告。 | 10% | 每个学期开展一次调查摸排工作,有详细的工作报告。 |
| 8. 做好各团支部的心理动态信息的汇总和整理工作。 | 10% | 1. 每周末汇总各团支部的心理动态信息,做好周报;<br>2. 特事特报,突发事件及时汇报,并有应激性事件的危机干预能力。 |
| 9. 做好学生隐私的保密工作。 | 5% | 坚决做到学生的隐私保密工作,有效投诉 0 起 |
| 10. 编制心理健康教育刊物和资料,开设相关教育网页,宣传普及心理健康知识。 | 5% | 及时更换相关刊物及网站信息,为心理健康教育提供更好的宣传渠道。 |
| 11. 完成临时性工作任务。 | 5% | 临时性工作不推脱,认真完成。 |

# 第9章 校园志愿服务考核及反思(Check)

## 第1节 校园志愿服务控制程序

（一）目的

为树立社会主义荣辱观，感恩社会，回报国家，大力弘扬"爱党、爱国、爱校"的精神；为构建和谐平安校园；为增强学生社会实践和就业、创业的能力。

（二）适用范围

适用于富有爱心的全院师生员工。

（三）职责

1. 学生处（团委）为本规程的主控部门，负责本规程的编制、修订及实施。

2. 学生处（团委）负责学生志愿者的报名、审批、签署志愿者服务承诺、岗前培训、派工及制定志愿者服务手册。

3. 学生处（团委）制定详细的规则（包括积分规则、劳动强度认定细则等）。

4. 组织人事处对全院各岗位进行优化、统筹，使学生志愿者获得更多的工作岗位和工作经历。

5. 教务处应根据学生志愿者获得的星级情况在实习、见习、成绩等方面制定奖励细则。

6. 各申请派工的部门根据本部门用工岗位职责负责制定志愿者岗位说明书、入职条件、绩效考核等部门管理制度，负责证实工作时间和劳动强度，验收工作质量。

7. 如果某项工作涉及多个部门时，应明确主办部门与协办部门并执行《部门策划工作控制程序》。

（四）工作程序

1. 报名条件

（1）具有爱心奉献精神的全院师生均可报名，亦作为特困生评选的必备条件之一，由本人自愿报名并签署志愿者志愿服务承诺。

（2）学生处（团委）审核批准并登记造册。

（3）入职条件具体见用工部门《志愿者岗位说明书》。

2. 成立志愿者管理办公室

（1）学生处（团委）下设志愿者管理办公室：具体负责接受各部门的志愿者申请，负责学校学生公寓外部、教学楼、篮球场、足球场、人工湖志愿者工作的直接管理，负责核实各部门的考评记录，抽查各部门志愿者的工作情况；负责在《青年志愿者服务手册》上登记分值并按星级标准给予标识；负责优秀志愿者的评选；负责不合格志愿者的评定；负责志愿者工作的宣传、表彰、报道。

（2）学生处（团委）编制《青年志愿者服务手册》、《志愿者服务承诺书》、《星级评比规程》。

3. 根据制定的《青年志愿者管理控制程序》的要求确定对志愿者管理的范围、频次和方法，报分管领导审核，管理者代表或最高管理者批准后实施。

4. 星级志愿者　志愿者获得的星级，可享受相应的荣誉称号、证书、加分及相关奖励。

（1）五星级志愿者：遵守服务承诺，按照岗位要求完成各项任务按学年积分从高至低排列，评出前10％为五星级志愿者；

（2）四星级志愿者：遵守服务承诺，按照岗位要求完成各项任务按学年积分从高至低排列，评定五星级志愿者之后，类推20％为四星级志愿者；

（3）三星级志愿者：遵守服务承诺，按照岗位要求完成各项任务按学年积分从高至低排列，评定四星志愿者之后，类推30％为三星级志愿者；

（4）二星级青年志愿者：遵守服务承诺，按照岗位要求完成各项任务按学年积分从高至低排列，评定三星志愿者之后，类推30％为二星级志愿者；

（5）一星级青年志愿者：遵守服务承诺，按照岗位要求完成各项任务按学年积分从高至低排列，评定二星志愿者之后，类推10％为一星级志愿者。

5. 劳动强度及劳动强度权重系数认定

（1）劳动强度Ⅰ：工作地点在室内，脑力劳动为主，如志愿者办公室管理人员、体育馆管理员岗、文秘岗、期刊阅览室管理员、新书阅览室管理员、招待所管理岗、发粉笔岗、护理带教岗等，劳动强度权重系数为0.5；

（2）劳动强度Ⅱ：工作地点在室内或室外，轻微体力劳动为主，如卫生检查岗、治安值勤岗、体育训练馆开票员、登记员，劳动强度权重系数为1；

（3）劳动强度Ⅲ：工作地点在室内或室外，体力劳动为主，如草坪清洁岗、走廊、楼道、卫生间清洁岗、教室清洁岗、篮球场、人工湖清洁岗、实验室岗、体育训练馆内卫生清理、图书馆流通部管理岗，劳动强度权重系数为1.5；

（4）劳动强度Ⅳ：工作地点在室外，重体力劳动，劳动强度权重系数为2；

（5）劳动强度Ⅴ：气候环境比较恶劣情况下的重体力劳动工作（气候恶劣指大风、大雨、酷暑、严寒等天气），如搬运标本、雨雪天在户外清扫卫生、高温天气在户外工作等，劳动强度权重系数为2.5。

6. 工作时间　按完成某项工作所需时间计算。以1小时为基本单位（足0.5小时，不足1小时的，按1小时计算，不足0.5小时的按0.5小时计算）。

7. 工作完成情况系数认定

认定类别：不合格、基本合格、合格、优良四级。

（1）不合格：没能按时、按质、按量完成工作，影响后续工作进程，不合格系数为0；

（2）基本合格：能按时、按量完成工作，但工作质量欠佳，对后续工作进程影响不大，系数为0.8；

（3）合格：能按时、按质、按量完成工作，系数为1；

（4）优良：能按时、按质、按量完成工作。师生满意，评价良好，系数为1.2。

8. 积分规则　每项工作得分＝工作时间×劳动强度权重系数×完成情况×2（固定系数）。

9. 一学期进行一次星级结果汇总，星级结果直接与学生的助学金、评优、评奖、推优、党员发展等挂钩；与操守分挂钩；与实习、见习、学习成绩等方面挂钩（图 9-1）。

10. 志愿者星级的评定、助学金的发放必须遵循公平、公正、公开的原则，结果上传学院"OA"网的"院务公开"中。

11. 有争议的事项由综合检查小组或考评组裁定。

（1）综合检查小组由质管办、学生处（团委）、人事处等相关部门人员组成（对志愿者工作进行抽查）。

（2）考评组由用工部门组成人员组成（对志愿者工作进行全面考核）。

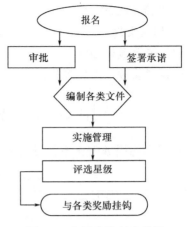

图 9-1 志愿者管理流程图

# 第 2 节 校园志愿服务考核规程

1. 目的 通过绩效考核来验证我院校园志愿服务体系是否符合标准要求，是否在有效实施和保持中，并为校园志愿服务体系的持续改进和管理评审提供依据。工作考核是反馈我院学生志愿者设岗定责工作进行计划、实施、检查、总结和反馈的一个平台。根据实际情况制定考核细则，考核内容紧密结合学生的日常学习、工作、生活综合表现及关键时刻的表现。这是一种社会实践的考察，它既有量的考核，又有质的考核，即定量定性。

2. 适用范围 适用于本院校园志愿服务各项工作的考核。

3. 职责

（1）学生处（团委）为本规程的主控部门，负责本规程的编制、修订并监督实施。内容包括：目的、范围、依据和方法以及被考核部门及时间。

（2）考核小组（由分管院长、部门主管、志愿服务管理办公室干事等组成）组织对各岗位工作进行综合考核。

（3）志愿服务管理办公室干事负责汇总每月考核得分情况及相关的统计工作。负责每年至少召开一次表彰会议。

（4）各被考核人员负责配合考核工作的开展，对存在的问题进行及时纠正，采取有效预防措施并组织实施。

4. 工作程序

（1）本考核采用日自查、月考核、年总评的方式。

（2）根据以上的考核方式，年初由志愿服务管理办公室干事策划本年度考核方案，编制《校园志愿服务考核规程》，确定考核的范围、频次和方法，报院领导审核批准后实施。

（3）考核方法

1）年总评：每年进行一次。每年年底将各岗位考核结果反映在电子版的"志愿服务平台"的"工作考核"栏目中。

2）月考核：每月完成考核、验证及汇总工作。考核结果在每月月底上传至 OA 网中"志愿服务平台"的"工作考核"栏目中。

3）日自查：自查自纠，每天完成考核工作日志。部门主管负责每月抽查干事的工作日志并可以给予批注。

5. 相关文件

（1）绩效考核办法。

（2）绩效考核工作规程。

# 第3节　校园志愿服务考核案例

校园志愿服务考核案例见表 9-1～表 9-3。

表 9-1　志愿服务管理岗 3 月份考核情况

| 姓名 | 考核分 | 工作表现 |
|---|---|---|
| 刘×× | 95 | 地面有些口香糖没有清理干净,灭火器后面没有注意,其他一切良好。 |
| 毕×× | 93 | 对待工作认真,工作积极配合。 |
| 王×× | 90 | 工作认真,但是数据处理不及时。 |
| 张×× | 88 | 数据处理不及时,表现一般。 |
| 章×× | 96 | 工作认真,表现积极,做事认真负责。 |
| 谢×× | 86 | 签到踩点,偶尔不来签到,直接上岗,工作认真。 |
| 赖×× | 90 | 办公室不常来。但是工作负责,认真。 |
| 钟×× | 93 | 工作认真,但是九栋卫生没有较大改善。 |
| 章×× | 85 | 最近忙七城会的事情,是七城会志愿者,中午会去岗位上工作。 |
| 雷×× | 95 | 工作负责认真,看得出热爱青年志愿者协会,热爱志愿工作。 |
| 张×× | 94 | 工作认真,负责。 |
| 李×× | 92 | 工作认真,数据处理及时。 |
| 苏×× | 96 | 工作用心,认真,数据处理及时,个人表达能力较好。 |
| 聂×× | 90 | 工作负责,数据处理及时,与人沟通略不足。 |
| 罗×× | 96 | 工作认真,处理问题较好。 |
| 刘×× | 92 | 工作认真负责,负责志愿者及青年志愿者协会办公室电脑技术指导。 |
| 邹×× | 92 | 工作认真负责,在办公室起到活跃气氛的作用。 |
| 刘×× | 93 | 体育馆负责人,工作有想法,办事效率高。 |
| 陈×× | 93 | 体育馆负责人,工作任劳任怨。 |
| 丁×× | 89 | 工作较认真负责,个人表达能力较好。 |
| 陈×× | 87 | 表达能力欠佳,学习能力加强了,楼道侧面白色瓷砖需要稍微清扫。 |
| 阿×× | 94 | 工作认真负责,表现佳。 |

表 9-2　质量监督管理部 2～3 月份考核情况

| 姓名 | 考核分 | 工作表现 |
|---|---|---|
| 李×× | 90 | 工作认真积极,和成员沟通良好。 |
| 袁×× | 92 | 工作认真积极,安排成员工作到位。 |
| 钟×× | 90 | 工作认真积极,为部门尽心尽职。 |
| 曾×× | 82 | 工作一般,做事不够积极。 |
| 毛×× | 82 | 对工作的积极性下降,但安排工作时完成得很认真。 |
| 樊×× | 84 | 工作方面一般,相对和成员沟通较多。 |

| 姓名 | 考核分 | 工作表现 |
|---|---|---|
| 黎×× | 84 | 工作方面一般,在几次的例会中和成员沟通较多。 |
| 王×× | 86 | 工作方面很积极、认真,对于活动很尽心也很主动。 |
| 吴×× | 90 | 工作方面很积极,对于部门活动很主动很尽心尽责,和成员能打成一片。 |
| 江×× | 82 | 工作方面一般,平时和成员的交流较多。 |
| 宋×× | 92 | 工作认真负责,是一位不可多得的好组长。 |
| 陈×× | 91 | 做事认真,工作积极。 |
| 赵×× | 75 | 工作一般,参加部门活动缺少热情。 |
| 黄×× | 90 | 做事认真,内心善良。 |
| 彭×× | 85 | 工作认真积极,很有礼貌,很热心。 |
| 王×× | 85 | 活泼开朗,礼貌待人。 |
| 李×× | 75 | 工作一般,参加部门活动缺少热情。 |
| 占×× | 85 | 工作认真积极,能及时将情况反映。 |
| 曹×× | 85 | 工作认真积极,能及时将情况反映。 |
| 邓×× | 95 | 工作态度认真,有耐心,能及时处理问题。 |
| 谢×× | 88 | 工作认真负责,有较强的工作责任心。 |
| 杨×× | 88 | 工作认真负责,团队精神较好。 |
| 骆×× | 84 | 有一两次请假,工作认真,负责。 |

**表 9-3 实验室 3 月份志愿者考核情况**

| 姓名 | 所在部门 | 工作情况及扣分原因 | 得分[工作时间(h)×劳动系数×完成情况×2] |
|---|---|---|---|
| 曾×× | 检验实验室 | 该同学在实验室服务期间,工作积极主动,做事认真负责,服务能力强,工作水平提高较快,是一名优秀的志愿者。 | 177.84 分 |
| 付×× | 检验实验室 | 该同学在实验室服务期间,工作积极主动,做事认真负责,服务意识强,工作能力提高较快,是一名优秀的志愿者。 | 177.84 分 |
| 吴×× | 计算机实验室 | 该同学在本实验室服务期间,工作非常的积极主动,服务能力强,善于沟通,和睦与他人相处,是一名优秀的志愿者。 | 70.2 分 |
| 李×× | 计算机实验室 | 该同学在本实验室服务期间,工作积极主动,服务意识强,工作认真负责,态度积极,是一名优秀的志愿者。 | 70.2 分 |
| 匡×× | 外科实验室 | 该同学在外科实验室服务期间,工作积极主动。很好的遵守实验室规章制度,是一名优秀的志愿者。 | 115.2 分 |
| 李×× | 外科实验室 | 该同学能遵守实验室规章制度,服务期间,工作积极主动,不怕苦,随叫随到,是一名优秀的志愿者。 | 115.2 分 |
| 周×× | 外科实验室 | 该同学做事积极主动,不怕苦,随叫随到,交代的事能高质量、高效率完成,能遵守义工工作守则,是一名优秀的志愿者。 | 115.2 分 |
| 梁×× | 病原实验室 | 该同学在病原实验室服务期间,工作积极主动。很好的遵守实验室规章制度,是一名优秀的志愿者。 | 115.2 分 |

续表

| 姓名 | 所在部门 | 工作情况及扣分原因 | 得分[工作时间(h)×劳动系数×完成情况×2] |
|---|---|---|---|
| 卓×× | 病原实验室 | 该同学能遵守实验室规章制度,服务期间,工作积极主动,不怕苦,随叫随到,是一名优秀的志愿者。 | 46.8 分 |
| 荀×× | 病原实验室 | 该同学做事积极主动,不怕苦,随叫随到,交代的事能高质量、高效率完成,能遵守义工工作守则,是一名优秀的志愿者。 | 46.8 分 |
| 金×× | 护理实验室 | 该同学在实验室服务期间,工作认真,积极主动,能遵守义工工作守则,总体表现良好。 | 28.8 分 |
| 刘×× | 护理实验室 | 该同学在实验室服务期间,工作认真,积极主动,能遵守义工工作守则,总体表现良好。 | 28.8 分 |
| 饶×× | 内科＋儿科＋妇产科＋中医陈列实验室 | 该同学在实验室服务期间,工作积极主动,做事不怕脏、不怕累,做事非常仔细认真,是一名合格的志愿者。 | 50.4 |
| 张×× | 内科＋儿科＋妇产科＋中医陈列实验室 | 该同学在实验室服务期间,工作积极主动,做事不怕脏、不怕累,做事非常仔细认真,是一名合格的志愿者。 | 236.8 |
| 曾×× | 内科＋儿科＋妇产科＋中医陈列实验室 | 该同学在实验室服务期间,工作积极主动,做事不怕脏、不怕累,做事非常仔细认真,是一名合格的志愿者。 | 136.8 |
| 邱×× | 解剖实验室 | 该同学做事积极主动,做事不怕脏、不怕累,听从指挥;协作精神好,团队精神强,总体表现良好。 | 42 |
| 刘×× | 实验中心 | 该同学在本部门服务期间,工作积极主动,服务意识强,工作能力提高比较快,非常积极主动的参与到其他实验室的工作中,是一名优秀的志愿者。 | 205.92 分 |

# 第 10 章　校园志愿服务评价总结及改进(Action)

## 第 1 节　校园志愿服务评价总结

对校园志愿服务活动开展定期评价总结的目的是为了持续改进。

**实例 1：学生处(团委)年 5 月份志愿服务工作总结**

炎炎烈日,燃起志愿服务者的熊熊热情;绵绵细雨,浇不息志愿服务者为他人服务的激情。积极为他人奉献自己课余时间的志愿服务者已经成为校园一道美丽的风景线,他们勤勤恳恳的服务为大家也为自己提供了一个良好的学习、生活环境。

五月多变的天气在考验志愿服务者的毅力,室外温度高达三十多摄氏度的酷暑中志愿服务者认真地在自己的岗位上工作,风雨中他们依然按时出现在自己的岗位上,只为了将承诺付诸实际行动,不让自己成为语言的巨人、行动的矮子。夏季蚊虫逐渐增多,蜘蛛有了可口的美食,在教学楼和公寓到处结网、驻家,为志愿服务者的工作带来了不少麻烦,而志愿服务者却从来没有怨言,认真完成工作。体育馆志愿服务者更是用行动证明他们的执著与坚定,晒了一天的体育馆就是个大型蒸笼,里面的蚊子更是让人难以忍受,而在空旷的体育馆里蚊香等药物对蚊子没有一点效果,但他们没有被蚊子吓倒,志愿服务者不畏酷热穿上又厚又长的衣裤,这种滋味只有他们自己才有真实体会。他们通过自己的辛劳为每一位来体育馆活动的师生们提供了整洁、舒适的活动环境,真是让人敬佩。

学生处(团委)和后勤服务中心共同组织志愿服务同学在四月开展各种节水节电活动后,加大节约型校园宣传、教育力度,已初见成效,五月份共节水一万余吨。通过志愿服务者共同努力,一定能让同学们养成良好的生活习惯,节能减排,从自我做起。

**实例 2：3 月份班导生志愿服务工作总结**

在新学期开始以来,班导生已经工作了一个多月,班导生工作最为繁忙的前期终于告一段落了,在这一个月的工作中,欢笑和汗水,激情与失落共同伴随着我们。工作中的得与失,苦与累都是最为宝贵的经验,我很欣慰在这段时间里认识了一群有干劲有激情的同学,他们对工作的热情和负责是评到先进党员的先提条件。班导生的工作表现都比较优秀,班导生们的收获很多,感触特别深,总结几点：

1. 分享快乐　班导生经常下寝室,一起和新生沟通,一起聊天,一起分享新生的人生故事,谈经历,谈理想……军训中,他们一起在汗水中相互鼓舞,一起坚强;赛场上,他们齐声欢呼,一起努力拼搏;无论结果如何,班导生和新生们一起付出过、努力过、笑过、哭过……所有的快乐忧伤一起分享,都已成为每个人最灿烂的记忆。

2. 学会感恩　班导生积极提倡校园"义工文化"精神,校园里随处可听到一声声"老师好"、"学长好"、"学姐好"、"校园志愿者您辛苦了"……学校提倡大德育教育在班导生中已经潜移默化地影响着每一位学生,在班导生成果分享会上的感恩活动更是让每一位参加的人感动不已,在每一位班导生心中并不在乎新生对他们的感激有多深,更在乎的是他们对班导生的关怀心意;当然,学校的德育教育教会了学生学会感恩,班导生正以同样的形式感恩学校。

3. 班导生自我综合文明素养和能力的提升　每位班导生都尽力做好新生入学教育。带好军训,按时下寝,协助班主任严格要求新生班级,指导同学们如何适应大学生活,督促新生学习《学生手册》和专业知识;协助班主任做好班务工作和选拔班级干部等,带动新生班级参加各项问题活动……班导生无论从思想上、思维上、沟通上都有一个很大的提升,在很多班导生的工作总结中都提到在这三个月的班导生工作中自己的综合文明素养和工作能力都大大地提升了……这也是班导生岗位设立的目标。

当然,在班导生工作中,我们在表扬、激励班导生工作的同时,也发现了一些问题或存在的不足:

1. 班导生下寝的工作力度不够;有的班导生沟通能力比较薄弱,有的比较懒下寝,有的工作思路不清晰,还没规范化。

2. 班导生在班级指导过程中没发现班级存在的问题,导致班级比较散漫。

3. 班导生在新生班级中没有起到带头作用,是主动还是被动?自己都难以控制。

4. 班导生对自己的工作不熟悉,导致出现"灰心丧气"的念头。

5. 班导生没有与班主任进行很好的沟通,而且也很少参加新生班级的主题班会。

以上都是我们班导生在第一个月工作中所出现的一些问题,对此务必对班导生的工作提出一些建议与要求:

1. 班导生应加强沟通表达能力培养。

2. 班导生在指导班级工作中应及时发现问题、汇报问题、解决问题。

3. 班导生应起到带头作用。

4. 班导生应与班主任做好充分的沟通,建立起学生与班主任之间的信息渠道,协助班主任加强新生日常事务管理。

5. 提高班导生自身的人文素养和专业知识,正确引导新生适应大学生活,高效地规划好自己的职业生涯。

6. 班导生学会做工作计划,勤做笔记,写便条。

班导生工作锻炼出一批优秀的大学生,感谢学校设立班导生工作岗位,同时也培养了我们,使我们在工作中提高了发现问题的能力和学会了解决问题的办法;我们班导生将在接下来的工作中再接再厉,将班导生工作做得更加细致。

**实例3：实验教学管理办公室志愿服务工作总结**

一年来,实验教学管理办公室在志愿者的协助下,圆满完成了志愿服务工作,更多的志愿者加入到了我们实验室志愿者队伍,使更多的同学了解了实验室工作职责、实验室日常管理规定、实验室的安全防护和应急处理措施等,更多的同学知道了平时上实验课需要注意什么,怎样去学好一门实验课程,做到理论和实践相结合。

在志愿者服务期间,每个实验室的老师都有问必答,对工作和专业上的问题都进行了实际性的指导,使志愿者们在岗前有充分的思想准备,更加使志愿者们对自己的岗位工作充满信心,他们的尽心尽责保障了实验室志愿者工作的顺利进行。

实验室工作是培养学生素质的一个重要方面,因此,抓好实验工作管理,以实验为突破口,通过实验激发学生兴趣,提高学生素质,是我校整个教学工作计划中的重要一环,真正体现管理为教学服务的宗旨。

他们工作热情高、积极主动、文明礼貌、互帮互助,都能尽心尽责地完成实验室交派的志愿者工作任务,工作时的表现是突出的,工作成效是值得称赞的,尤其是实验室的卫生有了较大改观,具体体现在每周三的全面大扫除。实验室比较忙碌的时间,志愿者都能积极到岗,及时上岗,协助实验老师做好实验准备工作、完成实验后的整理和打扫工作,同时各个实验室的志愿者还能互相配合,在组长的调配下,去帮助比较繁忙的实验室,共同完成实验室工作,充分体现了志愿者的团结精神。实验室志愿者的小组长也充分发挥了他的组织和领导能力,使实验室的志愿者工作有条不紊地进行。

当然,在实验室志愿者中,我们在表扬他们工作的同时,也发现了一些问题或存在的不足:

1. 周三集合时,总有个别志愿者拖拖拉拉,不是迟到就是有事,没能把自己在最短的时间里融入志愿者大家庭中。

2. 有问题时不能及时向老师和组长反馈情况。

3. 不能和自己所在的实验室老师进行很好的沟通,而出现需要人手时未见人踪影。

总之,志愿者工作成效还是很令人满意的,希望志愿者能继续坚持,保持积极的态度,继续发扬我院的校园志愿服务精神。

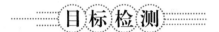

1. 通过本章的学习,简述对校园志愿服务评价总结的看法。

2. 结合自身情况,谈谈校园志愿服务评价总结中存在的不足之处,请说明理由。

# 第 2 节　校园志愿服务成果分享

成果分享可以与大家分享在参加志愿服务过程中收获的体会、感悟和经验,也可以就服务工作提出一些建设性的意见和建议。形式多样,可以让大家有一个自由的发言机会,3~5 分钟之内讲出自己想讲的东西,可以介绍自己的团队,可以谈谈对志愿服务的看法,也可以提出一些意见或者困难,只要跟校园志愿服务相关,谈什么都不拘泥,这样的交流是最锻炼人的表达能力的,是弥足珍贵的体验。志愿者们的参与热情非常高。

成果分享可以用幻灯片的形式展示不同岗位的志愿者们的劳动情景,每一张图片既记录着同学们尽职尽责的工作场面,同时在每一张图片的后面又都承载着一段感人的故事。口腔班钟同学说:“对我个人而言,在图书馆做志愿服务是件非常有益的事,我非常喜欢书,而图书馆丰富的藏书给予了我很多课本上学习不到的知识,不仅拓展了我的视野,而且为我以后的实习和工作等方面积累了一定的基础。能在图书馆当志愿者,对我太有意义了,它不仅让我在志愿服务工作中锻炼了自我,同时也让我明白了,奉献自己微薄的力量原来也是一件非常令人开心的事啊。”医疗班饶同学说:“担任班导生一职虽然只有一个学期多的时间,但在此过程中,从所导班级的同学身上,我收获到了许多感动,也让我学会了感恩,更为重要的是班导生让我锻炼了自己的组织能力、沟通能力、协调能力。马上就要下去实习了,我一定会将志愿精神带到实习医院,并将志愿精神传承下去。”

**实例 1:校园志愿服务班导岗工作成果分享会**

为更好地推动志愿服务工作有效并创新地开展,切实提高学生党员的素质,发挥学生党员的先锋模范作用,让广大学生在寓教于乐的形式中分享志愿服务工作成果,为今后的工作打下更扎实的基础,3月21日晚,在大礼堂举办了 2011 年校园志愿服务班导岗工作成果分享会。院领导、学生处(团委)负责人及相关老师与广大学生志愿者参加了成果分享会。

此次成果分享会气氛轻松热烈,欢声笑语不断,班导生们以 PPT 展示、讲解、小品、舞台剧、唱歌、演讲等形式向与会人员展示并表达了各自参与班导生志愿服务的亲身感悟、服务成果、收获以及当中的酸甜苦辣。会上,11 级班导生与 12 级班导生进行了岗徽的交接,这正预示着校园志愿服务工作绵绵不息,志愿服务精神届届相传。为了表达对学校及老师所给予的实践机会的感谢,班导生们还为在场的老师献上了鲜花。会议最后在《相亲相爱一家人》的歌声中结束,与会领导与全体班导生合影留念。

**实例 2:弘扬志愿精神,尽显"钢铁意志"——校卫队志愿服务成果分享会**

校卫队是在学生处(团委)指导、保卫处管理下,由学生入党积极分子组成的一支负责做好学院安全检查,预防各类安全事故发生,维护校园安全稳定,积极参与校园安全文明建设的志愿服务队伍。这是一支充满激情与活力的队伍,是由一群怀揣梦想,努力拼搏,志愿为全院师生在校内安全无私奉献的学生。

分享会分四个部分进行。第一部分,校卫队志愿者们以 PPT 的形式向在场领导、师生展示了校卫队志愿者们校园生活情况、训练情况、工作情况等,通过大量的照片和解说,让大家对校卫队志愿者的工作性质与重要性有了更加深入的了解,为他们无论是黑夜还是黎明,无论是炎热的夏天还是寒冷的冬天,始终坚持训练,保学校一方平安而深深感动。第二部分,校卫队志愿者们向大家进行了集训表演,并请刘九生副院长发口令,稍息立正等动作与标准军姿无二,尤其是顶摔、锁喉、反攻、倒攻等各种擒拿格斗的动作,肢体动作与舞台间有节奏的碰撞声,让所有人震撼,赢得了大家热烈的掌声。第三部分的才艺表演,让大家对这支"钢铁意志"队伍更加的刮目相看。第四部分,校卫队志愿者代表讲述了他们的成长历程,他们的讲述让大家明白了什么叫"痛并快乐着"。诚如他们自己所说,在服务过程中付出了很多,但与所收获的相比,那些付出似乎有些微不足道,"予人玫瑰,手有余香"更让人弥足珍贵。

**实例 3:实验室志愿者服务成果分享晚会**

志愿服务既"助人"又"自助",既"乐人"又"乐己",只有亲身实践才会明白其中的含义。实验室志愿者说:"在实验室做志愿服务的日子里,我不仅仅是付出,我也在收获。老师给我们提供了更好的学习舞台,参与其中才知其中的使命与责任。"

"10、9、……、2、1"晚会在同学们的呼唤中开始了。两位志愿者走上舞台,与大家一起分享了她们的服务心得。她们说,这次的实验室志愿服务让我们体会到了老师们的辛苦,也让我们知道了实验前的准备工作的重要性,一些看似简单的操作,一样都不能马虎,通过在实验室做志愿服务,让我们深深理解了实验室平平常常的操作却都是老师们汗水的结晶。接下来,志愿者们表演的手语《爱的翅膀》、爵士舞、歌曲串烧、武术等节目,舞蹈动感十足,歌曲悠扬婉转,武术刚劲有力,欢声笑语不断。其中相声《我的大学生活》、小品《实验创新招新》及现场播放的实验室志愿者服务的每个瞬间,成为了晚会上最大的亮点,大学生活中的点滴小事,被志愿者们细心记录,用不同的方式展现了志愿服务的收获。

志愿服务是神圣的,也是光荣的。最后,成果分享晚会在《志愿者之歌》中圆满落幕。历时一个半小时的晚会向全院师生展示了实验室志愿者丰富多彩的一面,让大家看到了志愿者"我奉献,我快乐"的积极态度,他们用实际行动向大家诠释了志愿者精神!

我院是全国第一个开设校园志愿服务课程并建立志愿服务管理体系的学校。我们从课程设计到精细化管理,以及课后的调研反馈等都有一个完备的质量监控体系。同学们在做志愿服务的过程学会了做事、学会了做人、学会了尊重人、学会了尊重自己。同时,同学们的领导力也得到了很好的锻炼。在弘扬校园志愿文化、建立表彰机制、规范化、理论研究等方面做了很多富有成效的探索。

目 标 检 测

1. 通过本章的学习,简述对校园志愿服务成果分享的看法。

2. 结合自身情况,谈谈校园志愿服务成果分享中存在的不足之处,请说明理由。

# 第 3 节　校园志愿服务激励机制

激励机制是根据学生在志愿服务活动中的表现，给予一定的奖励和表彰，鼓励学生积极参与学校组织的各项志愿服务活动。

## 一、组织激励

1. 建立表彰制度，每年组织举办表彰大会；相关制度主要有：《校园志愿者星级评定及优秀志愿者评选管理规程》、《关于先进团支部、优秀团干、优秀团员评选办法》、《关于推荐优秀团员作为党的发展对象工作条例》、《评优评奖办法；特困生、贫困生评选办法》、《优秀学生奖学金评定办法》。

2. 根据工作劳动强度、量及完成情况评选星级志愿服务、"年度优秀志愿服务"，同时颁发荣誉证书及相应加学分。

3. 星级志愿服务者或优秀志愿服务者在同等条件下可优先享受相应的评先、推优等荣誉；获得参与各类奖助学金的评选资格；获得评优评奖的评选资格；获得优秀人才、班干部和学生干部选拔资格；获得推优、入党资格。

4. 对符合表彰规定的志愿服务者颁发志愿服务者荣誉证书及加个人操评分对志愿服务者进行鼓励。

5. 志愿服务者在毕业时可将《志愿服务手册》、星级评比等各类证书，作为本人在校期间参加社会服务工作的就业证明材料及志愿服务者档案中的材料证明；在同等条件下优先录用、录取有志愿服务经历者。

6. 开展各种无偿志愿服务的公益性宣传。对于服务表现突出的志愿服务者进行宣传表扬。不断获得满足感和成就感。

## 二、社会激励

从社会方面对志愿者的服务予以承认，进行奖励、提供回报。尽管志愿者本人怀着奉献爱心和充实精神等动机参与志愿服务，不追求社会回报，摒弃了职业场所的利益计较，但社会对于志愿者的服务应当给予奖励和回报，以激励那些帮助社会和他人的人，使志愿服务事业持续发展。比如通过志愿服务银行、互助服务、服务转换等活动发掘志愿者的各种才能。

## 三、志愿者自我激励机制

大多数志愿者需要社会和组织的认同和激励，仅靠个人激励是不够的。

对志愿行为的提倡和鼓励，不是给志愿行为带上功利目的，赏罚分明、向上就有奖励应该成为一种制度。要把参与志愿服务作为一种美德提倡，作为一种品质进行鼓励，那么，在这种氛围下成长的学生，一定会以这种标准作为自己做人的标准，一定会成为有爱心、有责任心、有公德、有奉献的人（图 10-1，图 10-2）。

图 10-1　庆祝 12·5 国际志愿者日暨 2009 年度百名优秀志愿者合影

图 10-2　2011 年度百名优秀志愿者合影

**实例 1：服务心得体会（表 10-1）**

**表 10-1　优秀志愿者心得**

| 姓名 | 岗位 | 心得及意见 |
|------|------|-----------|
| 陈×× | 小组长 | 经过一个月的工作我懂得了很多，也学会了很多。以前我对志愿者工作并不了解，但这个月后我体会到了这个身份的意义。 |
| 熊×× | 一楼大厅走廊及倒垃圾 | 在这个岗位上体会到什么叫做志愿服务精神，也了解到做义工的不易。在这一个月中，我学到了很多，也锻炼了不少。明白：懂得付出，勇于奋斗。 |
| 刘×× | 五楼大厅走廊及倒垃圾 | 通过这个月志愿服务，让我体会到了环境卫生的重要性，同时体会到义工的辛苦。所以我希望以后我们都能更珍惜别人工作的成果。 |
| 雷×× | 三楼走廊及倒垃圾 | "我服务，我快乐"。无私奉献就在生活的点点滴滴中，我相信我们的学校会在同学们的奉献中越来越好！这是我做完志愿者最想说的一句话，也是因为这句话让我懂得了很多做人的道理。如果有机会我还想做志愿者。 |
| 徐×× | 小组长 | 经过一个月的工作，我真的学到了很多，虽然我是小组长，但同样体会到了志愿者的辛苦。起初我以为我的工作会不好做，后来却很好地完成自己的任务，同时也帮助了其他的同学。这都是大家给我的动力。谢谢你们。 |
| 邱×× | 楼道岗 | 在工作中，是非常的辛苦，但想想辛苦我一个，能让许许多多的人在干净整洁的教室里学习，让同学能够在这样的环境中学习，自己也感到十分的满意。 |

续表

| 姓名 | 岗位 | 心得及意见 |
|---|---|---|
| 何×× | 一栋楼道 | 我学会了团结,使我更加的勤奋、有组织。我开始懂得我做志愿者的意义。同时我学到了很多。真的很高兴自己可以坚持到最后。我想我会永远记得我这些伙伴的。 |
| 谢×× | 一栋楼道 | 在这一个月的志愿者生活中,我明白了,不要小看小事情,再小的事也有其中的奥妙,也会有其中的乐趣。 |
| 黄×× | 二教小教室 | 一个月的志愿服务让我感受到作志愿者虽然很辛苦,但是是光荣的,也是快乐的,我是义工我最 high! 加油!!! |
| 史×× | 楼道岗 | 经过一个月的志愿者生涯,我觉得这份工作真的是一件我为人人,人人为我的事情。你种下了你的成果,收获了快乐。在此期间,我学会了两个字——责任,一切事情都可以做得很好! |
| 周×× | 九栋楼道 | 通过这一个月的志愿者生活,让我了解到作为一名志愿者,为他人服务是一件很开心的事。对于卫生,重在持之以恒地完成任务,只有保持良好的心态与勤劳,才能够让卫生得以保持。 |
| 张×× | 九栋楼道 | 通过此次活动,让我体会到志愿者的辛苦,更加深刻地认识到环境整洁干净对我们的学习、生活的重要性,也更加珍惜我们的劳动成果。 |
| 张×× | 一教多媒体 | 一直没怎么做过家务的我,在这个月中我真的体会很深,也学到很多。我开始懂得珍惜别人的劳动成果。因为我懂得别人的辛苦。所以希望我们都可以好好对待别人的劳动成果。 |
| 何×× | 二教小室 | 发现志愿者工作不容易,希望我们的服务能够为大家创造一个良好的学习生活环境,的确义工很辛苦,真的很苦,但我从中学到了许多,让我的确感触很多,愿我们的义工精神能永远传下去。 |
| 刘×× | 后勤 | 不得不说志愿者真的很累。这个月让我真正地体会到"服务他人,快乐自己"这句话的深刻含义。作为一个人,我们有思想,有情感……这样我们更应该奉献自己,迎来生命的成功! |

**实例2：班导生工作认识**

倾注感情,才能赢得信任。大学生活,因为班导生的生活经历,让我变得充实,让我的大学生活不再简单而平凡。参与,本身就是对自我的诠释和证明,不管结果怎样,只要敢于尝试,就有收获,就是最大的成功。

——黄××

班导生工作期间,虽然有时候在他们面前我不够有威信,不够具有很强的领导能力,但我用我的真心、耐心和爱心在帮助他们,我感到无比幸福。

——李××

班导生岗位,我很感谢学校给我这个锻炼的平台,让我成长,也让我能够为她们服务,帮助她们成长;我想,若干年以后,当我想起这段经历时,我心里会是暖暖的感觉。

——杨××

在班导生岗位上,我不仅学会了感恩,学会了容忍,学会了微笑,学会了坚强,学会了自信,也学会了珍惜。

——梅××

作为班导生,首先我做到了光明磊落、正大光明,说到做到,并要有宽广的胸怀和耐心解决问题的方法。

——陈××

班导生岗位,给自己定位好,知道自己所扮演的是一个什么样的角色,对于一个团队,信任与支持是相互的。

——谭××

作为一名班导生,想要引导别人走上一条"光明"的道路,首先是要做好自己,以身作则是做一名合格班导生必不可少的条件。

——王××

一个好的班导生就要以身作则,用服务的心态,去坦诚对待他们。

——骆××

1. 通过本章的学习,简述对校园志愿服务激励机制的看法。
2. 结合自身情况,谈谈校园志愿服务过程中存在的不足之处,请说明理由。

# 第3篇 感　　悟

# 第11章　志愿服务的历史和现状

## 第1节　志愿服务的由来

志愿服务起源于19世纪初西方国家宗教性的慈善服务,志愿活动在世界上已经存在和发展了100多年。

联合国志愿人员组织成立于1970年12月,总部设在日内瓦。中国自1981年起同该组织合作。1985年12月17日,第40届联合国大会通过决议,从1986年起,每年的12月5日为"国际促进经济和社会发展志愿人员日"(简称国际志愿人员日)。其目的是敦促各国政府通过庆祝活动唤起更多的人以志愿者的身份从事社会发展和经济建设事业。1997年11月20日,第52届联大通过了包括中国在内的123个国家提交的52/17号提案,决定把2001年确定为国际志愿者年(international year of volunteers)。

志愿者在北方称为志愿者;南方则叫义工。很多在国内从事志愿活动的人,把志愿者和"义工"总是分开而谈,更有甚者认为,志愿者的档次要比义工略高些。实际它们都对应一个英文单词——"volunteer"。志愿服务最近几年越来越成为一种国际潮流。西方有学者专门指出:"如果说人类发展前500年是技术革命带动全球的经济发展,那么今天人类正处于一个十字路口,面临的问题越来越多。后500年社会学、社会服务将成为地球上生存的重点,人类也将开始重新调整自己。"

### 一、志愿服务的法律依据

2006年11月共青团中央印发的《中国注册志愿者管理办法》规定:"团组织、志愿者组织根据服务对象的需求,向注册志愿者发布服务信息、提供服务岗位,志愿者按照相关要求开展志愿服务。注册志愿者也可按照相关规定自行开展志愿服务。提倡具有相同服务意向和志趣爱好的注册志愿者在团组织、志愿者组织指导下结成志愿服务团队开展服务。"

"注册志愿者参加志愿服务,应通过与志愿者组织或服务对象签订服务协议书等形式,明确服务内容、时间和有关的权利、义务。未满18周岁的注册志愿者可参加与其年龄、智力相适应的志愿服务。"

"各级团组织、志愿者组织可依托服务需求相对集中的社会公益机构,通过签订协议、命名挂牌等形式创建志愿服务基地,探索建立志愿者经常性、就近就便开展志愿服务的有效机制。"

## 二、志愿精神和志愿行动在中国的兴起

志愿者(volunteer)是一个没有国界的名称。志愿服务在我国虽然起步较晚,但发展势头却十分迅猛。关于志愿者,汶川救灾最小志愿者——16岁的长沙市一中学生马天之被美国迈阿密大学等9所名校录取是一个热门的新闻报道,在美国数千所大学中,迈阿密大学是美国名校,录取率极低,竞争非常激烈。马天之能够被这样优秀的大学看中,其优异的美国高考ACT成绩是一个方面,在汶川做志愿者的优秀表现也起到了重要作用。

志愿服务、志愿者和志愿精神是紧密联系的一系列概念。从志愿者理念看,志愿者精神是一种自觉、自愿甘于奉献的精神,与公民社会的发育密不可分。志愿者精神是在新的历史条件下雷锋精神的延续和发扬。雷锋在本质上也是一个志愿者。雷锋精神中体现的与人为善、扶贫济困、尊老爱幼等成分是超越特定时代限制的,这些是人性共同的光辉,是人性中永恒的东西。汶川地震中千百万人的救援活动,正是志愿者精神和雷锋精神的连接点和结合点。没有雷锋精神在几代人中的长期积淀和潜移默化,就不可能有今天志愿者精神在中国的广泛传承。近几年来,我们不时听到有人感慨地说:"雷锋叔叔不在了!"是的,在市场经济大潮的冲击下,利己主义的幽灵被呼唤了出来,不少人重新信奉"人人为自己,上帝为大家"的观念。现在,志愿者精神这股道德清流的出现,极大地冲击了上述陈腐观念,雷锋精神通过千百万志愿者的活动再现了,这是特别令人感到振奋的。

## 三、志愿服务的技能与实力

对于在汶川地震中涌现出来的百万民间志愿者来说,无论我们加诸怎样的赞辞,都不为过。他们星夜兼程、千里驰援,他们自发前往、无怨无悔,他们体现了"中国最温柔的心",他们创造了"世界史上最大规模,也最快速的一次民间动员"。但仅有爱心和热情还是不够的。首先,参与类似抗震、灭火等抢险救灾活动,需要具备相应的专业技能,不能贸然冲上去做无谓牺牲。不少法律严禁动员和组织老弱病残幼等参与抢险救灾,而是规定将抢险救灾交由专业人员处理。其次,即使不具危险的公益活动,参与者也应酌情考虑到自己的精力、财力、能力等状况,量力而行,避免中途而废,甚至好心办坏事等现象的发生。试想一个奥运志愿者,外语水平很差,如何做到为外国朋友服务?一定的救援知识、救援技能是每个公民都应该学习和掌握的,绝对不可抱有等正规部队的想法。由此,志愿者固然需要有勇气与责任,有要为他人服务的意识,但没有足够的实力的话,不但志愿行为不可能,反而会添乱。从志愿者技能看,个人专业技能固然重要,志愿者组织的综合技能亦不可忽视。如赈灾救援中,某幸存者双腿被压,有人主张截肢。一位建筑结构工程师经仔细观察认为,叠压的梁柱有一定的稳定性。经过简单支护,救援者打断梁柱,伤者被全身救出。如果救援组织专业人员配置不科学,就有可能造成不必要的次生伤害和失误。有的地方成立志愿者联合会,建立志愿服务实践基地,为科学统筹志愿服务资源打下基础。志愿者组织之间的网络化、专业化、信息化连通,不仅在平时可以拓展服务渠道,创新服务方式,还可在灾难突发时迅速有序集结志愿者,协助国家救援组织开展救援,减少志愿者盲目流动带来的个人风险和成本损失。除专业技能外,志愿者还应加强心理应对技能的训练。无论是突发事件还是常规服务,志愿者遭遇不公平对待几乎不可避免。相对于平时,志愿服务时的委屈和挫折可能更难忍受。这时想一想战地志愿者先驱南丁格尔的做法,怨气也许可以得到排

解。南丁格尔首赴战地医院时,几乎遭到前线所有人的误解,但她坚忍不拔,不畏困苦,最终获得巨大成功。2008 年被称为是中国的"志愿者元年"。

## 四、志愿者境界及志愿服务宗旨

志愿者的五层境界:

第一层:帮助别人,自己快乐。这是初为志愿者最深最直接的感受,在帮助别人后,看到别人因而获得快乐而自己因此也变得快乐。

第二层:身为志愿者,心是志愿者。不论身在何处,不管人到哪里,离开了服务场所也处处留芳,手有余香。为这个社会需要帮助的人们提供帮助,服务社会。

第三层:关爱他人,关爱自己。志愿者是爱的群体,把这种对服务对象的爱转化为对自己的朋友、爱人、同事、家人的爱和关心,让这个世界充满温暖。

第四层:发动社会,服务社会。用我们的影响力去让尽可能多的社会成员都来关心我们的服务对象,进而关心我们这个社会。

第五层:生命不息,奋斗不已。"赠人玫瑰,手留余香",传播文明,生命不止,奋斗不息。"春蚕到死丝方尽,蜡炬成灰泪始干","做志愿者,一辈子!"

志愿服务宗旨:国内外的志愿活动都有明确的活动宗旨,并已具有共同或相似之处,即活动都面向大众、服务社会,推动人类社会的和平与发展,但又有各自的一些特色。国外志愿活动,优先考虑的是公众的需要,强调志愿活动既是服务他人之道,又是个人积累经验、丰富阅历之途。如美国的志愿服务队,有青年学生志愿服务队,也有由 55 岁以上公民组成的"老年服务队",服务队的誓言是:"我要为美国做事,使我们的人民更安全、更聪明、更健康;我要团结美国人,加强我们的社区建设。面对冷漠,我要行动;面对冲突,我要寻找共识;面对逆境,我要坚持不懈。我要在当年以及今后履行我的义务。我是一名美国志愿服务队队员,我要尽职尽责。"

我国青年志愿服务活动多为义务性质,志愿者无偿地为服务对象提供帮助。志愿服务的经费大都来自政府资助、社会赞助或志愿者本人义务提供。志愿服务多为有组织地进行,服务对象和活动时间都是根据社会需要而定。

# 第 2 节　国外的志愿服务

## 一、国外志愿服务对社会的影响

国际志愿服务的历史已近百年,它起源于最初的战争救护、重建家园、安置孤儿等与战争相关的救助活动,如今已经发展成为涵盖环境保护、维护和平、经济建设和社会进步等多领域的综合服务,在服务水平及服务内涵上都上升到一定的高度。国外志愿服务影响到社会的各个方面,已经成为世界各国的共识。许多国家政府对于志愿者提供税收方面的优惠和支持,保证其建立合理的资金筹措方式和渠道。据一些发达国家统计,志愿服务所生产的价值已占到这些国家国内生产总值的 8％～14％。如今已有 100 多个国家在每年的 12 月 5 日集中开展志愿服务活动,国际志愿人员日作为国际志愿服务活动的重要标志已经深入人心。

# 二、国外志愿服务简介

（一）国外志愿服务的发端及演进

国外的志愿服务源远流长，它的形成和发展大致经历了三个阶段。

1. 萌芽阶段　志愿服务起源于19世纪初西方国家宗教性的慈善服务。为了反抗宗教迫害从欧洲来到北美大陆的移民们，为了克服面临的困难，相互之间互相帮助，逐渐养成了志愿帮助别人的群体精神，这种精神作为美国人民的美德而保存下来，一大批怀有慈善之心的各阶层人士成为了最早的志愿服务人员。

2. 扩展阶段　19世纪末及20世纪初，欧美等国先后通过了一系列有关社会福利方面的法律法规。这些社会福利的方案除了要有大批具有职业献身精神的志愿服务工作者去实施之外，也需要动员和征募大量的志愿人员投身于有关的各项服务工作之中。于是，志愿服务逐渐也受到了政府的重视和鼓励。

3. 规范阶段　第二次世界大战以后，西方国家的志愿服务工作不仅进一步规范化，而且扩大成为一种由政府或私人社团所举办的广泛性的社会服务工作。志愿服务工作的重心不仅在于调整被救助者的社会关系和改善他们的社会生活，更在于调整整个社会结构与社会关系。志愿服务工作逐渐制度化、专业化。

（二）国外志愿服务现状

1. 美国　美国青年志愿服务的内容包括：①教育服务，教育贫困儿童识字，为他们补习文化课和传授科学知识；②卫生服务，为医疗不发达地区发展以社区为基础的医疗网点，为贫困家庭的人检查和防治疾病，为儿童接种疫苗；③公众安全服务，防止犯罪和虐待，为孩子创办后援服务；④环保服务，组织传授环保知识，进行美化环境的野外和城区、机关等地的劳动；⑤援外服务，到发展中国家和贫困地区工作和服务，其中在中国服务的人数也不少。

美国志愿服务的基本特点：①就工作时间来说，志愿者职业并非只有全职，半职也很常见，两者的比例通常在3∶1；②绝大多数志愿者都为自己的职业感到骄傲，同时他们也认为志愿者是一份需要情感和精力投入的职业；③美国的公民社会组织很多，提供了大量从事志愿活动的场所。美国普林斯顿大学宣布，从2009年开始，考入该校的新生中将有10％以上入学前先要到国外参加为期一年的志愿者活动。

2. 德国　德国志愿者组织的活动具有以下几个特征：以国际劳动营（work camps）为主要活动形式；以公众和青年所关注的社会热点问题为主题；以促进国际青年交流为主要宗旨；以青年学生和社会中下层青年为主要对象。德国广泛存在着民间社会福利法人和民间福利团体。早在1880年，根据德皇诏书建立了全德意志公共和私人社会福利协会，负责协调公共和私人机构共同进行社会救济，维持社会稳定。

3. 英国　英国志愿服务的基本特点：①政府高度重视：以从1999年1月20日正式启动的"千年志愿服务计划"为例。这项计划有3个目标：一是社会受益，二是青年受益，三是促进社会发展。英国政府在引导公民参与志愿服务方面采取了大量具体而有效的措施，推动英国志愿服务的发展；②公众踊跃参与：由于参与志愿服务方式的多样性和灵活性，保证了公众在参与志愿服务时具有可选择性，促进了更多的公民参与志愿服务；③国际交往频繁：以英国社区志愿服务组织为例，仅该组织就同包括亚洲的日本、韩国、新加坡在内的20多个国家的志愿者组织有着相当密切的合作伙伴关系。

4. 日本　日本的青年志愿活动以社会公益服务为主要内容,大致包括:①尊老敬老服务,在日本,65 岁以上的老年人口由 1963 年的 6％上升至 14％,需要照顾的老人占其中的 12％,约 200 多万;②助残服务,据日本总理府调查,50％的国民参加过"为每一个残疾人做一件实事"活动;③家教服务,如家庭功课辅导,以及多种户外文体活动;④单亲家庭子女的培养和教育服务,随着离婚率的上升,这方面的服务越来越多。

5. 新加坡　新加坡青年志愿服务的内容随时代的变化而变化。①20 世纪 50 年代,主要是修桥补路,排除经济建设中的急流险阻;②20 世纪 60 年代,以提高公民素质、帮助就业为主;③20 世纪 70 年代,以开展娱乐活动、倡导健康文明的生活方式为主;④20 世纪 80 年代,以帮助解决婚姻,关注退休老人生活及休闲为主;⑤20 世纪 90 年代,转向传播技术、提高素质、帮助就学就业、解决大龄婚姻、开展社区服务、照顾老人和残疾人等内容。关于服务时间,新加坡法律规定 7 月为志愿服务月,4 月为"关怀分享月",颁发"社会服务奖"、"公共服务勋章"。

# 第 3 节　我国的志愿服务

## 一、我国志愿服务的发展历史

中国志愿服务事业的大规模开展始于 1993 年年底共青团中央发起实施的中国青年志愿者行动。中国青年志愿者协会(Chinese Young Volunteers Association,简称 CYVA)成立于 1994 年 12 月 5 日。协会在宪法和法律的范围内开展工作,奉行"奉献、友爱、互助、进步"的准则。

## 二、建立志愿服务活动的长效机制

(一)构建"培训—实践—总结"机制

1. 将专业学习、服务社会、勤工助学、择业就业、创新创业与志愿服务进行有机结合,构建"培训—实践—总结"机制。通过志愿服务活动,积极引导学生参加各类勤工助学活动,提高学生的自立、自强意识,树立劳动光荣的良好风尚。

2. 使志愿服务活动成为学生就业之前的"孵化器"。通过志愿服务,使学生了解社会对人才的要求和自身的现状,逐步转变就业观念,为踏向社会做好充分的准备。

3. 通过高校与企业、地方的实质性合作,推动志愿服务活动的进程真正实现志愿服务的长效性。

(二)营造全员育人的良好氛围

1. 通过志愿服务,使大量年轻高学历教师的理论与实际结合,对改善学校师资队伍的年龄结构和学历结构有利。

2. 直接从事学生教育管理的学生辅导员也应该成为学生参加志愿服务的重要力量。

3. 干部队伍、离退休教师队伍等都应该成为志愿服务活动的参与者,以达到共同促进、共同提高的效果。

(三)建立多种形式的投入保障机制

1. 广开渠道,充分利用各种资源调动各方面的积极性,为开展志愿服务活动提供物质保障。

2. 学校对志愿服务活动的投入经费要力争做到逐年增加扩大社会交流合作,争取社会、政府、企业的资金支持。

3. 将学生的志愿服务与教师的科研课题相结合鼓励学生参与教师的科研项目,提高创新和实践能力。

4. 建立相应的管理机构,建立相关的规章制度为保障总体上负责志愿服务活动的组织、管理、评价等工作,避免政出多门现象发生。

(四) 开设校园志愿服务课程

1. 青年学生成材的结构关键有知识、能力和品格三部分,其中能力和品格并不能完全通过现有正规教育得到提高和完善。

2. 充分利用校园这个特殊的“社区”将学生课程的学习目标和参与有意义的教育实践活动结合起来,帮助学生在提高学业成绩、服务社区的同时还能成为有社会责任感和关心他人的人,使青年学生的能力和品格得到充分的提高和完善。

3. 青年学生既是校园服务的奉献者又是校园服务的受益者,在自觉参与中受到潜移默化的思想道德教育,在服务中学习,在学习中成长,是青年学生成才的有效途径。

目 标 检 测

1. 通过本章的学习,简述校园志愿服务的由来及英国、美国等国的志愿服务特点。

2. 结合学校实际情况,选择适合你的服务与学习方式,简述理由。

3. 你认为志愿服务活动还存在哪些问题,阐述其对策。

# 第12章　志愿服务与大学生人文素质培养

"奉献、友爱、互助、进步"的志愿服务精神,是当代大学生弘扬的一面旗帜。志愿服务行动中,"奉献"是志愿服务精神的核心,"友爱"是志愿服务精神的基石,"互助"是志愿服务精神的集中体现,"进步"是志愿服务精神的归宿。这就决定了志愿服务是一项高尚的社会道德实践,它要求参与者必须以无私奉献的精神自愿参与志愿服务,必须以自己的实际行动弘扬"奉献、友爱、互助、进步"的时代新风。当代大学生的发展需要社会实践的支持和推动,志愿服务行动正是为当代大学生发展提供了有效的参与社会实践的平台。实践表明,在志愿服务精神旗帜的引领下,志愿服务对于大学生健康人格的塑造,对于加强大学生思想道德建设,对于大学生自我价值的实现,对于和谐社会、和谐校园的构建都具有不可估量的重要作用。

## 第1节　志愿服务与大学生健康人格的塑造

### 一、大学生健康人格的主要特征

（一）健康人格概念的界定

要正确理解大学生健康人格的主要特征,首先要弄清楚健康人格的内涵。所谓人格是指在个人的生理基础上,受到家庭教育、学校教育和社会环境等的影响,而逐步形成的气质、能力、性格等心理特征的综合,是相对于认知、情绪、意志而言的一种心理现象,它反映了一个人总的心理面貌,是相对稳定、具有独特的倾向的个性心理特征的总和,也是人的价值观、道德观、思维方式和心理素质的综合体现。人格是在一定的生理基础上,在社会实践活动上发展起来的,是遗传和环境共同作用的结果,现实社会中有诸多因素可能影响人格的发展。因而,人格具有共同性、差异性、稳定性、可变性、综合性等基本特征。

健康人格,是相对变态人格而言的,它与我们通常说的高尚人格、伟大人格的含义相一致。第一,它标志着人格和谐、全面、健康的发展,它处于现实人格的良好状态,是与社会环境相适应,为其他社会成员所接受,同时又充分展现个人个性的特征的人格模式。第二,它是人格的四个要素——人的价值观、道德观、思维方式和心理素质与外界社会发展的完美结合。第三,心理学界一般倾向于把人格看成是一种内在的组织和结构。当心理结构的知、情、意三个子系统都达到最高层次的水平,且三者和谐统一、平衡一致时,就是一种均衡型的心理结构,而这种心理结构就称之为健康人格。

（二）正确理解大学生健康人格的主要特征

据中外心理学家对健康人格的研究成果,大学生健康人格的主要特征,可以从以下几个方面去理解。

1. 正确认识和评价自我　这是健康人格的一个成熟标志。一方面,它在认知过程中,能客观、全面地认识自我、评价自我,接纳属于自己的一切,从而形成自我客体化,对自己的所有及所缺有较清晰的认识;另一方面,它在情感过程中能自尊、自信、自爱,实现三者的完善统一。同时它在意志过程中,能努力发展身心潜力,具有较强的抗挫能力。正确的认识和评价自我,实际上是正确的自我意识,它是一个完整的认识、情感、意志的心理结构,是个人对自己所作所为的正确认识和态度。

2. 良好的环境适应能力  这是健康人格另一个成熟标志。人格健康的大学生其思想、性格、行为习惯与社会环境中所要求的社会规范、道德标准、价值观念能保持一种良好的关系,对社会表现出极大的关注,愿意同外界接触,眼光不仅仅局限于与个人有直接关系的事物上,而是对国家大事、世界大事有着广泛的兴趣,乐于参加社会公益活动,进行独立思考,发展自己的见解,表现出强烈的社会责任感。

3. 乐于向上的积极心态  这是每个人保持人格健康的前提。具有健康人格的大学生有一种乐观向上的积极心态,常常能看到生活的光明面,对前途充满希望和信心,即使在生活中遇到困难和挫折,也能正确面对,不畏艰险,勇于拼搏,直至获得成功。

4. 良好的情绪调控能力  这是健康人格又一个成熟标志。人格健康的大学生,往往情感饱满适度,具有调节和控制情绪的能力,注意力集中,富有创造性和竞争意识,各种积极的情绪情感体验在生活、学习中占主导地位。当消极情绪出现时,能合情合理地宣泄、排解、转移和升华。

5. 和谐的人际关系  这是人格健康水平的最佳反映。具有健康人格的大学生乐于与人交往,能与别人建立良好的关系,与人相处时尊敬、信任等正面态度多于妒忌、怀疑等消极态度,并常常以诚实、公平、信任、宽容的态度对待他人,同时也受到他人的喜爱和尊敬。

大学生健康人格的特征,是个较为复杂的问题,这里涉及的仅仅是几个方面,而且各个方面是相关的、统一的、平衡的。这些大学生健康人格的主要特征,不仅是我们衡量大学生人格健康的标准,同时也为大学生改善自身人格状况提供了具体的努力目标。

# 二、大学生健康人格教育的紧迫性

## (一) 大学生人格现状总体上并不乐观

当代大学生的人格状况从主流方面看,是基本良好的。主要表现在他们中的多数既具有主体独立性强,又能积极向上、与人友善;既具有自尊、自强、自主意识强,又注重自身生存的价值和意义;既具有脚踏实地的奋斗精神,也具有追求卓越的崇高理想;既具有克服困难的信心与勇气,也具有长期拼搏的干劲与动力;既具有个性张扬的成就感突出的特征,又敢于打破过去那种自我封闭的、内向的人格模式,开始向张扬个性、展现自我的人格模式转变。尤其是张华式的舍己救人的大学生,在群众危难的时候,在人们需要的时候,在祖国召唤的时候,毫不犹豫地挺身而出,甚至献出自己宝贵的生命。他们无愧是有希望的一代,放心的一代。然而,急剧变革,观念多元的社会文化也使相当一部分大学生人格的形式变得艰难,变得更加不确切,致使这部分大学生在其人格的发展中表现的迷茫与冲突,加之他们的主观因素发展的不完善,往往导致人格的发展偏差。这使高校开展大学生健康人格教育显得越发紧迫。浙江省高等学校教学名师、全国人文社会科学名家黄学规教授与同事从2000年起对浙江财经学院1020名大学生的人格状况进行了深入的调查研究,在他们的系列调查报告中得出的结论是"大学生的人格现状不容乐观"。其依据就在于调查结果发现大学生中人格发展偏差如焦虑、羞怯、以自我为中心以及自卑、孤僻、懒惰等现象大量存在。

从当前全国高校大学生的人格现状来看,尽管大学生人格发展偏差各有不同的表现形式,程度的轻重也各有差别,但黄学规教授得出"现状不容乐观"的调查结论是带有普遍性的。

(二)大学生中常见的人格缺陷

这里所说的人格缺陷,是指介于健康人格与变态人格之间的一种人格状态,表现为人格发展的不良倾向。大学生中有相当一部分人存在着不同程度的人格缺陷,常见的主要有下面几种。

1. 焦虑过度　这是从心理失衡的角度来看大学生人格发展的一种偏差。当前社会竞争越来越激烈,这使每一个社会成员包括大学生在内,都可能处于一定的焦虑状态,适度的焦虑对一个人的身心健康是有益的。但是焦虑过度若未能得到及时有效的调适,则易发生心理失衡。竞争意识反映在大学生身上,一般又集中反映在考试、人际关系、毕业后就业等问题上。当他们被焦虑困扰时,常常表现出焦急万分,无法思考,烦躁不安,行动迟缓等症状。比如,大学生考试焦虑,是对考试过于紧张,自信心缺乏,对考试结果又过于担忧、认识障碍等因素造成。大学生对人际关系、毕业后就业的焦虑,又与他们自尊心过强但缺乏自信有很大关系。

2. 抑郁心理　这是从气质的角度来看大学生人格发展的一种偏离。这种人格发展偏离是大学生中最为常见的情绪困扰,是一种感到无力应对外界压力而产生的消极情绪,常伴有厌恶、痛苦、羞愧、自卑等情绪体验。这一部分大学生日常表现是情绪低落,郁郁寡欢,闷闷不乐,思维迟缓,兴趣丧失,缺乏果断,信心和活力,反应迟钝,体验不到生活的快乐。抑郁心理与消极情绪困扰是紧密相关的。

3. 意志薄弱　这是从心理承受力的角度来看大学生人格发展的一种偏离。这部分大学生由于心理承受能力较差,自我控制力不强,一旦遭遇到障碍、挫折,就消极颓废,主要表现在恋爱、学习成绩、入党和担任学生干部等问题上。意志薄弱与心理抗挫力、承受力差是相联系的。

4. 自我中心　这是从以自我中心主义的角度来看大学生人格发展的一种偏离,以自我为核心想问题、办事情,从"我"出发,不能设身处地去进行客观思考。凡事过分强调和关注自我,在利益面前,可以争得面红耳赤,即使是关系较好的同学也当仁不让;无利益的事,漠不关心,弃之一旁;处理人际关系上,盛气凌人,总认为自己对,别人错,强词夺理,不允许别人批评,即使老师也不屑一顾。以自我为中心是大学生个人主义与过分自尊相结合的表现。

以上仅就常见的人格缺陷中的几个主要不健康因素进行了初步分析,其实其他不健康因素也是大量存在的。已有资料显示,大学生中有 30% 的学生不同程度地存在人格缺陷。这是高校人格教育中值得高度重视的问题。

# 三、志愿服务是大学生健康人格塑造的有效载体

大学生人格缺陷如何才能得到很好的调适,其健康人格如何按照共识的标准去塑造,这是当前高校进行人格教育一项重要而紧迫的任务。不可否认,课堂教学是塑造大学生健康人格的主渠道,因为读史使人明智,读诗使人灵秀,数学使人周密,科学使人深刻,伦理学使人庄重,逻辑修辞使人善辩,凡有所学,皆成性格。正如著名心理学家荣格所说"文化的最后的成果就是人格"。然而,书本是重要的学习,实践是更重要的学习。社会实践对大学生健康人格的塑造更具有直观的影响,对于帮助大学生克服人格发展中的不良倾向,更具

有不可替代的作用。近年来蓬勃发展的志愿服务,为大学生参与社会实践活动提供了一个新的有效载体,这对塑造他们的健康人格起到了十分重要的作用。

志愿服务的实践表明,志愿服务就塑造大学生健康人格而言,具有三种独特的功能,培养了当代大学生的三种精神,在很大程度上弥补了课堂教学的不足。这三种功能为铸造功能、黏合功能、整合功能。这三种功能是统一的,既相互联系,又相互渗透,不是孤立存在的。铸造功能有助于培养大学生的团队精神,黏合功能有助于培养大学生的协助精神,整合功能有助于培养大学生积极向上的进取精神。这三种精神都源于志愿服务精神,因而也是相互联系、相互渗透的。

(一)铸造功能对大学生人格塑造的作用

英国科学家史密斯有一句名言:"人格不是凭空想便能形成的,必须好好地拿着铁锤,用铸模把它铸造出来。"志愿服务的铸造功能,就在于通过志愿服务的实践,磨炼大学生的意志,铸造紧缺的团队精神。一个民族如果没有团队精神将成为一盘散沙;一个国家如果没团队精神也难于强大;一个大学生不具备团队精神必将难成大器。有无团队精神,与一个大学生是否具有健康人格是紧密相关的。当代大学生大多数是独生子女,由于成长环境的影响,大都心理脆弱、不合群,形成自我为中心人格,缺乏团队精神。有些大学生们还习惯于父母来替自己解决一切问题,一旦父母无法解决,就怨天尤人,意志消沉,无所适从。因此许多大学生难以融入集体,精力多用于书本上知识的学习,而对集体乃至社会的态度显得尤为淡漠,孤僻感、无助感从心里油然而生。志愿服务为当代大学生提供了一个良好的铸造平台,可以好好地拿着"铁锤"用"铸模"在社会实践中铸造自己的人格。大学生们为了同一个目的——志愿服务社会、服务他人,按自己的意愿自主选择不同的服务团队,这样就使他们很容易产生一种团队归属感,在这种强烈的归属感的驱使下,整个志愿服务团队的团队精神就很容易建立起来。在每一次志愿服务的团队活动中,大学生们在服务团队,依赖团队思想的支配下,自觉地磨炼自己的意志,克服种种犹豫、懒惰,排除和抑制消极情绪与冲动行动,自觉地调节和控制自己的言行,主动与他人合作,以顺利地完成预期的志愿服务目标,而当每一次志愿服务完成后,他们都能深刻地体验到团队精神的力量。自省在这方面存在的人格缺陷,从心灵深处受到人格力量的教育,这是在书本上无法学到的。据调查资料显示,几年来,凡高校派出的志愿服务团队,都能很好地合作,没有发生过一起闹矛盾或不团结的事情,都表现出良好的团队精神。

(二)黏合功能对大学生人格塑造的作用

黏合是个心理学范围的概念,原指把引起已知形象的成分简单地结合在一起,形成新形象的心理过程。这里所说的黏合功能,就是志愿服务团队为了完成一个共同的总的体系目标,能把不同分工的子目标黏合和融化为一体。在这个从集中到分散,又从分散到集中的过程中,使大学生们强化协助精神。从每一个志愿服务团队看,团队内部都有相应的分工,有分工就必有协作,分工不协作,哪怕是某个环节出问题,那么整个团队的志愿服务工作就会出现问题。因此,这就要参与志愿服务的每个大学生都要相互之间进行良好的协作,这有助于帮助大学生克服存在的孤僻、冷漠、被动、懒惰、拖拉、粗心、自我中心等人格发展的不良倾向,从而在实践中认识到协作精神的重要性,这同样在书本知识中是感受不到的。比如,在大学生志愿服务队,在各项志愿服务结束后,要制作成果分享 PPT 课件,以展示整个活动的过程及服务活动得到的启示及效果。为此,他们一开始就有不同的分工,分别提供数据,提供体现服务过程的图片,提供各自的心得体会,为制作 PPT 课件提供可靠的依据。于是他们以积极合作的态度去认真完成协作任务,最后,再一起讨论,一起修改,成功地制作了 PPT 课件。志愿服务工作让他们在实践中体会到,没有协作精神,就无法完成志愿服务目标。不合群、不合作、孤军作战、缺乏独立完成任务的能力、缺乏自信和创造力的人格缺陷,不是当代大学生应具备的健康人格。

（三）整合功能对大学生人格塑造的作用

志愿服务的整合功能,是指人格整合,它是随着个体心理的成熟,人格的各个方面逐渐由最初的互不相关发展,到和谐一致状态的过程,目的是优化人格整合,达到人格健全、符合大学生健康人格的标准。大学生在志愿服务中,要实现优化人格组合,一方面,要选择优良的人格特征,如自信、勇敢、坚毅、乐观、善良、正直等,作为自己的奋斗目标;另一方面,是针对自己人格上的缺陷予以纠正,如自卑、羞怯、抑郁、冷漠、懒惰、任性、自我为中心等。而一种优良人格的养成,往往需要一个漫长的过程。而这一过程往往是从"教化"走向"内省",从"他律"走向"自律"的过程。志愿服务是一项生机勃勃而又非常有益的社会实践活动,既是实实在在的社会服务,又包含着深刻的人格教育内容。志愿服务有助于大学生优化人格整合,进行有效的自我教育,而这种人格整合的自我教育,又离不开每个志愿服务者的爱心,相互关心,以及奉献意识、团队意识的支持。志愿服务人格整合功能,也是一种自我扬弃和情感激动,使大学生的人格水准不断地得到升华,从而鲜明地体现了积极向上,不断进取的精神。比如,生活单调、兴趣单一、缺乏精神寄托的大学生,很容易因为生活中的困难和失败产生自卑和抑郁等人格缺陷,而志愿服务提供的平台,使他们体验到成功和快乐,而这种成功和快乐可以让他们远离心理危机,果断地离弃自卑、抑郁,而选择乐观和自信,使人格整合得到优化,积极向上,不断进取的精神在大学生身上得到体现。

# 第 2 节　志愿服务与大学生思想道德建设

道德是人格范畴的重要内容。从道德的角度来探讨志愿服务与大学生思想道德建设的内在联系,强调加强大学生思想道德建设的重要性,简明志愿服务是大学生思想道德建设的有效载体,以及对大学生道德素质培育的重要作用,这对于帮助我们进一步领悟志愿服务精神,是十分重要的。

## 一、加强大学生思想道德建设的重要性

（一）"精神成人"是大学生思想道德建设中急需解决的核心问题

在西方教育史上,有一个百余年来众说纷纭的公共话题,那就是大学生"精神成人"的话题。对"精神成人"的理解,英国的纽曼认为,大学就读期间实际是大学生生命史上特有的"灵魂发育"季节,一个"生理成人"的男孩并不等于精神上也会同步成熟,相反,他们错把身心健康当活力,对自己能承受什么、如何精理自己一无所知,也不能驾驭出现的种种问题。从这里我们不难看出,"精神成人"是相对于"生理成人"而言,大学生的成长关键是"精神成人",其核心就是持续地向自己追问"如何做人",而应该从"人与自我"、"人与国家"、"人与世界"三个维度去思考。对"精神成人"的追求,是当代大学生紧缺的一种追求,也是大学生思想道德建设中急需要解决的一个根本性的问题,即是大学生成长为"四有"新人的问题。

1999 年 10 月在美国哈佛大学举行的第一届"中美大学校长会议"中,校长们就"21 世纪

高等教育面临的机遇与挑战"这一主题展开了广泛的探讨。北京大学校长陈佳洱认为:"教育的宗旨不仅在于教会学生做事,更需教会学生做人。"中外教育界有识之士均认可这样的道理:先学做人,后学做事。一个大学生人生的质量不仅取决于他的知识,更取决于他的道德。从这个意义上说,能否教会大学生做人,自觉地对"精神成人"的追求,能否把大学生培养成长为"四有"新人,既是衡量教育事业成败的关键,也是衡量大学生思想道德建设是否成功的关键。由此可见,当前强调加强大学生思想道德建设是至关重要的。

(二)大学生道德素质缺失凸显加强思想道德建设的重要性

当代大学生肩负着重大的历史使命,道德素质状况如何直接关系到大学生能否健康成长。从主流方面看,应当肯定大学生中的大多数其道德状况是比较好的,道德认识、道德情感、道德意志、道德信念和道德行为习惯是健康的、积极向上的。但也有一部分大学生道德素质缺失,概括起来,具体有以下几个方面。

1. 缺乏崇高目标,道德观念模糊　部分大学生对国家一直宣传和倡导的典型人物,如雷锋、黄继光、孔繁森、张华等,并号召向这些英雄模范人物高尚的道德情操学习时,却对此认识模糊或不以为然,有的认为:雷锋、黄继光离我们太远,孔繁森、张华又太傻,和我们不相干。甚至有时候嘲笑英雄竟成为年轻人有"个性"的象征。他们心目中没有崇高目标,是没有长大的"精神成人",认为还是"得过且过"的好。不要说承受应承担的社会道德责任,就是连起码的社会公德也似乎忘却:在校内不顾及他人到处倒垃圾和脏水;在校外乘车不给老弱病残让座,装聋作哑,甚至自己的老师站在旁边,也没有让位的意识。对于个人的学习责任更是忘得一干二净,上课不顾及老师、同学的尊严和校规校纪,坦然地睡觉、玩手机、玩游戏,逃课的事情也时有发生,而且振振有词:"分不在多,六十分就行;学不在深,一抄就灵"。凸显胸无大志,理想信念淡薄,道德素质低下。这是加强大学生思想道德建设中的一大障碍。

2. 具有明显的功利性　道德素质缺失的大学生在人生价值取向上,表现为讲实惠、图实利,凡事不是道德在先,而是有利就图。在现实生活中,他们以功利为标准,关心权力的获得远远超过了关心义务的履行。比如,在评优、评先、评奖时,捷足先登,当仁不让,可是履行义务时却是能推则推,能逃则逃。这也是加强大学生思想道德建设中需要克服的障碍。

3. 双重道德倾向时有表现　双重道德倾向,即同一事物在不同的主体面前采取两种不同的态度和做法。最常见的是一些大学生言行不一,人前说的话符合道德规范,背地里却又说另一套,不履行自己的诺言。比如,当面说要遵纪守法、遵守社会公德,但在无人监督的情况下又往往做不到;人前温文尔雅,文质彬彬,背后却脏话连篇;公开场合表白要胸怀大志,私下又沉迷于网络、谈情说爱之中虚度光阴,等等。这里凸显的双重道德倾向,加深了大学生思想道德建设的难度。

以上几种主要的道德素质缺失,虽然只反映在部分大学生身上,但却是不可忽视的。一方面,这些不良道德倾向,暴露出高校大学生思想道德建设现状的"软肋"和薄弱环节;另一方面,也严重影响了大学生的身心健康和学习,更重要的是表明他们还不懂得"如何做人"。要扭转这种被动局面,当前有针对地采取有效举措,切实加强高校大学生思想道德建设,就显得十分重要和迫切。

## 二、志愿服务是大学生思想道德建设的有效途径

长期以来,我国高等教育往往偏重于智育培养,重知识轻人文,甚至忽视思想道德教育,这种教育缺陷产生了以学习成绩衡量学生优劣的判断偏差。虽然现在也在强调素质教育,强调人的全面发展,强调做人比做学问更重要,强调加强大学生思想道德建设,但由于缺乏机制的支撑,缺乏有效载体,在传统的巨大惯性面前显得单薄乏力。很多高校的思想道德教育还只停留在政治理论课、思想品德课等灌输式教育上,空洞的说教、抽象的理论远远多于对实践的具体指导。这种状况造成学生所学理论无法指导实际行为,而实际行为又无法得到道德法规的制约。在新形势下适时涌现的志愿服务较好地解决了这个问题,因而成为当前加强大学生思想道德建设的重要途径。志愿服务精神是贯穿这个载体全过程的灵魂,是推进大学生思想道德建设的原动力。

(一)志愿服务与道德建设的内在联系,决定其成为大学生思想道德建设的有效途径

中共中央关于《公民道德建设实施纲要》规定,社会主义道德建设要坚持以为人民服务为核心。这既是对全体公民道德建设的要求,也是对大学生思想道德教育建设的要求。在发展市场经济条件下,更要在全体人民中尤其是在大学生中,提倡为人民服务和集体主义精神,提倡尊重人、关心人,热爱集体,热心公益,扶贫帮困,为社会多做好事,反对和抵制拜金主义、享乐主义和个人主义。在大学生思想道德建设中坚持为人民服务这一核心,与志愿服务的宗旨"服务他人、奉献社会"是一致的,与"奉献、友爱、互助、进步"的志愿精神是一脉相承的。从这个意义上说,抓住了"为人民服务"这一道德建设的核心,就抓住了志愿服务的宗旨和精神,深刻地揭示了两者之间的内在联系,志愿服务就必然成为大学生思想道德建设的有效载体。

(二)志愿服务的内在特征,决定其成为大学生思想道德建设的有效途径

志愿服务具有显著的继承性、群众性、自愿性、自主性和实践性等特征。就继承性而言,志愿服务继承了中华民族的传统美德,如传统文化中的"先公后私"、"公而忘私"这一精华,又把传统美德推向了一个新的高度,并赋予它以时代内涵,形成志愿服务精神,这实际上是中华传统美德在新时期的延续和发展。实践证明,在社会转型时期,大学生参与志愿服务对于弘扬正气、树立社会新风、加强大学生思想道德建设有着不可替代的作用。同时,志愿服务所具有的群众性、自愿自主性、实践性特征,要求志愿服务者主动投身到社区、工厂、农村中去,投身到群众中去,将自身和社会融为一体,在实践中体现个体和集体的自觉行为,发挥自身在活动中的主体作用,自觉地将理论付诸实践,将制约转化为自觉的道德行为,将社会的期望,做人的使命内化为自觉自愿的需求,达到理论与实践相结合,从而在很大程度上弥合了高校思想道德教育与社会现实之间的裂痕,以增强思想道德教育的针对性和实效性。志愿服务的这些特点,符合思想道德教育的内化性和实践性,强化了大学生思想道德教育功能,为加强大学生思想道德建设提供了具有鲜明特征的有效载体。

(三)志愿服务深受大学生欢迎和认同,决定其成为大学生思想道德建设的有效途径

志愿服务目前已成为规模性的学生参与活动,他们在帮困扶贫、支教扫盲、环境保护、社区建设、社会公益服务等方面重点开展活动,在校大学生参加志愿服务的比例在各界青年中最高,达到 38.3%,至今大学生志愿服务已成为在中国高校中具有极高影响力和知名

度的大学生公益活动,并且在大学生群体中发挥着重要的影响力。据共青团中央和中国青少年研究中心的一项调查显示,在许多新的思想政治教育载体中,志愿服务是其中一项最受欢迎的道德实践活动。在大学校园里,志愿服务被大学生看做是在新形势下弘扬雷锋精神的又一次实际行动,"志愿、奉献"精神仍然被大学生认同。2001 年复旦大学团委曾在大学生中评选"当代大学生最喜爱的青年形象"。复旦大学团委按《中国青年》杂志上列出的51 位共和国杰出青年(1949—1999)名单,向全校学生介绍其生平事迹,然后请同学们投票选出自己最喜欢的各年代之星。结果,"好榜样"雷锋脱颖而出,最受大学生们推崇,得票率达 79.71%。统计显示,雷锋的当选说明"雷锋精神"是许多大学生心目中的理想,而现代社会中,这种精神比较匮乏。很多人记得"人人为我",但是却忘记了"我为人人"。大家都在期待着一个个"雷锋"的出现。而新时期产生的志愿服务却满足了千千万万个大学生的心愿,这也是志愿服务成为大学生思想道德建设的有效途径的一个重要原因。

## 三、志愿服务对大学生道德素质培养的重要作用

道德素质涵盖道德认识、道德情感、道德意志和信念、道德习惯行为。强化大学生道德素质的培养和教育,是加强大学生思想道德建设的核心内容。志愿服务对大学生道德素质的培养提高起着不可替代的重要作用。

（一）志愿服务有助于大学生道德认识的深化

大学生在多种形式的志愿服务中需要扮演不同的社会角色,既是大学生角色,又是社会公民角色,还是专业人才角色,这就要求大学生在志愿活动中既要对自己多重社会角色的认同,又要把握好在社会实践和道德交往中社会角色的转换。通过丰富多彩的志愿服务活动,大学生在不同场合转换自己的角色,自主地协调个人与自我、个人与他人、个人与集体、个人与社会、个人与国家、个人与自然的关系,促进他们对社会道德现象、道德原则、道德规范、道德标准和践行的意义有进一步的深刻认识,不但懂得应该怎样做,而且懂得为什么应该这样做,从而提高道德认识的自觉性和主动性,并按照一定的道德原则和道德规范指导自己的道德行为,从而使自己的道德认识不断趋向成熟。

（二）志愿服务有助于大学生陶冶道德情感

志愿服务为大学生观察社会、了解国情、参与社会活动、道德交往、履行社会角色的责任和义务提供了实践的沃土。大学生在这块实践的沃土上,与基层老百姓零距离接触,通过自己的所见所闻、所思所为,了解老百姓的艰苦,密切群众关系,使他们身临其境地深受教育和感染,由此使自己的道德情感得到进一步升华,一种强烈的责任感、义务感、荣辱感、同情感、正义感油然而生,成为大学生追求真理和正义、积极进取和创新、不断完善个人道德素质的巨大力量。参与志愿服务的大学生们自觉投身于"服务他人、奉献社会"的时代洪流之中,"净化自己、照亮别人",既帮助了他人,又净化了自己的灵魂,激发了道德情感,陶冶了道德情操,在志愿活动期间表现为一种强烈的社会责任感和道德情怀,从而创造性地开展活动,发展和完善自身,自觉奉献社会。

（三）志愿服务有助于大学生磨炼道德意志和坚定道德信念

大学生参与各种志愿服务活动,初涉社会实践这个大课堂,不可能一马平川,风平浪静,必然要遇到许多自己从未经历过的困难和从未想过的问题,必然会碰到许多一时难以解决的棘手难题,甚至遭受暂时的挫折。这就需要他们以坚强的意志和坚定的信念,去认识困难、解决困难,去克服困难、战胜困难,实现自己所追求的道德目标。实践证明,在艰苦

的条件下,志愿服务活动培养了大学生独立、果断处事的能力,自我控制和自我约束的能力,并能根据自己的道德信念选择自己的道德行为,一经确定后,就义无反顾,勇往直前,以百折不挠的精神去争取胜利,去克服种种犹豫、懒惰,克服和抑制消极情绪与冲动行为,自觉地调节和控制自己的动摇和懦弱,以顺利完成预期的志愿服务活动目标。志愿服务活动磨炼了大学生坚强的道德意志,坚定了大学生的道德信念,这是单一的课堂教育所不能替代的。

**(四)志愿服务有助于大学生良好道德行为习惯的养成**

志愿服务活动对大学生良好道德行为习惯的养成,具有重要的社会意义,它使大学生充分认识到自身的道德行为习惯是通过道德实践的途径逐步形成的。志愿服务活动为大学生道德行为习惯的训练培养提供了实践的机会。在志愿服务实践中,不仅使大学生的道德行为方式得到巩固,而且还使大学生在新的道德状况中发生道德行为的正向迁移,产生连贯性、长期的道德行为效果。

志愿服务活动是有目的、有组织、有计划的道德实践活动,是践行《公民道德建设实施纲领》提出的"爱国守法、明礼诚信、团结友善、勤俭自强、敬业奉献"社会主义道德规范进行长期的、反复的强化训练,正如人的认识必须经过两次飞跃一样,志愿服务活动对大学生道德活动产生二次飞跃,即从道德生活体验到形成道德意识的飞跃;由道德意识到道德实践的飞跃。从而,使大学生完成从学习到认识、从训练到掌握、从被动到主动、从教育到内化、从他律到自律的转变,最后达到良好道德行为习惯养成的目的。

# 第 3 节　志愿服务与大学生自我价值的实现

正确认识志愿服务与大学生自我价值实现的问题,必须先弄清楚一个基本概念,即自我价值实现的内涵,在这个基础上有利于明确两者之间的关系。志愿服务是大学生实现自我价值的重要途径。大学生在志愿服务中,通过志愿服务精神的激励,通过志愿服务鲜明特点的促进,通过志愿服务倡导的人文关怀的传递,使他们在精神觉悟上得到了前所未有的自我满足,志愿服务成为大学生自我价值实现的沃土。

## 一、自我价值实现的内涵

美国人本主义心理学家马斯洛提出的人的需求层次理论,极其重视自我实现的需求。他把人的需求分为高低不同的五个层次,前四个层次依次是生理需求、安全需求、感情和归宿需求、社会需求,而最高层次的需求是自我实现需求。在马斯洛看来,人的最高层次的需求,如胜任感和成就感等的获得和满足,则主要属于个人的自我价值的实现问题。

按照马斯洛的观点,对人的自我价值可以作这样的理解:它既以个人自身为价值主体,又以个人自身为价值客体,其实现途径满足物质和精神上的需要,它的特点"自我索取"、"自我奉献"以及"自我满足"。这就清楚地告诉我们,人的自我价值不同于人的社会价值和个人价值。人的社会价值是指以社会和他人为价值主体,以个人自身为价值客体,通过个人自身的认识和实践活动,创造物质和精神财富去满足社会和他人的需要,这也就是通常所说的个人对社会的"奉献";人的个人价值,是以个人自身为价值主体,以社会和他人为价值客体,个人从他人和社会那里获得物质和精神需求上的满足,这也就是通常所说的个人向社会和他人的"索取"。一般而言,有对社会的奉献就有对社会的索取。而人的自我价值却是个人向自身即自己向自己"奉献",自己向自己"索取",讲的是能否满足的问题。可见,人的自我价值的实现是不能离开实践活动而孤立存在的,它只能产生、存在并渗透于个人对社会价值的创造和奉献的过程中,以及个人对社会和他人的个人价值索取和满足的过程中。因此,引导大学生将自我价值实现定位于社会实践的过程,是唯一正确的途径。而在新形势下应运而生的志愿服务,就是被实践证明了的,是大学生实现自我价值的一种有效的社会实践形式。

## 二、志愿服务是大学生自我价值实现的沃土

大学生自我价值的实现仅仅停留在课堂上、书本上是难以实现的,必须引导大学生在社会实践中去亲身体验,去获得成功。而志愿服务为大学生自我价值的实现提供了一个崭新的平台,是大学生自我价值实现的沃土。

（一）志愿服务精神的激励作用促进大学生自我价值的实现

随着大学生智力、情感等心理素质的明显变化,其自我意识也得到了不断发展,独立意识大大增强。由于自我意识的觉醒,他们开始关注自己与社会和他人的关系,对自我价值及其实现途径进行认识。

马克思指出,人的本质是"一切社会关系的总和",这一基本属性决定了大学生自我价值的实现不是一个孤立的过程,它必须依托相应的社会需要,离开社会需要就无从谈自我价值的实现。同样,大学生的自我认识,自我反省,自我评价与自我价值的实现的设计,也绝不能脱离社会实践,一旦脱离社会实践也将一事无成。志愿服务在为大学生自身提供为他人服务平台的同时,实际上也为大学生自身提供了实现自我价值的良机。在"奉献、友爱、互助、进步"志愿精神的激励下,大学生在真实的社会生活和人际关系中,深深体会到他人和社会对自己的需要,最直接地感受到自身价值的存在,并努力去实现自我价值。

志愿服务精神的这种激励作用,并不是一种理论上的假想,而是真实的社会存在。北京共青团网站发表的《青年志愿者是我的快乐人生之旅》,是一位大学生志愿服务者对自己扶贫支教一年的工作进行了总结,证实了志愿服务精神对大学生自我价值实现的激励作用。这位大学生充满激情地写道:"一句话,教育就是感受这个世界,就是发现自我。每念及此,我都会为我们学生们感到快乐和幸福。这种快乐和幸福感,正是因为在付出的同时发现了自我,感受到了自身价值的实现。"事实上,从群体而言,参与志愿服务的大学生们,在服务他人、奉献社会的过程中,都感到一种自我价值实现的快感,都从中得到快乐,因为他们可以用自己的知识去真诚地服务这个社会,看到了自己对于社会和他人所具有的自身价值。

（二）志愿服务的鲜明特点促进大学生自我价值的实现

在市场经济条件下的志愿服务具有许多适应时代要求的鲜明特点。比之其他的大学生社会实践活动,志愿服务的自愿性、务实性显得尤为突出。这两个突出特点,对于大学生自我价值的实现,起着重要的促进作用。

1. 自愿性　志愿服务的自愿性,要求大学生内心对志愿精神的认可,对他人对社会甘愿奉献;行动上具有高度的自觉性和自我约束力,主动、积极地参与志愿服务活动,不存在任何外力的干预;需求上不图回报,不图索取,自愿性这一鲜明的内涵,有效地促使大学生在参与志愿服务的过程中进行自我认识、自我反省、自我调节、开发自我潜能的活动。从而深深地体会到自身价值的存在。大学生自愿参与志愿服务活动,不是被动地、机械地,而是

主动选择的,那么,他们对于志愿服务的投入以及从中开发的潜能就符合自我的个性需求。从而在服务中认识新的自我潜能,促进自我价值的实现。比如对许多参与西部开发志愿活动的大学生来说,自愿参与西部基层服务,成为"一次前所未有的经历",他们对西部开发作出贡献的同时,自己也收获了"精神觉悟上的提升"。"一次前所未有的经历",这就是当代大学生自愿参与志愿服务的自我价值的追求。难忘的经历使大学生深深地了解了国情,认识了社会,认识了自我,对社会形成了比较客观、清醒的认识,从而能够理性地规划自己未来人生的道路,孜孜不倦地去追求新的自我价值的实现。

2. 务实性　志愿服务的务实性,强调注重实际,脚踏实地,要求大学生务实、求真,一步一个脚印,不图形式,不搞花架子,注重实际效果。志愿服务的务实性为大学生自我价值的实现提供了有利条件。自我价值是自己对自己的价值,它既有个人对自身的价值,又有社会对自身的价值,个人是"小我",社会是"大我"。"小我"不融入社会这个"大我",就无法体现"小我"。大学生要实现自我价值,就必须在志愿服务中,在社会实践这个大熔炉中脚踏实地地去自我体验,自我实践,自己对自己负责,就需要靠自己努力,自己对自己索取,自己对自己奉献,自己对自己满足。可见,大学生在志愿服务中如果只做虚功,不做实功;只讲活动形式,不讲活动内容;只注意造声势,不注重实际效果;只一味地追求物质和外在的表扬,而未防止短期功利行为,这不仅不利于大学生自我价值的实现,也有悖于志愿服务的务实性。志愿服务活动直面现实、直面社会,直面千千万万群众,是实实在在的群众性的公益事业,是来不得半点虚假的,大学生唯有张扬务实的作风,才有可能从这些活动中获得更多的东西,当然这不是物质上的利益,而是一种精神上的利益,正如一位美国专家保罗·杰·伊尔斯利曾分析美国人参加志愿服务动机时所说,这种精神上的利益,"如人道主义和理想主义的实现,奉献社会的满足,学习新事物的机会,提高技能、参与社会,寻求情感上的慰藉,觉得自己善良,有益于人,被人需要等"。实现自我价值是当代大学生普遍的追求,而志愿服务为他们架起了一座通往彼岸的桥梁,志愿服务的务实性是满足大学生这一追求的驱动力。

(三) 志愿服务倡导的人文关怀促进大学生自我价值的实现

志愿服务的精神、宗旨、口号、行动,集中体现了志愿服务的人文关怀,人文关怀是指对人的生存状况的关怀,对人的尊严与符合人性生活条件的肯定,对人类解放与自由的追求,简言之,人文关怀就是关注人的生存与发展,就是关心人、爱护人、尊重人。人文关怀已成为社会文明进步的标志,是人类自觉意识提高的反映,它着眼于生命的关怀,注重人的存在、人的价值、人的意义,尤其是人的心灵、精神和情感。在社会主义条件下,在市场经济深入发展的今天,志愿服务倡导的人文关怀充分反映了党和政府对人民群众尤其是对仍处于贫困状态的弱势群体,对需要帮助的人们的高度关爱。当然,这里也包含着对当代大学生在社会实践中实现自我价值的高度关爱。如果说,志愿服务是大学生实现自我价值的沃土,那么志愿服务倡导的人文关怀,就是这块社会实践沃土的催化剂。

就大学生而言,志愿服务倡导的人文关怀是双向互动的。大学生既受到党和政府的关怀,又将党和政府的人文关怀传递到自己的服务对象中去,在这个传递和服务过程中,使自己得到应得的收获,从而实现自身的价值。

1. 在传递人文关怀中,满足大学生渴望自我表现、追求人生价值的强烈愿望　马斯洛的需求层次理论认为,人在满足了自身的生理需求和安全需求后,就会产生得到尊重和自我实现的需求,渴望情感的交流,同时希望自己的潜力能够得到挖掘。这种高层次的需要,也是当代大学生的渴望和追求。他们借助志愿服务这个平台,从关心人、爱护人、尊重人、助人为乐切入,伸出友爱之手,为老干部、老知识分子、老英模、见义勇为的英雄模范人物、伤残人、军烈属提供无偿服务,为贫困山区、革命老区的孩子捐献助学、奉献爱心,为需要帮助的群众排忧解难,送去党和政府的关怀和温暖。通过这些具体的平凡工作,大学生在服务中,逐步加深了与人民群众之间的情感,激起了大学生的道义、良知、同情心和责任感。他们在学会关心他人、尊重他人的同时,也得到了别人的关心和尊重。他们以平等之心、平常之心去履行自己应尽的责任和义务,戒除把服务当做"形式"、"镀金"、"施舍"的心态和认识,使大学生真实地体会到自己是一个能够帮助别人,能够为他人创造价值和幸福的人,这种对大学生自身价值的肯定,在很大的程度上满足了他们渴望自我表现、追求人生价值的强烈愿望。

2. 在传递人文关怀中满足大学生渴望为社会服务、为社会多做奉献的强烈意愿　从关心人,帮助人开始,上升到为社会服务,为社会奉献的层次,这是志愿服务活动的必然过程。因为个人只是社会的一员,关注个人,仅仅是微观的人文关怀,而关注社会,则是宏观的、整体的人文关怀。社会由一个个独立的个体组成,社会的进步与志愿服务从关心每一个人、尊重每一个人开始,到与社会结合、服务奉献于社会,这本身就是社会责任感的提升,从而,自觉地把自己的价值取向定位在服从社会需要、强化自我约束,主动为社会多做奉献上来。他们广泛参与社会公益劳动、文化活动、扫盲治愚、医疗扶贫、支教扶贫、普及科学文化知识、法律知识、文明宣传、环境保护、爱心援助及参与服务重大赛事和大型会议等志愿服务活动,既服务社会、奉献社会,同时也在传递人文关怀,传递爱心和传播文明。大学生通过自己的努力,以自己的知识、智慧和才干,真诚地为社会服务,为社会奉献,在此同时,又使自己获得了新知识,增长了才干,提高了能力,得到了一种满足,尤其是当别人认可他们的社会服务、社会奉献的时候,他们就不仅仅是一种满足感,而是收获了一种极大的成就感,因为这种认可和自我价值的实现,对于大学生本身,是一种非常有意义有价值的事情。

3. 在传递人文关怀中满足大学生渴望关注世界,关注发展的强烈愿望　志愿服务是中国的,也是世界各国人民所认同的。志愿服务所倡导的人文关怀,也不是我们的"专利",同样是世界人民所向往的。2008 年北京奥运会的主题语:"同一个世界,同一个梦想",这是我们民族的情怀和追求,而奥运志愿服务又是人文奥运的直接体现,正如北京奥委会主席刘淇所说:"志愿者的微笑是北京最好的名片。"这些都说明,在改革开放的年代里,任何闭关自守、故步自封的做法都是愚蠢的、不合时宜的。大学生志愿服务活动将眼光拓展到全世界,把人文关怀的理念洒向全世界热爱和平的人们,对与世界发展密切相关的环境问题、艾滋病问题、贫困国家解除饥饿问题、扫除文盲问题等给予热切关注,就是关注超越国界的人的生存与发展。这样,大学生在服务奉献中,由关心人到关心社会再放眼世界,自己的视野不断开阔,思想精神境界不断提升,同时在关注世界的过程中,使他们开始思索"自己有限的生命应在历史中留下什么"。增强了历史使命感,从而满足自己渴望关注世界、关注发展的迫切愿望,使其自我价值得以实现。

# 第4节　志愿服务与构建和谐社会

党的十六届四中全会提出的构建社会主义和谐社会这一新的重大战略任务,成为我国政治生活中的主旋律。胡锦涛同志指出:"我们所要建设的社会主义和谐社会,应该是民主法治、公平正义、诚信友爱、充满活力、安定有序、人与自然和谐相处的社会。"这里所深刻揭示的社会主义和谐的基本特征,既是社会主义和谐社会的基本属性,也是构建社会主义和谐途径的总要求。

志愿服务恰好与构建和谐社会的基本目标和实现途径的总要求相一致,在构建和谐社会中以志愿精神为原动力,从不同方面体现了和谐社会的活力特征,彰显了和谐社会的公平正义,凸显了和谐社会的诚信友爱,是有力促进和谐社会构建的推进器。在构建和谐社会的视域下来认识志愿服务的重要作用是十分必要的。

## 一、志愿服务体现和谐社会的活力特征

社会主义和谐社会是充满活力的社会,而不是沉闷死寂的社会。只有活力才能发展,没有活力的社会就无法发展,不发展的社会不可能是和谐社会。和谐社会的活力表现为经济活力、政治活力、文化活力等多个方面。充满活力相对于个人而言,就是个人充满进取、奋斗的活力,也就是人们所说的具有积极向上的精神状态。充满活力还体现在社会多样性的存在和丰富发展。和谐社会的"和而不同",就是社会多样性的表现,也就是社会富有活力的表征。十六届六中全会通过的《中共中央关于构建社会主义和谐社会若干重大问题的决定》强调指出:要通过促进政党关系、民族关系、阶层关系、海内外同胞关系的和谐,来最大限度地激发社会活力。这一具体措施适合于激发多方面的社会活力,使整个社会大系统生机勃勃,以充分展现构建社会主义和谐社会这一充满活力的基本特征。

志愿服务所具有的社会兼容协同性,在一定程度上体现了社会主义和谐社会的活力特征。

### (一)志愿服务的社会兼容性

所谓社会兼容,是指同时能容纳几个方面。志愿服务具有社会兼容的特性。和谐社会的活力特征体现于志愿服务的社会兼容性。具体说,体现在参与志愿服务者身上,既能协调好志愿服务者之间的融洽关系,又能协调好志愿者与众多服务对象的融洽关系;既承担参与各方面的社会事务服务,又能促进各项事业进步。志愿服务者在服务他人、接纳他人,服务社会、接纳社会的同时,自身得到提高、完善和发展。因此,参与志愿服务活动既是"助人"也是"自助",既是"乐人"也是"自乐";既是在帮助他人、服务社会,也是在传递爱心和传播文明。更重要的是,志愿服务活动通过群体的志愿行为能够形成一种无形的舆论影响力。志愿服务者担当现代文化的传播者、公益理念的培训者、现代公民的培养者等角色,能鼓励全社会的人们积极向上。志愿服务的社会兼容性在一定程度上激活了多方面的社会活力,体现了和谐社会充满活力的这一基本特征。

### (二)志愿服务的社会协同性

所谓社会协同,是指社会多方面相互配合,协同作战。志愿服务具有社会协同的特性。和谐社会的活力特征体现于志愿服务的社会的协同性。志愿服务群体由不同阶层、不同身份、不同民族、不同文化程度的人自愿组成,是因为有共同目标和价值理念而集合在一起,成员之间形成了友爱、互助、进步、奉献的新型互动关系,原有的政治地位、经济收入,文化程度等差异已退居次要地位。因而,志愿服务活动的开展,有助于促进人与人之间的融合,有助于拉近彼此之间的距离,从而激发整个社会的活力。由此可见,志愿服务作为一个载体,成功地把不同的人结合在一起,成为一种社会协同的纽带,在和谐社会的旗帜下,为同一个目标,组成相互配合、协同作战的志愿服务大军,调动各个方面的积极性和创造性,而

这正是和谐社会的活力源泉。

（三）志愿服务的原动力是志愿服务精神

志愿服务的兼容协同性，能在很大程度上凸显和谐社会的充满活力这一特征。因为志愿服务组织不是政府机构，不靠权力驱动，它的原动力是"奉献、友爱、互助、进步"的志愿精神。在志愿精神的感召下，人们参与的积极性空前高涨，呈现着广泛多元性，更难能可贵的是志愿服务的参与者都是自觉自愿、不图回报的，服务的程度也是尽其所能的，这正是志愿服务独特的生命力和独特的价值所在，也是志愿服务所以能体现和谐社会活力特征的根本所在。在社会学家看来，志愿者数量的多少、志愿者服务水平的高低，一定程度上反映了一个国家、一个地区、一个社会的文明和进步程度，也是一个社会充满生机和活力的重要标志。

# 二、志愿服务彰显和谐社会的公平正义

公平正义是社会主义和谐社会的重要特征，也是社会主义的本质要求。社会主义和谐社会的公平正义，要积极协调不同利益阶层之间的关系，"让发展的成果惠及全体人民"，从而使不同阶层、不同群体能够和谐共处。随着社会主义市场经济的充分发展，我国城乡之间、地区之间不同方面的利益变动也在进一步加剧，社会生活中呈现出分配不公、收入差距拉大的特征，导致城乡差距拉大、区域差距大、弱势群体利益受损、经济社会发展不协调等问题不同程度地出现，这些现象都从一个侧面折射出不公平的问题。所有这些如果不能妥善得到解决，将影响社会的稳定，潜伏着很大的社会风险，社会的和谐也就无从实现。因此，体现公平正义，从利益协调入手扶助弱势群体，正确处理人民内部矛盾，化解社会风险，是构建社会主义和谐社会的一项基础性工作。

然而，这项基础工作覆盖面大、涉及人员广、情形极其复杂、任务异常艰巨，单靠党和政府全面负起责任是有很大困难的，而必须根据十六届六中全会的要求，建立健全党委领导、政府领导、公众参与的社会管理格局，完善和创新社会管理的科学化、规范化、制度化，为构建社会主义和谐社会提供制度保障。

志愿服务组织的出现，成为公众参与社会管理的一种有效形式，得到了社会的广泛认同。志愿服务以凝聚人心的志愿服务精神、以具有时代意义的工作目标和手段、以独特的运作模式扮演了"公众参与"社会管理的角色，在扶助弱势群体、维护公平正义等方面具有不可替代的重要作用。

（一）志愿服务的社会整合作用

志愿服务是以"服务他人，奉献社会"为宗旨，聚集千百万志愿服务者，把工作重点放在社会公益活动与保障事业上，自愿且不图报酬，走进老、少、边、穷和街道社区等弱势群体中间，致力于帮助有困难的社会成员努力消除贫困和落后，这在一定程度上帮助服务对象解决了生产和生活问题，体现了社会对他们在物质上的关爱，是对我国尚不健全的社会保障制度和社会保障体系的必要补充。在解决弱势群体生活困难的同时，志愿服务活动还有助于调节社会矛盾，缓解社会冲突。通过倾听他们的心声，解释社会现状，缓和弱势群体的孤僻心理、对立情绪，使之重新融入社会大家庭。相对而言，生活的帮助和关怀，对于弱势群体更为重要，但是志愿服务者的精神慰藉却可以使他们稳定情绪，重新燃起对生活的信心。这就在政府与社会之间建立了一个广泛的缓冲地带，有效地起到了社会整合的作用。

（二）在运作模式上起着弥补政府机制缺陷的作用

和谐社会必定是安定有序的社会，安定有序的社会又必须通过有效的社会协调机制来实现。实践表明,企业组织和市场机制、政治组织与国家机制是实现人类社会发展的两套基本的社会协调机制,并发挥其积极的作用,但同时也有其一定的局限性,由此往往引发市场失灵和政府失控等问题。而志愿服务的兴起恰恰是对以上两套机制缺陷的弥补。志愿服务组织正在由单一性走向多元化和多样性,从集中性、短期性走向社区化、持久化,从扶助社会弱势群体的初期生长点走向关注人的总体生存状态,形成了"党团主导,专门机构发动,单位协助,大众支持"的特殊运作模式,管理机构和管理手段日趋制度化、科学化,从而有效地在社会保障机制覆盖不到、政府职能延伸不到、市场机制顾及不到的领域发挥着重要的作用。相对于政府和市场机制从宏观上面向整个社会的调控和社会保障机制建设而言,志愿服务运作机制是从微观上对社会保障进行协调,有助于志愿服务者着眼于政府工作和市场机制暂时照顾不到的社会成员,提供个性化具体服务,这种必需而有效的运作机制,对于维护和促进弱势群体方方面面的公平正义,对于构建和谐社会都有着不可替代的弥补作用。

## 三、志愿服务凸显和谐社会的诚信友爱

诚信友爱作为社会主义和谐社会的一个重要特征,标志着人与人之间、人与社会之间、人与自然之间的和谐状态。人们只有在彼此信任、相互帮助的关系中,才能够感受到做人的价值和尊严,体验到生活的美好和人生的幸福,迸发生命的创造力,从而使得个体利益和社会整体利益最大化。在社会主义和谐社会中,诚信友爱就是人与人之间关系和谐的集中表现。诚信是人际关系和谐的重要前提。如果人与人之间彼此不讲诚信,就失去了相互联系的基础和纽带。如果公民与政府之间不讲诚信、互不合作甚至互相对抗,即使人际关系再好,社会也不可能正常运转,更谈不上和谐。友爱是人与人关系和谐的重要表征,更是社会发展、人的发展的最终目的。友爱包括对所有人的友善关爱,还包括对自然万物的友爱。诚信友爱为人们精神世界的一部分,既受社会主义客观历史条件的制约,也能动态地调节基本的社会活动和社会关系,唤起人们的良知,培养人们的社会责任感和善恶判断力,将人们的行为不断提升到更加和谐的水平。

志愿服务所倡导的"奉献、友爱、互助、进步"的志愿精神,恰恰在很大程度上凸显了和谐社会的诚信友爱,较好地体现了人与人之间的相互关爱、人与社会之间的相互融合、人与自然之间的和谐共处,这与构建和谐社会诚信友爱的本质要求是完全一致的。

(一)志愿服务强调奉献,是建立在高度的互信互爱的基础上的

如果没有志愿服务者个人之间的相互信任,没有志愿服务者对政府之间的相互信任,就不可能有志愿服务者对社会对人民的高度责任感,也不可能有奉献精神,更谈不上自愿的且不计报酬的甘愿帮助他人,奉献社会。因此,志愿服务者用实际行动倡导团结友爱、助人为乐、见义勇为、无私奉献的新风正气。

(二)志愿服务强调友爱,充分体现了对服务对象和对大自然的友善关爱

只有这种真诚的友爱,才能出自内心的同情弱者、扶助弱者、倾情帮助弱者、自觉地促进人与人之间、人与社会之间、人与自然之间的和谐。因为我们所要构建的和谐社会,本质上就是一种友爱的社会。

(三)志愿服务强调互助,这正是社会主义和谐社会所倡导的一种新风尚

互帮互助有助于人与人之间的融洽互助,有助于加强人与人之间的关怀和接触,从而缓和社会群体分化带来的种种矛盾,对社会和谐起"微调"作用。而志愿服务群体之间的互

帮互助,就能凝聚起强大的力量,去实现自己的奋斗目标,更好地促进和谐社会的和谐。

（四）志愿服务强调进步,就是强调一种人们向往的归宿感

志愿服务者通过形式多样的、丰富多彩的服务活动,使我们这个社会的成员更加诚信友爱、更加融洽相处、更加团结互助,为构建和谐社会而心往一处想、劲往一处使,显现中华民族的巨大凝聚力。而志愿服务群体在服务中不仅学会做人,思想情感得到升华,而且增长才干,学到了书本上学不到的东西。就社会整体而言,最终将实现社会的全面发展和进步,实现人的全面发展和进步。进步是一种无形的巨大的动力,和谐社会的构建需要这种动力的推动,同时进步也是一种归宿,时代的进步、和谐社会的进步,将是永恒的。

1. 怎样正确认识志愿服务的三种独特功能?

2. 如何结合自身实际理解大学生健康人格的主要特征?

3. 深刻理解志愿服务与大学生思想道德尤其是"精神成人"的关系。

4. 大学生如何在志愿服务中体现自我的价值?

# 第13章 开展校园志愿服务的意义

校园志愿服务是以校园内志愿服务为主体,以校园外志愿服务为重要补充,校园内外联为一体的志愿服务。开展丰富多彩的校园志愿服务,对于高校党、团活动,对于建设节约型校园,对于提高大学生环境保护意识,对于建立高校激励机制,对于大学生人际沟通能力的提升,对于大学生成才都具有十分重大而深远的意义。

## 第1节 校园志愿服务与党、团活动

### 一、校园志愿服务是开展大学生党员教育活动的重要途径

(一)校园志愿服务在开展大学生党员教育活动中具有不可替代的优势

以校园为主要载体的校园志愿服务,是高校党组织开展大学生党员教育活动的主渠道。从主渠道开展活动而言,较之社会各类志愿服务,它具有不可替代的优势。

(1)更贴近实际、贴近生活、贴近大学生党员,有利于有针对性地开展党员教育活动。近几年高校学生党建工作取得了较大的成效,尤其是通过党员先进性教育活动使大学生党员的整体素质得到了进一步提升,但是我们还应该清楚地看到大学生党员中存在的一些不可忽视的问题。这突出表现在:①在对党的认识上,总体认识肤浅,党性观念经不起考验,对党的认识缺乏理论的高度和现实的深度;对中国特色社会主义理论缺乏"信仰、实践、继承、发展"的深义;党员意识不强,在日常的学习、工作和生活中,未能时刻意识到与提醒自己"我是共产党员"。②在展现先锋模范的作用上,平时不知党员应做什么,由于先锋模范作用的展示而受到局限,导致大学生党员整体形象在学生中影响力不明显,常常表露出做事缺乏理性思考,自我调节能力和协调能力较差;往往习惯于空喊口号,空谈理想,具体实践能力和实际操作能力意识较弱。③在理论与实际的结合上,缺少社会实践,由于客观上具备着明显的学生特点,理论与实际往往脱节,在很大程度上导致理论水平贫乏,政治修养不高。如何在新形势下针对大学生党员中存在的突出问题开展有效的党员教育活动,这是高校党建工作面临的一个新课题。中国志愿者行动提供了一个新平台,大学生党员参与志愿服务本身就是最好的党员教育活动,但参与社会的各类志愿服务是在服务他人中自己受教育,欠缺针对性、目的性,而且自身的体验是多方面的,而校园志愿服务作为高校党组织开展大学生党员教育活动的载体,其一个最明显的特点,就是针对性强,效果更加突出,这是其他志愿服务难以做到的。

(2)更容易把握大学生党员的特点,有利于采取有效措施开展教育活动。大学生党员具有非常鲜明的自身特质,他们首先是党员,是大学生群体中的先进分子,同时又是大学生中的一员,正处于科学的世界观和正确的价值观、人生观实践和考验的关键期。作为大学生群体中的党员,具有高素质、高文化、最年轻、最活跃、最少保守思想、思想最敏锐、接受新鲜事物最快、表现欲最强,且又能自觉接受党的规范和纪律的约束等优良品质,既有党员的

特征,又具有大学生的特点,而最了解大学生党员自身特质,最有发言权的是高校各级党组织,这是有效开展党员教育活动的前提条件。

(3)能有效地克服短期教育活动效应,有利于建立长效的教育活动机制。大学生党员参与社会的志愿服务,无疑是经受一次生动的、有效的党员教育活动,但毕竟是短暂的,相对校园这个主渠道而言,就明显缺乏长效教育活动的功能和机制。校园志愿服务在校园这个特殊"社区"长期"落户",极有利于高校党建工作着眼于大学生党员长期效应的培养和设计。从而从根本上改变志愿服务"三月来、四月走"的临时、短期服务和受教育的缺憾。

(二)校园志愿服务在开展大学生党员教育活动中的重要作用

校园志愿服务作为高校大学生党员教育活动的重要载体,完全吻合大学生党员既是党员又是青年的特点,因而大学生党员对这种自己身边的志愿服务格外喜爱,这也是校园志愿服务能在教育活动中起到重要作用的根本原因所在。校园志愿服务在开展大学生党员教育活动的重要作用可以从三个方面来认识。

1. 展示当代大学生党员的风范  高校党组织以校园志愿服务为平台,开展大学生党员教育活动,实际上是为大学生党员提供了展示学生党员风范的良好机遇。

(1)做联系群体的先锋模范。在大学生党员教育活动中,专门设立若干个大学生党员志愿服务岗位,划分学生党员志愿服务区,建立与普通学生联系网络,使大学生党员联系群众的范围广了,工作面宽了,自觉地走在前面,当群众的表率。在校园志愿服务中打破了从寝室到教室到餐厅"三点一线"的自我封闭,摆脱了班、寝的局限,视野开阔了,能准确地给自己的党员角色定位,在服务实践中不断增强党员意识、增强党员观念,在密切联系群众的过程中,提高党员当先锋、做模范的行为能力和自觉性。大学生党员生活在学生群体中,相互之间知根知底,对一些同学身上的文明现状最清楚,在校园倡导文明新风具有很强的号召和影响力。

(2)做帮困助学的先锋模范。在大学生党员教育中设立学生党员帮困助学志愿服务岗位。既继承了中华民族助人为乐和扶贫济困的传统美德,又体现了"奉献、友爱、互助、进步"的时代精神,同时也为大学生党员在这方面提供了当先锋、做模范的实践基地。主要具体表现在:①重点帮扶思想品德缺失的学生。大学生党员与思想品行的不良学生结成帮扶对象,引导他们参与校园志愿服务,增强他们知与行的观念,自觉修正知行脱节的不良倾向;改善不健康的心态,增强抗挫折能力,心灵得到净化。②重点帮教学习成绩滞后的学生。大学生党员在服务中,主动与学习成绩滞后的同学结成对子,有针对性地帮教。

2. 展示大学生党员在学生党建工作中的特殊效能  以校园志愿服务为平台开展大学生党员教育活动,为大学生党员在学生党建工作中展示其特殊效能提供了难得的机遇。

(1)通过多个校园志愿服务岗位,广泛联系、服务于学生,对大学生尤其是入党积极分子的思想、动机、行为了如指掌,极有利于制订早期培养计划,实行重点帮扶,为其组织上入党创设了条件。

(2)在校园志愿服务中,引导入党积极分子对照党员条件,进行系统的自我教育、自我管理、自我服务的实践锻炼,使其从早期培养到逐渐成熟,确保发展学生党员的标准和质量。在这一点上,大学生党员由原来在学生党建工作的协从地位转到主体地位,充分发挥其主动性、积极性和创造性,其作用是专职党务工作者所不可替代的。

(3)在重点帮扶中,大学生党员与入党积极分子结成"一对一"或"多对一"的互帮对象,做知心朋友,使入党积极分子更感到亲切,更感到党组织的温暖。从而拉近了相互之间的距离。有心里话向学生党员倾诉,遇到困难找学生党员帮助解决,这为大学生党员有针对性、面对面深入细致地做好入党积极分子的思想政治工作提供了有利条件,这也是专职党务工作者难以取代的。

(4) 通过承担党、团课任务的服务实践,对入党积极分子进行系统的党的知识教育,使他们从对党的感性认识逐步上升到理性认识,尔后又在服务实践中加深理性认识,从而促进入党积极分子的理论与实际相结合,克服过去存在的理论与实际相脱离的现象。这项工作任务对于高校党组织来说,是十分繁重的,靠有限的专职党务工作者确实难以全部承担,只有依靠学生党员发挥其特殊效能去完成。

大学生党员展示在学生党建工作中的特殊效能,有赖于专职党务工作者的具体指导,督促和检查到位,因而,不能孤立地进行,只有这样,大学生党员在学生党建工作的特殊效能才能得到充分的发挥和展示。

3. 展示大学生党员在推进全面育人中的表率和带动作用　大学生党员在教育活动中以校园志愿服务为平台,在全面育人过程中以表率和带动大学生努力成为"四有"新人,同时也为自己成为党的事业的可靠接班人打下坚实基础。

(1) 以表率和带动作用促进大学生继承和发扬中华民族的优良传统。大学生党员的表率和带动作用是双向互动的。一方面,促使大学生在具体实践过程中发挥道德修养的积极性和主动性,使他们从道德教育的对象变成道德教育的主体;把高校党建组织对大学生的道德要求转化为自己的内心信念,并将自己的道德习惯变成自己的内在品质。另一方面,在促使大学生继承和发扬中华民族的优良传统的同时,大学生党员也受到实践的深刻教育,并从大学生身上得到新的东西。这种双向互动,既体现了大学生党员在实践教育人的催化作用,又体现了大学生党员在教育人中自身同样得到熏陶和提高。

(2) 以表率和带动作用促使大学生去追求崇高理想的实现。大学生党员通过校园志愿服务,把自己对理想和信仰的理解,把对崇高目标追求实践为具体行动,并通过自己的行动带动更多追求进步的大学生。使他们在确立一个远大、高尚、坚定的理想过程中,具有一种强大的精神动力,从而展示了大学生党员在"实践教育人"中的催化作用。

(3) 以表率和带动作用促使大学生实践"三观"的根本转变。大学生党员在服务中从严律己,端正自我的人生态度,增强自我的社会责任感和时代使命感,树立正确的世界观、人生观和价值观,养成优良的社会公德和良好的道德规范,事事处处做表率,促使大学生在具体的服务中重新审视和认识自己,认真反思在"三观"上存在的问题及自我教育的途径,从而激发他们的道义、良知、同情心和社会责任感,自觉在价值目标的指导下,处理好个人利益和社会利益的关系、自我利益和社会利益的关系。因此,大学生党员在服务中对大学生实现"三观"根本转变的表率和带动作用是不可忽视的。

## 二、校园志愿服务是高校团组织培养"四有"新人的有效抓手

(一) 围绕党的中心任务,开展团的独立活动,是共青团工作的基本特点

高校中党的中心任务是培养"四有"新人,造就一大批"四有"建设人才和党的事业的可靠接班人。团组织首先应当围绕服从、服务于党的这个中心任务,把大学生的思想、热情和力量最大限度地调动起来,致力于党的中心任务的完成。同时又必须从大学生的特点出发,开展各种生动活泼的独立活动。对于共青团工作的这个基本原则,可以从两个方面来理解。

(1) 围绕党的中心任务与开展团的独立活动是辩证统一的。一方面,团组织开展团的

独立活动应当无条件为党的中心任务服务,始终不脱离,紧紧围绕党的中心任务;另一方面,党组织按《中国共产党章程》规定,坚决支持共青团针对广大青年的特点和需要,开展生动活泼、富有创造性的独立活动。

(2)开展团的独立活动是以大学生的特点为前提的。高校团组织是大学生之友和团员之家,因而开展团的独立活动,必须以照顾大学生的特点为前提。不充分地认识这一点,团的独立活动就必定苍白无力、毫无生机,团的独立活动就不成为独立活动。

(二)校园志愿服务紧扣时代发展要求和当代大学生特点,成为团组织开展的最具影响力的独立活动

校园志愿服务是青年志愿者行动的延续、发展和创新,是从社会进入高校这个特殊"社区"的一种创举。校园志愿服务活动为大学生创造了极为有利的条件,是身边的"青年志愿者行动"。从客观来讲,校园志愿服务活动更直接照顾大学生的特点,更贴近大学生的实际生活,更具有强大的亲和力。大学生成为校园志愿服务活动的主力军,他们在团组织的领导下,积极参与,共同设计自己喜爱的多样化志愿服务的形式,以及丰富多彩的志愿服务的内容,这在很大程度上更加突出了大学生的特点,使他们更加自觉自愿地参加校园志愿服务,满足自己的迫切需求,同时又充分发挥了他们的主观能动性和创造力,使校园志愿服务活动越来越卓有成效,使之成为团组织开展的最具影响力的独立活动。这样,团组织团结教育大学生的面就会越来越广,就越能充分发挥党的助手作用。

(三)校园志愿服务是团组织发挥大学生作用和培养"四有"新人的有效抓手

(1)开展校园志愿服务活动促使团干部和大学生增长才干。校园志愿服务活动的特点是实践性强,是表现在行动上的,不是关起门来坐而论道。这就要求团干部事先要在团员和大学生中做好调查研究,选定志愿服务内容,并反复研究服务实施方案,然而精心指导、带头示范、扩大成果。这一系列服务工作,对团干部来说是实际锻炼,可以提高团干部的组织才干。对于大学生来说,同样在服务活动中长见识、长才干。

(2)开展校园志愿服务活动促使大学生成长为"四有"新人。团组织开展校园志愿服务活动,为培养"四有"新人开拓了广大的实践舞台,为解答摆在面前的重大课题提供了有效的抓手。这突出表现在:①通过校园志愿服务这一抓手,使广大团员和大学生深刻认识到"我为人人,人人为我"的道德理念,引导他们用高尚的情操塑造自己,用科学的理论武装自己,用现代知识提高自己,使他们努力成为有理想、有道德、有文化、有纪律的一代新人,勇于肩负起历史赋予的责任。②通过校园志愿服务这一抓手,使广大团员和大学生在服务过程中受到潜移默化的道德教育,并通过学生党员群体的示范带动作用形成积极向上的时代风貌,从而体现了共青团在实践中育人的宗旨。③通过校园志愿服务,使广大团员和大学生既拓宽了生活范围,又丰富了人生阅历;既表达了对学生群体中弱者的同情与关怀,又明确了对人生观和人类良知的理解;既锻炼了自我综合能力,又提高了自己的精神境界。从以上几个方面看,校园志愿服务是适合大学生特点、配合党的中心任务且最具影响力、最有实效的道德实践活动,是高校组织培养"四有"新人的有效抓手。

# 第2节 校园志愿服务与节约型校园

建设节约型校园,不仅是高校自身发展的需要,也是高校应该承担的社会责任。以校园志愿服务为载体开展节约型校园创建活动,将对社会发挥重要的引领作用,对于建设节

约型社会具有不可低估的现实意义和深远的历史意义。

## 一、建设节约型校园的内涵

关于"节约"的概念，《辞海》中的定义是"节省、节俭，减省不必要的消耗"。节约的实质是指在经济运行中对资源、能源需求实行减量化，有计划有步骤可持续地利用。

建设高校节约型校园，就是要在高校大力弘扬勤俭节约的精神风尚，传播节约观念和价值信念，营造节约型校园的教育氛围，增强大学生对勤俭节约的使命感和责任感，是国家进步、社会文明在高校的再现，是科学发展观贯彻于高校教育的具体体现。

## 二、高校建设节约型校园的意义

（一）建设节约型校园是贯彻落实科学发展观，建设节约型社会的重要组成部分

科学发展观的提出，对于全面建设小康社会、加快构建和谐社会、巩固党的执政地位、实现国家长治久安和中华民族的复兴都具有极为重要的指导意义。建设节约型社会是落实科学发展观与构建和谐社会的必然要求，是中华民族勤俭节约优良传统美德的具体体现。高校是引领社会发展的重要力量，当代大学生是文明风尚的引领者和实践者。建设节约型校园，提倡节约，反对浪费，是贯彻落实以人为本的科学发展观，建设节约型社会的重要组成部分。

（二）建设节约型校园是高校事业健康、快速、可持续发展的基础和保障

高校事业的发展，需要集中大量的人力、物力和财力。建设节约型校园不仅符合我国经济社会发展的趋势，也是保持高等教育事业健康、快速、可持续发展的需要和保障。只有发扬开源节流、提高效率、勤俭节约、艰苦奋斗的工作作风，大力宣传和倡导厉行节约、反对浪费，才能保障高校事业健康快速的发展。

（三）建设节约型校园对高校实现发展战略规划有着重要的现实意义

党和国家明确提出，要把节约资源作为基本国策。建设节约型校园已成为高校"十一五"乃至中长期的发展主旋律之一，涉及学校事业发展的方方面面。随着国家建设节约型社会的步伐加快，按照节约与发展并重的方针，高校节约型校园的建设也必将取得突破，促进学校发展战略规划和目标的完成。

## 三、当前大学校园的浪费现象不容忽视

当前，大学校园的浪费现象比较严重，突出表现在浪费水、电、粮食以及过度消费上。据调查，具体反映在以下几个方面。

（一）学生公寓中出现的浪费现象

公寓水、电浪费触目惊心：洗衣服及洗漱时几乎都是洗多久，水龙头就开多久，任凭自来水哗哗地流个不停，甚至开到最大水流，很少有关水龙头的习惯，卫生间水时常有忘关现象，以至于水资源长时间的流失；偌大的寝室空无一人，但电视机、电脑、电扇、电灯却都还在运行。这种长明灯、水长流的现象屡屡出现。一位大学生曾算过这样一笔账，一所拥有一万多在校生的学校，一间寝室里两个照明灯共 80 瓦，早上 8:00 至下午 4:00，如果不需照明的寝室依旧开灯，每天就要消耗 0.64 度；一台台式电脑的最低功率为 250 瓦，每天开机 3 小时，耗电 0.75 度。一所学校以 2000 间寝室计算，按学生每年在校读书 10 个月算，一年下来就得浪费近百万度电。部分同学谈及原因时袒露心声，随着生活条件的改善，入学前在

家就养成了随心所欲、无所顾忌、大手大脚的不良习惯,对于因此造成的水、电巨大浪费而无动于衷。

（二）食堂里粮食浪费现象

在食堂里到处可见倒饭、倒菜现象。每天食堂都有不少被学生扔掉的馒头及其他早点,有的只吃了几口。"浪费粮食可耻"、"请节约粮食"等大幅标语警示牌虽挂在醒目的位置,粮食也难逃被扔的厄运。据资料反映,武汉科技大学的 15 名学生组成调查组,着手调查学校食堂的浪费情况,其结果让他们吓了一大跳,该校某一餐厅每天被倒掉的剩饭、剩菜,据估算,价值上百万元。

（三）学校公共场所的浪费现象

当夜幕还未降临时,主要教学区从一楼到顶楼已是灯火通明。在学校的公共场所,如教室、图书馆等公共场所经常可以看到的现象是:偌大的教室,虽然只有寥寥几个同学在里面自习,但却把整个教室的灯、风扇都打开了;很多楼层的大垃圾桶一天下来总是满满的,这里面一大部分纸是有用的。高校校园浪费现象是普遍存在的,然而此现象更可怕的是部分学生对浪费现象的漠然和节约意识的淡薄。

（四）学生中不健康的消费现象

大学生作为一个特殊的消费群体,其消费在社会消费中占有相当大的比重,相当一部分大学生存在不合理的消费行为。据调查,在他们的所有支出中,用于吃饭、购买生活必需品的正常开支只有四五百元左右,其余的都是用于电话费或购买一些奢侈品等。还有部分同学（主要是男生）将钱花在抽烟、酗酒上;还有部分学生喜欢追求时尚,频繁更换手机、电脑、MP4 等产品,相互攀比消费档次;一些女学生着迷于品牌服装、化妆品;一些同学将宝贵的时间和金钱花在了网络游戏上。

由于大学生的生活来源主要是家庭的资助,又因他们来自不同的家庭与地区,他们的生活水平自然不尽相同。据有关调查表明,大学生每月生活费在 500 元以下的占 40.6%,500~800 元的占 30%,800~1000 元的占 20%,2000 元以上的占 5%,消费层次差距较大。

古人说:"夫地力之生物有大数,人力之成物有大限,取之有度,用之有节,则常足;取之无度,用之无节,则常不足。"今天讲节约,并不是不消费,而是要培养更加科学合理的消费观念和生活习惯。对于普通人来说,节约并不是吝啬,不是该花的钱不花,而是花尽可能少的钱,获取更大的效益,以达到节约资源能源的目的。换句话说,节约并不是压缩必要的消费,而是提倡合理文明的消费,提倡量体裁衣、看米下锅的适度消费。

# 四、校园志愿服务是培养大学生节约意识的重要载体

校园志愿服务为大学生参与节约型校园的创建提供了平台,对培养大学生节约意识起到了重要的促进作用。

（一）以校园志愿服务为载体,开展"建设节约型校园"活动,增强大学生节约意识

大学生以校园志愿服务为平台,在团组织的指导下,主要进行了两方面的宣传教育活动。

1. 宣传节约光荣,营造厉行节约的氛围　要求学生党员广大团员青年以实际行动为建设节约型校园做贡献,帮助大学生认识到厉行节约不只是个人节约开支,而且是节约地球资源和节约社会财富的问题。

2. 以建设节约型校园为主题　结合校园实际,围绕如何节约能源,节约用水、用电和资

源的综合利用等方面进行有奖征文;开展征集生活节能小创意及节能标语大赛,让同学们自己想出有效节能,提高能源效率的好点子;开展"节能"大检查,主要是针对节水、节电和粮食浪费等进行大检查,并公开检查结果,此活动应长期有效地开展下去。大学生在开展"建设节约型校园"活动中,在对别人进行教育的同时又使自己受到教育,这种自我教育,有效地增强了自己的节约意识。

(二)在校园志愿服务中强化节约管理理念,增强大学生的节约意识

管理出效益,管理促进发展,因此,建设节约型校园必须管理到位。对此,校园志愿服务活动专门成立节水、节电、节粮督察队,加强对校园水、电使用的管理,责任到人,杜绝长明灯、长流水的现象,同时对随意浪费粮食的现象也实行督察。通过严格的督察管理,帮助大学生进行自我教育、自我管理,既提高管理理念,又增强了自我节约意识。

# 第 3 节　校园志愿服务与环境保护

环境保护事业是一项利在当代,功在千秋的事业。环境保护问题关系到我们党的国策问题。培养和提高当代大学生的环境意识,意义十分重大。校园志愿服务为培养当代大学生提供了极为有利的条件。

## 一、环境意识的内涵

环境意识是指人们在认知环境状况和了解环保规则的基础上,根据自己的基本价值观念而产生的参与环境保护的自觉性,它最终体现在有利于环境保护的行为上。较高的环境意识不但是社会文明进步的标志,从环境政策角度看,还降低了环境政策实施的成本。从性质上看,环境意识是一种反映、一种观念、一种思维方式。从内容上看,既包括对环境的认识水平,也包括人们保护环境行为的自觉性。从本质上看,环境意识属于社会意识的范畴,是主体对客体存在的反映。这个客观存在就是指人与环境的关系。

## 二、大学生环境意识现状及成因分析

(一)大学生环境意识现状

1. 自觉参与行为欠缺　大学生对环境保护的参与意识是积极的,大部分学生愿意参与有组织的环境保护活动,并且也做过保护环境的事情。但随意走过草坪,果核纸屑随手扔掉的无意识破坏环境的行为也不在少数。在对未参加环保活动的学生调查中,绝大多数学生是因为"不知道怎样参加"而未参加任何环境保护活动,所占比例为 61.54%,这说明大学生缺乏主动参与环保活动的积极性。也从一定程度上说明学校的环保活动的宣传力度不够,环保活动如何开展,对环保活动的意义的宣传都很欠缺,没有兼顾不同环境道德意识水平的学生的个体差异。

2. 消极从众心理较强　消极从众心理是指个体在群体压力下,放弃自己正确的环境认识和积极的环境态度,采取与群体一致的行为,这些行为多数体现在破坏生态与污染环境上。说到底,是我们的社会环境受了污染,人们对经济利益急功近利的追求,对环境污染没有切实的感受,使得大学生对环境问题缺乏深层次的理解,致使大学生对身边的环境问题关注较少,很少主动地保护环境、思考环境污染问题。

3. 整体环境意识薄弱　面对校园内被踩踏的草坪,湖水上漂起的塑料袋,树上、课桌上

刻的字迹、图案,校园马路上随处可见的垃圾,大多数学生还是感到很厌恶的,觉得这样做是破坏校园环境,但大部分人关注的还是与自己切身利益最紧密的事情,面对环境问题,大学生有环境知识,也有环境意识,但真正付诸行为,他们觉得这又不重要了,远没有眼前学习、日常生活琐事重要了,这说明大学生的整体环境意识较淡薄。

(二)大学生环境意识淡薄的成因分析

大学生环境意识淡薄的原因是多方面的,仅就学校教育方面而言,值得认真反思。

1. 缺乏系统的环境知识、环境道德教育 环境道德意识的形式,不是一朝一夕的事,需要从小做起,从幼儿园、小学、中学直至大学,甚至人的一生都要接受环境道德意识教育。据对大学新生的环境意识调查显示,对环境知识的掌握和理解程度普遍偏低,这说明他们在中学接受的环境教育是有限的。

2. 从总体上看大学专业教育对大学生进行环境道德意识教育渗透不够 我国高等教育学者潘懋元教授一针见血地指出:"许多严重破坏生态环境的事例,负主要责任者很多是我们高等学校培养出来的专门人才。"如今的高等教育实践,在很大程度上仍在推崇专业教育和专才培养,作为这种教育的产物,知识成为个人谋生的重要手段,人才成为社会经济的助推器。

3. 在管理体制上忽略对环境道德意识的培养 不少高校校园环境较差,在校园规划、校园管理上没有通盘考虑环保问题。学校的各项宣传教育活动,多是应急性的、运动式的,并未成为经常性、制度化的学生活动,也未转化成为大学生的自觉行动。

## 三、校园志愿服务有利于培养和提高大学生的环境意识

校园志愿服务为大学生环境意识的培养和提高,提供了有利的实践空间,大学生能够在自己生活的环境中去亲身体验和实践,在身临其境的服务中使自己的环境意识得以升华。

(一)校园志愿服务有利于大学生参与校园环境的自主管理,在服务别人的过程中使自己的环境意识得到提升

开展校园志愿服务活动后,充分调动了大学生在校园管理上的积极性和主观能动性。参与校园志愿服务的大学生人人是校园环境保护的主人,作为主人,有权利、有义务积极参与校园环境的规划和建设,充分发挥自己的聪明才智,提出富有建设性的意见;参与校园环保岗服务的大学生以身作则,严格地履行职责,引导同学节约水电、适度消费、绿色消费、文明修身,在服务、帮助同学提高环保意识的同时,也使自己受到深刻的教育。

(二)校园志愿服务有利于规范校园环保行为,推进校园环保活动开展,使大学生在聆听环保呼声、感受环保氛围中受到心灵的震撼

第一,每一届新生入学就能感受到校园环保氛围,并具备保护环境污染改善环境所需要的初步知识。第二,每一个学期,志愿服务者都要认真开展各种形式多样的环保宣传或讲座以扩大校园环保的宣传。第三,凡是先进集体和个人评选,可以把环保不达标列入"一票否决"之中。

(三)校园志愿服务有利于校园开展丰富多彩的环保活动,使大学生在富有特色的环保活动中增强环保理念

由志愿服务者牵头在植树节开展有计划的植树活动,实行分班分区负责,齐抓共管,共同爱护一草一木,定期召开环保知识竞赛,专题晚会、学术报告、演讲比赛、讲故事比赛等活动。从而形成人人讲环保,事事想环保,环保意识在大学生头脑中逐步得到增强。

# 第 4 节　校园志愿服务与高校奖、贷、助、减、免

"奖、贷、助、减、免"是专指对去年大学生特别是贫困家庭学生的一种有效激励。校园志愿服务的建立和完善激励体制,实行公平合理的"奖、贷、助、减、免",能够最大限度地调动全体大学生尤其是贫困生的积极性,这对于促进大学生的思想道德建设,提升大学生的思想道德水准都有十分重要的意义,因此,在校园志愿服务的视野下探求激励的概念和作用、激励提出的背景、激励在贯彻落实高校助学政策的作用,以及激励的途径和方法都是十分必要的。

## 一、激励机制在校园志愿服务中的作用

（一）激励的概念

激励(motivation),就其词义上看就是指振作、鼓励、激发使之振奋之意。在组织行为学中的激励含义,主要是指激发人的动机,使人有一股内在的动力,朝着所期望的目标前进的心理活动过程,简而言之,激励也可以说是调动人的积极性的过程。激励不是一个新的概念,它是一个古老的话题。对激励问题的探讨,建立合理有效的激励模式和激励方法,一直是管理者和学者们探讨的一个主题。在校园志愿服务活动中,建立以"奖、贷、助、减、免"为主要内容的激励过程,实际上就是调动大学生积极性的过程。

（二）激励在校园志愿服务中的作用

在校园志愿服务中建立"奖、贷、助、减、免"为主要内容的激励,其作用主要体现在三个方面。

1. 通过激励使大学生参与志愿服务的积极性得到充分发挥。事实上,那些在激励机制驱动下的大学生参与校园志愿服务的积极性比任何时候都高涨,对待校园志愿服务的每项工作,都能以高度负责的精神去认真完成。

2. 通过激励使大学生以更加饱满的精神去追求自我价值的实现,大学生的主动性、积极性和创造性,是校园志愿服务不断发展的原动力,而激励的作用正在于激发这种原动力。

3. 通过激励使大学生亲身体验到属于自己创造的劳动价值。追溯青年志愿者行动,它不仅仅是巨大的精神,而且也创造了巨大的劳动价值,这一点已被世人所公认。

## 二、对校园志愿服务行动可持续性发展的思考

进入 20 世纪 90 年代,"中国志愿者行动"日渐成为中国老百姓熟悉的一个名词,一批批青年志愿者以无私的奉献精神,从帮困帮扶、抢险救灾、支教扫盲到环境保护、社区建设以及国家重大赛事和重要会议服务,"自愿参与、不图回报",用"真善美"播撒着希望的种子,充当着文明使者。党和国家领导人多次强调志愿者行动是"一项跨世纪的事业"。既然是一项事业,就要把临时的、短期的、运动式的做法变成长期的、队伍化、常规化、制度化的服务。借鉴志愿者行动的成功经验,反思志愿者行动存在的不足及其症结所在,对于如何不断地把校园志愿服务引向深入,不断提高校园志愿服务的质量,实现长期有效发展是十分重要的。

从分析志愿者行动当前存在的突出问题来看,校园志愿服务要吸引更多的大学生广泛参与,要实现长期有效的发展,使校园志愿服务活动规范化、制度化,关键在于有针对性地建立和

完善激励机制，因为建立激励机制，实际上是建立保障大学生参与校园志愿服务活动积极性的机制，它客观上必然起到促使校园志愿服务活动稳步去推进和长期有效开展的作用。

## 三、建立激励机制是贯彻落实高校新助学政策的有效举措

高校新助学政策的颁布，缓解了高校贫困生的就读压力，但同时也引发了一些新的问题。一方面，国家和学校寻找各种渠道为贫困生解决困难，实行"奖、贷、助、减、免"，除设立奖学金、助学金和助学贷款外，还积极设立勤工助学岗位、临时困难补助等，其初衷是希望每个贫困生都能从中受惠。还有许多高校在办学条件尚未完善的情况下，仍然响应国家号召，确保至少拿出学费的10％用于减免贫困生学费、特困生补助。另一方面，部分贫困生却加重了对社会和学校的依赖心理，使自己始终处于被动的受助状态。

怎样正确看待高校部分贫困生出现的新问题，关系到高校新助学政策的正确贯彻执行。针对部分贫困生思想状况的剖析，如何按国务院要求，认真抓好国家助学贷款，按新机制运行的各项工作，确保按新机制发放助学贷款；如何使更多的贫困生成为"品学兼优"的学子，享受到国家和学校发放的"助学奖励经费"；如何"帮助和激励"更多的贫困生勤奋学习；如何让建立规范的勤工助学制度，并保证贫困生通过勤工助学取得一定的资助报酬，是摆在高校面前亟待解决的问题。

率先开展校园志愿服务活动的高校提出的理念是：建立和完善校园志愿服务激励机制，把高校新助学政策的落实工作，贯穿于校园志愿活动的全过程。通过有效的激励机制，对贫困生实行公平合理的"奖、贷、助、减、免"，并以此"帮助和激励"贫困生勤奋学习，学会做人，懂得感恩，成为"品学兼优"的优秀人才。从而，使高校新助学政策的落实工作实现由纯经费性资助方式到发展性资助方式的转变，由静态管理到动态管理的转变，由单纯管物到既管物又重视育人的转变。

在具体操作上，把握好如下几个方面：

1. 从宏观指导上　在"奖、贷、助、减、免"的激励，是适用于包括贫困生在内的全体参与校园志愿服务的大学生。因为高校新助学政策虽则是重点解决贫困家庭学生的困难，但新的国家奖学金是适用全体大学生的。

2. 在参与对象上　坚持自愿性的原则，但鼓励受助贫困生积极参与校园志愿服务活动。

3. 在服务岗位选定和设置上　充分发扬民主，广泛征求意见，在这个基础上，由学生党、团组织确定若干个总的服务项目和子项目，最大限度地吸引了广大大学生尤其是贫困生的自愿参与。

4. 在激励的具体做法上

（1）将受助学生参与校园志愿服务活动的星级评定纳入到助学金登记评选制度，以及评优、评先等评选活动之中，规定在同等条件下，参与校园志愿服务的学生可以优先当选。

（2）对平时在志愿服务中成绩突出的学生及时鼓励、表扬并实行加学分制度，平时表现占20％。

（3）每学年评选一次优秀校园志愿服务者，并召开表彰大会、颁发荣誉证书。

（4）将其在校园志愿服务活动中的突出表现记录在个人档案，并作为加入到党、团组织的重要参考，以及优先推荐考研、就业的条件。

通过校园志愿服务建立和完善激励机制，高校新助学政策得到了较好的贯彻落实，尤

其是受助贫困生受到极大的心灵撞击,思想境界普遍得到提升。在校园志愿服务中,不仅自身得到了锻炼,坚定了自强自立的信念,同时也赢得了同学们的尊重;不仅从思想上深化了感恩意识,而且从行动中获取回报的动力,从而以自己的实际行动诠释了自我服务和奉献精神。

目前我们国家尚未形成系统完善的高校助学机制,一切工作都处于摸索阶段。建立和完善校园志愿服务激励机制,作为贯彻落实高校新助学政策的一项举措,也仅仅是一种有益的尝试。

# 第 5 节　校园志愿服务与大学生人际沟通

人际沟通是当代大学生通向成功之路之必备。实践表明,良好的人际沟通,对于大学生一生的成败荣辱有着不容忽视的重大影响。因而,探求校园志愿服务如何提升大学生人际沟通的能力,校园志愿服务如何消除大学生在人际沟通中的心理障碍,以及校园志愿服务如何培养大学生人际沟通的良好品质,对于当代大学生的健康成长都具有十分重要的意义。

## 一、校园志愿服务是提升大学生人际沟通能力的有效平台

人际沟通与交往,是当代大学生不可回避的一个现实问题。开展校园志愿服务活动,为当代大学生提升人际沟通能力提供了一个有效的实践平台。

1. 校园志愿服务为提升大学生人际沟通能力提供了极为有利的交往环境　培养大学生人际沟通的能力,首先必须遵循人际交往与沟通的原则,即平等交往,互相尊重,诚实守信,互助互利,相互理解,宽容大度等。离开这些基本原则,就失去了起码的交往环境,更谈不上有效沟通。而校园志愿服务的宗旨及其行动,却吻合了交往与沟通应遵循的基本原则,为提升大学生的人际沟通能力,提供了极为有利的交往环境。在校园志愿服务中,大学生遵照"服务、奉献"的志愿服务宗旨,实际上是同学与同学之间的相互服务,同时包括走出校门为社会服务,也是学生群体对集体对学校,乃至社会的奉献。这种服务、奉献,充分体现了大学生之间的平等、互助、友爱、宽容、诚信、理解,这与人际交往与沟通的基本原则是完全相吻合的、一致的。在这样的交往环境中,必然营造一种融洽的人际沟通氛围,为培养人际沟通能力创设了有利条件。

2. 校园志愿服务是大学生培养情感智力,实现有效沟通的最佳途径　情感智力即情商,是相对智商而言的。美国哈佛大学心理学博士尼尔·戈尔曼提出一个著名观点:"智力决定人生的 20%,情商则主宰人生的 80%",认为情感智力对于一个人的人格发展具有重要的意义和作用,其最根本点是自我认知,并发展到他人的认知,也就是共感能力,它是人际交往能力的基础,能左右人生的成功。关于这一点,美国普林斯顿大学曾对 1 万份人事档案进行分析,"专业技术"和"经验"只占成功的 25%,其余 75% 决定于良好的人际沟通,而良好的人际沟通,又源于有良好的情感智力。由此可见,当代大学生具有良好的情感智力对他们能否取得一生的成功是十分重要的。而这种情感智力的培养,也不是光靠书本能解决的,它同样需要到实践中去"磨合"、去精心培育。校园志愿服务的精神完全展示了人与人之间的和谐、人与社会之间的和谐、人与自然之间的和谐,特别是强调人与人之间的互助友爱、共同进步,这就为当代大学生培养情感智力、实现有效沟通提供了最佳途径。不少大学

生由于情感智力较低,平时往往缺少跟同学的良性沟通,有些甚至因为害羞或者冷漠而很少与同学沟通,尤其是那些自我封闭的大学生更是与同学互不来往。而参与校园志愿服务,就必然在这种互动的服务中进行沟通,进行感情的磨合。特别是在互助中,当自己在服务同学的同时,又得到同学的帮助,这样就可以进一步加深相互之间的情感交流,增进自己的情感智力。以至于共同完成某项志愿服务任务,更需要通过情感智力,通过有效沟通去实现团队的目标。如若不然,就不可能彼此信息通畅,就不可能协调一致,就不可能达成共识,就不可能发挥团队的绩效,因而也就失去了建立团队的基础,这足以说明培养情感智力,是实现有效沟通的重要途径。

3. 校园志愿服务使大学生"学会共处",达到人际沟通终极目的的理想平台

"学会共处",意味着人际沟通与交往的表达理解能力、人际应对能力、人际融合能力以及解决问题能力的提升,是人际沟通的终极目的。对此,联合国教科文组织国际 21 世纪教育委员会报告中指出:"学会共处"是对现代人最基本的要求之一。也是当代大学生提升沟通能力所要达到的一个最基本的要求。校园志愿服务为当代大学生"学会共处",达到人际沟通的终极目的提供了理想平台。第一,在校园志愿服务中有利于培养人际沟通的切合点。"学会共处",首先要知己知彼,既了解自身,又发现他人,尊重他人;其次要学会平等友好对话。大学生作为特殊的知识群体,需要培养相互信任、与人合作的态度和精神。要想成为优秀人才,必须学会与别人进行开诚布公的沟通,学会面对个体间的差异,树立一种"求同异存"的理念,学会共处,从而达到人际沟通的终极目的。而在校园志愿服务中大学生之间"友爱、互助",友好相处,最能培养人际沟通的"切合点",共同分享服务他人后的快乐,营造一种"学会共处"的人际环境。第二,参与目标的一致性。当代大学生要学会共处,达到人际沟通的终极目的,主要不是从书本上学习,而是要在参与目标一致的社会实践活动中达到新的认识,达成新的共识,并从中获得成功的体验。参与校园志愿服务活动的大学生,分别来自校园各个不同年级的同学,都是本着"服务、奉献"的共同目标走到一起,因而最容易沟通,最有利于"学会共处"。也就是说参与目的标志一致的社会实践活动,是大学生"学会共处"、实现人际沟通最终目的理想平台。

# 二、校园志愿服务有助于消除大学生人际沟通中的心理障碍

1. 校园志愿服务的互助性有助于大学生在人际沟通中重新认识自我,解决自身不愿沟通的问题    在通常情况下,大学生不愿沟通存在两种相对立的心理障碍:一种是自卑心理。有些大学生尤其是贫困生,在人际沟通与交往中,往往缺乏自信心,浅层次感受是自己不如别人,深层次感受是自己瞧不起自己,往往压抑自身能量的释放,把自己束缚在狭窄的自我天地,不愿与人沟通;另一种是自傲心理,持有这种心理障碍的大学生,往往自命不凡,自认为高人一等,瞧不起别人,特别是自我家庭条件优越的大学生,更是孤芳自赏,固执己见。这种心理障碍的存在往往导致他们不愿与人沟通。这两种不同的心理障碍,得出的结果都是不愿与人沟通,根本在于对自己实行自我封闭。校园志愿服务的互动性,有效地打破了部分大学生的自我封闭状态:第一,校园志愿服务的互动性,表明这种互动服务是双方性的,既服务别人,别人也服务自己。这意味着相互之间是完全平等的,不会因同学之间在出身、家庭、经历、长相等方面的客观差异而对人"另眼相看",无论从事哪种校园志愿服务都是自觉自愿的,都没有高低贵贱之分,都是以平等的身份进行沟通与交往。平等沟通与交往,必然是相互尊重、友爱互助、共同进步,从而增强大学生人际沟通的自信心,自觉克服自

卑心理,重新认识自我,正确看待自我,走出自我封闭圈,走好人际沟通的第一步。第二,校园志愿服务的互动性,具有鲜明的相容特征。这表明在相互服务中要广泛进行沟通,不仅要与自己性格相似的人沟通,还要与自己性格相异的人沟通,从而做到心理相容,与别人相处时能容纳、宽容,既能容纳别人的长处,更要容纳别人的短处。同时,既要看到自己优秀的一面,也要看到自己不足的地方。因而,在校园志愿服务中那种自命不凡,以至于孤芳自赏的自傲心理是必须克服的,只有这样,才能重新认识自己,解决好自身不愿沟通的问题。

2. 校园志愿服务的"友爱互助"风范有助于大学生在人际沟通中正确处理人为造成的种种矛盾,解决不懂和不善于沟通的问题　大学生在人际沟通与交往过程中,忌妒与猜疑这两种较为突出的心理障碍,往往造成人为的一些矛盾和问题。比如忌妒心理,有些大学生在日常交往中嫉贤妒能,对别人的长处或取得的成绩总是接受不了,甚至讽刺、挖苦、中伤、诋毁,由此引起同学与同学之间不必要的矛盾。与忌妒心理相伴而生的还有猜疑心理。具有猜疑心理的大学生,在交往中往往用不信任的眼光看待别人,对别人心存戒备,处处设防,甚至无端猜测和怀疑别人,致使交往双方本来可以化解的矛盾反而加剧,造成不应该出现的人际关系的恶化。大学生存在的这两种人际沟通的心理障碍,归结到一点,就是不懂沟通和不善于沟通的问题。校园志愿服务倡导的"友爱互助"风范,对于具有忌妒与猜疑心理的大学生来说,是一剂治本的良药,是清醒剂。"友爱互助"是校园志愿服务的准则和规范,它要求参与志愿服务的大学生充满爱心,把爱洒向每一个需要关爱的同学,把友谊作为纽带,团结每一个同学,使友爱之风吹遍校园的每一个角落;它要求参与志愿服务的大学生对同学要真诚互助,在服务中真心真意帮助每一个需要帮助的同学,让互助之风渗透到每个同学的心灵。可见,"友爱互助"的当代风范在校园志愿服务中的践行,能有效地帮助大学生克服忌妒和猜疑心理,自觉融入集体,并在"友爱互助"的服务氛围中逐步懂得人际沟通,以及如何善于进行人际沟通。

## 三、校园志愿服务有助于培养大学生人际沟通的良好品质

大学生要实现有效沟通,应具备哪些良好的品质呢? 从目前大学生在人际沟通方面的实际情况来看,应具备尊重、真诚、信任、克制、热情等良好品质。培养大学生具备人际沟通的这些良好品质,校园志愿服务是有效的实践平台。

校园志愿服务的精神和宗旨,与大学生应具备的人际沟通的优良品质,具有内在的关联性。

1. "服务他人,奉献社会"的校园志愿服务宗旨,要求参与志愿服务的大学生首先学会尊重人、关心人,因为"服务、奉献"的全过程,就是全心全意为别人服务,为别人奉献,这本身就是尊重人、关心人的过程,离开了尊重人、关心人,就无从谈起"服务、奉献"。由此可以这样说,在为别人"服务、奉献"的过程,就是培养大学生人际沟通中尊重他人这一优良品质的过程。事实上,大学生在志愿服务中要与同学进行成功的沟通,就要注意尊重周围的同学,善于关心周围的同学。美国哲学家约翰·杜威曾说过:人类本质里最深远的驱策力就是"希望具有重要性"。可见,尊重他人,时时让他人感到重要,既是人际沟通应具有的优良品质,也是我们成功沟通与交往的重要法则。

2. "奉献、友爱、互助、进步"的校园志愿服务精神,要求参与志愿服务的大学生真诚奉献,相互信任,讲友爱、讲团结。第一,校园志愿服务是弘扬奉献精神,讲奉献,必须是真诚奉献,而不是三心二意或半心半意。真诚这一优良品质在志愿服务中得到升华,也是大学

生在人际沟通中应具备的。第二,校园志愿服务要弘扬互助精神,讲互助,必须是相互信任,离开了信任,就失去了互助的基础。在互助中培育信任这一优良品质,也是大学生在人际沟通中所应具备的。第三,有利于培养大学生人际沟通应具备的克制和热情的优良品质。大学生在校园志愿服务中与同学进行沟通,难免发生一些摩擦和冲突,这里,最重要的是应当遵循"友爱、团结"的精神,相互谅解,采取克制的态度,这往往会起到"化干戈为玉帛"的效应。同时在服务和与同学沟通的整个过程中,要热情待人。热情能给人以温暖,能促进同学之间的相互理解,起到良好的人际沟通的作用。由此可见,克制化解矛盾,热情沟通人的情感,这都是大学生进行人际沟通应培养和具备的优良品质。

# 第6节　校园志愿服务与大学生成才

近年来,大学生的人生追求、个性化发展方向各不相同,不少大学生因各种问题而休学、退学,甚至自残、自杀,违法犯罪的事例也越来越多,严重影响了大学生的成长成才之路。富有创新意义的校园志愿服务为当代大学生提供了一条重要途径,它对于有效地教育、引导和帮助广大大学生成长成才,让大学生都能以健全的体魄、充沛的精力和健康的心态去完成繁重的大学学习任务,毕业后迎接社会的各种严峻挑战,成为社会的有用之才,都具有难以估量的重要意义。

## 一、现代人才的内涵及其特征

### (一)现代人才的含义

所谓人才,是指具有一定知识技能,并通过自己的创造性劳动在某一领域对社会做出较突出贡献的人。人才是一个历史范畴,不同的时代和不同的国家对人才往往有不同的理解和要求,在我国人才一向强调德、才、识、学四个基本要素。古人曾说:"君子之为学也,将以成身而备天下国家之用也"。哈佛大学的校训是"为增长智慧走进来,为更好地为祖国和同胞服务走出去"。古今中外,所有的学校都是为培养能为祖国服务的人才而设立的。成才即是成为对社会有用的人。

### (二)现代人才的特征

第一,人才的创造性。创造性是人才最本质的特征。人才的创造性首先表现在其与常人不一样的创新意识和创新能力方面,正是这种创新意识和创新能力,能使他们结合较强的专业知识和技能,在生活和生活实践中创造出更多的新知识和新财富。这种创新能力是常人不能比拟的。

第二,人才的先进性。人才是人群中比较先进的、精华的部分,是人民群众推动历史前进的先进代表。人才的先进性是人才与反动人物的根本区别。一个人只具备创造性,还不一定就是人才。那些虽然具有创造能力,但是创造的结果对人类社会的进步和历史的发展起阻碍作用的人,是反动人物,是人类历史的罪人,不属于人才之列。只有发挥自己的创造力,对人类社会进步和历史发展起推动作用的先进代表,才是人才。

第三,人才的社会性。人才总是生活在特定的社会之中,受到一定社会条件的制约。人的发展与社会的发展总是紧密地联系在一起,一方面,人才推动社会的发展;另一方面,社会的发展也造就无数人才,正可谓"时势造英雄,英雄创造时代"。人才的这种社会特性,在阶级社会又表现出鲜明的阶级性。

第四,人才的发展性。社会对人才的评价标准随着社会的进步在不断发生变化,人才也不是永远停留在一个水平上,而是一个动态的发展过程,需要自身不断完善。用现代观点看,人才没有也不可能有终极标准,人才的成长永远是一个终身学习和自我发展完善的过程。

创造性、先进性和社会性、发展性是人才的基本特征。人才必须具备创造性、先进性和社会性、发展性,四个基本特征缺一不可。人才是创造性、先进性和社会性、发展性的统一。

## 二、影响大学生成长成才的因素

归纳起来,影响大学生成才的因素主要有以下几个方面:

1. 自身的知识技能　人才的必要条件是要有某一方面突出的专才和技能。因此成才教育离不开知识技能教育。如要说大学生道德品质教育占据了素质教育的首位,那么知识技能教育则占据了成才教育的主体地位,也是素质教育的核心。具有一定的专业知识和技能是人才的基本条件。

2. 自身的素质　当前大学生缺乏对国情民情的切身感受和具体了解,缺乏生活实际的磨炼和对社会制度、社会规范、社会思想意识的思考,这样很容易在价值观的选择上产生偏差。相当一部分大学生以自我为中心,轻视别人的进步,认为别人能做的自己也能做,只是自己不愿意去做别人那种"没有意义"的事情。

3. 社会环境　市场经济的深入发展,极大地冲击着人们的思想观念。置身校园之中的大学生并非真的生活在远离社会之外的象牙塔中,社会与他们息息相关。因此,在一些大学生的眼中,金钱成了世上最有用最真实的东西,而思想、道德则是虚的东西。还有一些大学生虽然认识上知道丑与美、对与错,但践行起来却是拜金主义、个人主义、享乐主义、实用主义大行其道。

## 三、校园志愿服务是促进大学生成才的重要途径

(一)校园志愿服务是促进大学生道德素质教育的一种有效手段

校园志愿服务作为一种特殊的实践形式,对大学生的素质教育十分显著。长期以来,大学生道德品质教育占据了素质教育的首位,但我国大学生的素质教育始终是一大薄弱环节,当前大学生缺乏对国情民情的切身感受和具体了解,缺乏生活实际的磨炼和对社会制度、社会规范、社会思想意识的思考,这样很容易在价值观的选择上产生偏差。无论在学习方面还是生活方面,大都没有自我思考的习惯,所以尽管选择了错误的价值定位,但是他们依然会在无知中走下去,直至为自己的无知付出代价。通过引导大学生自愿参与志愿服务活动,不仅能使大学生深入校区实际,了解校情,弘扬服务和奉献精神,而且为大学生提供了一个锻炼和提高的平台、一个能力展示的平台,能够促进大学生的自主选择、能力发挥和个人价值的实现,充分发挥大学生的主体意识;同时,大学生通过志愿服务磨炼了自己的意志,锻炼了自己的能力,从学习中成长,在付出中收获。"奉献、友爱、互助、进步"的志愿精神,不仅契合大学生思想政治教育的主旋律,而且充满时代精神、人文色彩和青春气息,更容易激发大学生的积极性、主动性和参与性。在参与校园志愿服务的过程中,大学生深切地体会到了自身的价值,感受到了志愿服务对塑造新型人格的强大作用。许多大学生就深有感触地讲,在服务校园、服务他人的同时,不仅经受了锻炼,而且体验到自身的价值,提高了自身的素质。

（二）校园志愿服务有助于大学生对社会化的了解

校园志愿服务活动作为一种教育的载体，为大学生打开了一扇了解社会的窗口，提供了途径。首先，志愿服务与其他的实践活动不同，它突出了青年内心对志愿精神的认可。比如，充分利用校园内外的资源，大力开展创建节约型校园、校园环保、同学之间互帮互助、校园治安维护、消防安全维护等校园志愿服务活动，又如，在一些医学院校开展校园志愿服务活动，体现他们的知识化、专业化、技能化的特色。作为走出校门的校园志愿服务，医学生们利用自己的专业知识技能，利用节假日时间，志愿组织医疗扶贫服务活动，为不同的对象提供服务：宣传普及医疗保健、防病治病的医学知识；提供医疗保健、身体康复、饮食卫生等医学咨询；为贫困农民、社区居民进行常规体检；面向社会开展专项宣传教育活动——"吸烟有害健康"，"远离毒品、关爱生命"，定期到社区福利院慰问、看望孤寡老人等服务活动。这一切使大学生在志愿服务中获得了丰富的收获，他们在服务活动中，感受到自身价值的存在，加强了对社会层的认识，深切地了解了国情，增进了与人民群众的感情，对社会形成了比较客观、清醒地认识，从而能够理性负责地规划自己未来的人生道路。另外，在服务过程中，也增加了工作经历和人生阅历，增强了在日后适应社会竞争的能力。大学生参加校园志愿服务从关心每一个人、尊重每一个人开始，到与社会结合、服务奉献于社会，从而增强了社会责任感。

（三）校园志愿服务有助于大学生公民意识和公民精神的养成

公民意识是民众在民主政治时代必须具备的一种社会意识，主要包括公民的主体意识、权利意识和社会责任意识三个层面。公民意识培育只有将理论传授与社会实践有机结合起来，在实践中亲身体验和感悟，才能达到知行统一，取得实实在在的效果。校园志愿服务活动通过引导大学生从身边的具体事情做起，逐渐融入校园这个特殊社会，逐步培养起公共责任感和公德意识，它具有课堂教学无法比拟的教育效果，对大学生公民意识培养具有十分重要的作用。

1. 促进大学生公民主体意识的培育　公民的主体意识就是对国家与公民之间的关系的正确认识，就是公民无论在法律上、制度上，还是现实生活当中，都应该具有的和被充分肯定的法律人格及尊严。大学生在社会化进程中的角色主要表现在：一是大学生角色，大学生是青年中的特殊群体，具有较高层次的文化和与之社会地位相符的人格形象，在校园志愿服务活动中要遵循大学生的行为准则；二是社会公民角色，大学生年满18周岁，已获得公民的资格，在校园志愿服务活动中应履行宪法规定公民的权利和义务，同时要遵守社会道德规范和履行社会道德义务；三是作为专业人才角色，大学生在专业成才的理论学习和实践活动的社会化进程中，需要按照社会对专业人才的要求，明确成才方向，学习专业知识和技能，掌握职业道德规范，培养良好的职业道德素质。因而在校园志愿服务活动中，大学生同样需要扮演不同的社会角色，需要协调个人与自我、他人、集体、社会、国家、自然的关系，同样具有鲜明的社会角色性。校园志愿服务活动作为一个个体道德实践的过程，可以开展面向社会需要、面向专业成才、面向培养综合素质、面向提高大学生道德素质的志愿服务活动，大学生需要在这些活动中协调个人与自我、个人与他人、个人与集体、个人与社会、个人与国家、个人与自然的关系，自觉主动地将学校学习的大学生行为准则、社会主义公德、职业道德规范运用于校园志愿者服务活动中，并不断地提高道德认识，实现自我评价、自我约束、自我监督、自我塑造、自我完善、提高道德修养和道德境界的教育目的。

2. 促进大学生公民权利意识的培育　公民的权利意识是指作为国家主人的公民对其

为满足其生存和发展的需要而所应该享有的权利的认识,它包括财产权、平等权、自由权等,国家通过法律对这些权利加以确认和保护,以保证公民权利得以实现。现实生活中,相当一部分大学生守法的自觉性存在明显的缺陷。一方面,大学生缺乏权利观念,不能积极主动地利用法律武器维护自己的正当利益;另一方面,一些学生损人利己,不懂得对他人权利的尊重。因此,目前加强大学生权利意识教育尤为重要。权利和义务是整个法律体系的核心内容,在我国几千年的社会生活中由于缺乏权利文化的传统,在现实生活中公民的权利意识淡薄,公共管理机关及其人员缺乏服务理念,不尊重公民权利的现象比比皆是,很多人把公民教育看成是义务教育,有意或无意地把权利意识教育看成是次要的。而要培养出理性、具有公共精神的公民,就要培育人的权利意识和捍卫自己权利的行动能力。同时对自己权利的主张,也必然要求人们将对方作为这种具有独立价值的主体来认识并尊重其主体性。没有对他人权利的尊重,就没有现代意义的权利观念。尊重他人的权利是主张自己权利的前提,不尊重他人的权利,其实就是践踏自己的权利。校园志愿服务活动增强了学生的公民生活体验,使大学生对公民权利与义务的理解更加深刻与全面,有机会展示自己的公民形象,真正懂得做一个合格公民的光荣,更激发了他们做现代公民的积极性、主动性与紧迫感。校园志愿服务活动有利于把纸上的法律权利变成生活中的法律权利,使学法、用法成为他们内在的自我要求。大学生通过自身的所见所闻、所思所为,以及自身的道德善行和个人的道德实践体验,懂得了公民的权利和义务,了解了权利的价值和意义,增强了实现权利的信心,从而进一步认同了权利,在校园志愿服务实践中自觉培育自己的公民权利意识。

3. 促进大学生公民社会责任意识的培育 公民的社会责任意识,是公民意识的理性化体现,即对自己应当承担的社会义务的认可,以及对社会基本义务的遵守和执行。公民意识所强调的人的社会责任和义务,是通过履行社会规范尤其是公德规范体现出来的,可以说规范意识是公民意识的重要内容。校园志愿服务活动是在高校这个特殊"社区"进行的,大学生与大学生之间的相互服务,也是特殊"社区"的公民与公民之间的相互服务,增强公德意识,按照公德规范行使自己的社会责任就显得尤为重要。在校园志愿服务活动中,大学生从关心他人中认识到"我为人人,人人为我"的理念,感觉到自己对他人的重要性;在为他人服务中,使他们找到自己在学生群体中的正确位置,认识到自己在学生群体中应尽的责任,从而,培养起公民社会责任感。

目 标 检 测

1. 正确认识校园志愿服务与党、团活动关系。
2. 深刻理解高校建设节约型校园的意义。
3. 为什么说开展校园志愿服务活动为当代大学生提供了一个有效平台?
4. 怎样认识校园志愿服务是大学生成才的重要途径?

# 第14章　校园志愿服务与大学生领导力教育

## 第1节　领导、领导力和领导力教育概述

长期以来,由于对权力的敏感和追逐等不良因素的影响,国人通常对于领导,特别是对于领导力的认识显得模糊笼统,肤浅片面,甚至完全错误。很多人想当然地将领导和领导力简单地等同于职位与权力。事实上,身为领导并不意味着就拥有了领导力,而权力与领导力两者在本质上更是相差十万八千里。正如诚信是为人之本,信誉才是领导之基石,而领导力关乎人与人的心灵沟通和互动,其内核在于对人的关心。

### 一、领导和领导力

"领导"一词在汉语中既可作名词,也可作动词,作名词意为担任领导工作的人,作动词意思是率领并引导。当然,"领导"通常应该从管理学的角度来理解。根据《管理学基础》中的解释:领导是在一定的社会组织和群体内,为实现组织预定目标,领导者运用其法定权力和自身影响力影响被领导者的行为,并将其导向组织目标的过程。中国企业领导力和党政干部领导力训练专家唐渊先生在《领导新法》把"领导"简单地理解为名词的领导进行动词的领导,即领导者进行领导活动,率领着一群人去达到目标。也有人将"领导"的含义简洁明了地诠释为"领先一步,导人一程"。换言之,领导就是要创造一种途径,使人们全力献身,成就非凡。抛开固有观念的束缚,其实在任何地方,任何时间都有领导的影子,领导机会随处可见。在任何一个组织中要成长为一个卓越的领导者,必须以身作则,树立榜样;展望未来,共启愿景;积极进取,挑战现状;团结协作,使众人行;表彰认可,激励人心。个人的力量虽然渺小,努力也不一定能改变什么,但如果人人都能在自己的领域里做点事,那么这个世界将因我们而改变。领导者并非先天性的,领导是我们每个人都可以学会的事,是可以通过后天努力加以培养的。一般人认为的只有极个别的幸运儿才能够理解错综复杂的领导事务的说法纯属虚构。

关于领导力的定义有多种,可谓仁者见仁智者见智。美国前国务卿基辛格博士说:"领导力就是能够带领手下的人们,从他们现在的地方,到达他们还没有去过的地方的能力。"而领导力研究领域的世界公认的两位权威詹姆斯·库泽斯和巴里·波斯纳则认为,领导力是能够动员大家为了共同的愿景努力奋斗的一门艺术。换言之,领导力就是影响力,在管辖的范围内充分利用人力和客观条件,以最小的成本办成事情,提高整个团体的办事效率。在我们周围,在管理层,在课堂,在球场,在政府,在军队,在上市跨国公司,在小公司直到一个小家庭,我们可以在各个层次,各个领域看到领导力,它是我们做好每一件事的核心,但

是一个头衔或职务不能自动创造一个领导。领导力不是什么某种特别的基因,不是某些人的内在特质,领导力是从实践经验中获得一系列可见的工作技巧和处理问题的能力,绝非身居高位的大人物才能称作领导者。无论你是男是女,是老是少,从事何种职业,只要你有强烈的动机和渴望,并进行实践操作,遵循合理的行为模式,任何技巧和能力(包括领导力)均可以得到强化、磨砺和提升。

## 二、领导力教育的含义

领导力教育是指现实生活中人们依据一定的思想道德观念和领导学理论知识对受教育者施加有目的、有计划、有组织的影响,使其具有领导力的实践活动。领导力教育目的为了培养受教育者如何具有领导才能和领导影响力,更好地开展领导工作,完成领导任务。高校大学生领导力教育,是特指对在校的大学生所开展的领导力教育。高校作为培养高素质全面发展人才的地方,必须要加强对大学生领导力的培养。

## 三、大学生领导力的教育

当今高校在进行大学生领导力的教育过程中必须要着重培养以下几个方面的能力:

一是自知的能力。人贵有自知之明,作为一个领导者必须具有自知的能力,其核心是对自身领导风格和经验的认识。只有这样才能了解自己的优势,并能针对性地弥补自身不足之处。

二是有效处理人际关系的能力。一个人要成为有效领导者,必须善于建立和维持与他人的关系。

三是灵活的适应能力。大学生领导力教育注重团结协作和多角度分析问题的能力,要敢于挑战而不是害怕新情境。

四是创造性思考的能力。在教育过程中注重培养学生的批判思维能力。为了解决当前社会层出不穷的问题,很多时候无参可考,领导者必须打破惯例,采取实际有效的新方法和新途径解决所遇到的问题。

# 第 2 节　当今国内外大学生的领导力教育现状

## 一、美国大学生的领导力教育现状

为了应对 21 世纪瞬息万变的国际形势和技术进步的挑战,美国需要培养新一代的领导人,使他们能够在地区、国家和国际等各层次事务中推进积极的变革。面对这种现状,20 世纪 80 年代以来,美国兴起了一股以培养美国未来领导人为主旨的大学生领导力教育活动。1997 年,据美国学者统计,全美国已有 600 多所院校实施领导力教育或培训计划,其范围涉及从短期的实习到全面的本科或者研究生教育,而且受教育人数或参加培训的人数正逐年增加,形成了 21 世纪美国高等教育发展中一个值得关注的新兴领域。

## 二、美国大学生领导力教育可资我国借鉴的成功经验

### (一)美国高校大学生领导力教育的组织形式

美国大学生领导力教育的组织形式主要可以分为以下三类:①设立制度化的培训项

目,开展制度化的领导力教育;②推广领导力证书考试,督促学生参与领导力教育;③通过课外活动渗透,在课外活动中培养学生的领导能力。

(二)美国高校大学生领导力教育项目的招生制度

各大学领导项目的招生没有统一的模式,而是因本校的资源、项目目标等因素有所差别,大体可分为三种模式:①"精英"模式:这种模式对申请参加的成员有着严格的筛选要求。②"大众"模式:这种模式对成员没有特别的要求,在校生只要有兴趣,皆可报名参加。③"普及"模式:有的大学已经把领导力教育作为专业课程的有机组成部分,面向每个学生进行教学。

(三)美国高校大学生领导力教育的课程设置

美国高校大学生领导力教育的课程既包括理论课程,又包括实践课程。其中,理论课程主要包括时间管理、冲突管理、沟通技能、有效集会的技术等理论教学内容;实践课程主要包括校园文化、社团活动、社区服务等活动形式。附加的职业开发项目包括 IMAGE(面谈、礼貌、服饰、修饰和礼节)项目等。

(四)美国高校大学生领导力教育的教学形式

美国各大学领导力教育项目的教学形式可谓多种多样,不仅涵盖了工作坊、研讨班、课堂讲授、多媒体演示等常见的教育方式,还引进或开发了一些比较有特色的方式。①自我评价与反思:包括通过运用评估性测试、模拟、讨论和反思来提高自知的水平。撰写"领导力日志",让学生定期提交个人领导力的进展报告,成为促进学生反思自我领导力发展经验的一种有效方式。②教导:即把一位有经验的领导者和一名学生配对,给双方发展其领导能力的机会,同时促进对方的成功。③角色扮演:即在一种特定的情境中扮演各种角色,通过讨论澄清有较大争议的问题的领导力教育方法。④户外活动包括:静修、体能挑战、团队训练、个人和团队的反思时间。这些体验能建立信任,帮助管理团队问题,促进创造性思考和分享观点。

# 三、我国大学生的领导力教育现状

与国外尤其是美国的大学生领导力教育现状相比较,我国高校的大学生领导力理论教育和实践教育都是刚刚起步,只有华中科技大学、西安交通大学等几所高校涉足了这个领域。

徐晓林等在 2002 年 11 月至 2003 年 1 月通过问卷调查、访谈及召开座谈会的方法对当时武汉市 6 所高校的 260 个样本进行高校大学生领导素质现状与高校对大学生进行领导素质培养状况进行了调查分析。调查研究结果表明,当今大学生具有强烈的领导欲望,而高校对领导素质教育的重视程度不够,存在学生的领导知识匮乏,领导技能锻炼渠道单一,领导素质教育认同危机等诸多不足。由此可见,目前中国高校还没有把领导力教育系统纳入课程教育体系之中,对于学生党员的领导力培养缺乏研究和实践。

**实例 1**

西安交通大学通过借鉴国内外著名大学住宿书院制的成功经验以及本校文治苑的大胆尝试,在彭康书院中通过实行严格的校园生活制度、建设温馨活跃的校园生活氛围、开展科学的领导力培养计划,对学生实施军训、新生入学教育、大学生活导航、学业规划、学习辅导、习惯养成、公民素质与礼仪培养、综合素质拓展、心理辅导与困难援助等一整套的育人计划,塑造学生优良品质和高尚人格,为培养出有创造性思维与创新能力的"领导型人才"打下坚实的基础。围绕如何让学生成为一名成功的领导者,书院制订了一系列的培养计划。例如,组织学生参观秦始皇兵马俑、陕西历史博物馆等优秀历史文化遗产,让学生切身了解祖国悠久灿烂的文化,培养他们的爱国情操;通过爱心支教、暑期科技三下乡、社会调查、到居民社区挂职锻炼及志愿者活动等社会实践培养大学生的实践工作经验,加强个人领导力,增强责任心;组织丰富多彩的校园文化活动,加强大学生人文素质的培养;通过公民与礼仪培养培养大学生的良好行为习惯。

## 四、开展大学生领导力教育的必要性

中华人民共和国高等教育法第五条规定:"高等教育的任务是培养具有创新精神和实践能力的高级专门人才,发展科学技术文化,促进社会主义现代化建设。"因此高校不但重视大学生各种文化知识的教育,也要注重各种能力教育,其中包括大学生,尤其是学生党员的领导力教育。

大学生党员是学生中的优秀分子,是未来党和国家事业的建设者和接班人。中国共产党作为执政党,加强党的执政能力建设,"这是关系中国社会主义事业兴衰成败、关系中华民族前途命运、关系党的生死存亡和国家长治久安的重大战略课题。"党的干部培养一直坚持革命化、年轻化、知识化、专业化的"四化"方针。而选拔培养"德才兼备"的领导干部又是加强党的执政能力建设的关键问题。

学生党员相比普通学生,一般思想品德、政治素质、学习成绩、工作能力等都较为突出。党员当中的大部分未来都会成为各行各业的领军人物,提早培养其领导能力是一项着眼未来的大好事。学生党员领导素质的提高除了加强自身修养,更需要接受科学、系统、规范的教育和培训。加强学生党员"领导力教育"培养便是落实加强高校学生党建工作的重要举措之一,期待领导力教育成为一个新的工作重点。

姚永志等人在《高等教育的重要使命:培养和造就大批领导人才》中认为,领导人才是国家强盛不衰、长治久安的关键,培养和造就大批领导人才是高等教育的一项重要使命。基于领导人才素质的要求,高校应在思想重视、教学改革和文化氛围创设等方面进行努力,培养和造就高素质的领导人才。

国内外研究学者对大学生领导力教育的必要性达成三点共识:

一是解决社会问题的需要。在这个多元化和瞬息万变的世界上,对大学生进行领导力教育将会使他们善于应对各个层面变革的挑战,并有能力引导社会变革。

二是公民素质培养的需要。大学生领导力教育作为公民素质开发的一项内容,领导力是参与民主社会建设的必要能力,大学生领导力的提升有助于民主社会的巩固和改善。

三是克服领袖危机的需要。当今社会已经出现了领袖危机,为了克服这种危机,应对新一代的领导力量——大学生——进行领导力教育。

大学生是未来社会的精英,是开发领导人才的一支重要的人力资源力量。尤其在知识经济社会里,无数的领导者将出自大学,大学生领导力的可教育性是毋庸置疑的。

## 第 3 节　校园志愿服务与大学生领导力

"学而时习之,不亦乐乎?"是《论语·学而》中的一句话,其中的"习"字的含义存在争议。以前我们通常将"习"理解成"复习、温习"之意,而现在越来越多的观点认为"实践、实习、练习"更接近"习"之本意。学习对于大多数人来说并非是件快乐的事情,还要时常加以复习,何乐之有？如果在学完知识以后,能够时常将学到的知识用于实践,很快地体现出自身价值并同时收获了成就感,如此理论与实践紧密结合,学以致用,这样子的学习才算得上是一件很快乐的事情。校园志愿服务秉承"服务学习"理念,开展服务岗位的规划与设置、组织与实施,让每个在校生都能参与其中,适时将其所学运用于志愿服务实践,这种模式非常有利于在校大学生包括领导力素养在内的综合素质的提高。

## 一、实施校园志愿服务制度有利于大学生领导力的培养

欧美国家近年来开展的大学生领导力教育实践的成功经验也给我们很大的启示。在高等院校有效开展校园志愿服务,离不开强有力的行政手段进行制度化管理。同时,校园志愿服务作为一项育人系统工程,全体学生必须积极参与,并通过推荐选拔的方法组建一支强有力的学生自治队伍以进行自我管理。从志愿者的招募、培训、监督和考核,到对志愿服务的评价总结、成果分享和表彰激励的整个过程,做到全员参与、互相激励、自我约束和自我管理,借此推动全体学生的领导力素质的培养。

## 二、校园志愿服务与大学生领导力培养的关系

校园志愿服务是一门实践性非常强的课程,因此与其他课程相比较而言,学习这一必修课程将更加侧重于"习"的过程。该课程的实践部分涉及多个环节,要保证每个环节的工作进展顺利,每个志愿者要积极参与,身体力行,树立典范,要精诚合作,注重细节,更要具备坚忍不拔的意志力和高效迅捷的执行力。显见,这些方面的内容均与青年学子的领导力培养息息相关。以下就每个实践环节与大学生领导力的培养之间的关系作一简明阐述。

（一）整体规划

在进行具体的校园志愿服务实践之前,必须做好严密的整体工作规划,包括服务的主题、人员数量、时间、地点和目标计划等。总揽此项工作的管理部门——校园志愿服务管理办公室根据工作需要和培养目标,将志愿服务岗位划分为由学生党员参与的管理岗和全体学生参与的学生志愿服务岗两大类。考虑到学生干部的工作目的在本质上也是服务学生群体自身,因此可以将其纳入到整个校园志愿服务体系当中,最终形成由党员志愿服务、学生志愿服务和学生干部志愿服务三大部分构成的一个完整的校园志愿服务体系。

校园志愿服务体系实行逐级管理,各岗位分工明确,各司其职,形成了执行力很强的学生自治组织框架。这些学生自治组织除了负责校园志愿服务学生的招募、培训、监督、考核、评价等工作外,还要负责各类有关志愿服务的信息收集、宣传报道、文件汇总与整理存档等工作。另外,有些行政部门设立学生助理岗,协助部门完成有关行政工作,通过吸纳学生参与学校的相关行政工作,畅通了学生和学校双方交流与沟通的管道,从而实现和完善"自我教育、自我管理、自我成才、自我服务"的目的。

（二）招募培训

校园志愿服务岗位种类繁多,岗位不同其入职要求、招募程序和岗前培训也不一样。对于班导生岗、校卫队岗、精神文明督察岗、质量监督管理岗、环保管理岗和总揽性的志愿服务管理岗等党员志愿服务岗位,尤其此类岗位的小组长岗位,因其工作性质和工作要求的特殊性,均由那些综合素质较高的学生党员或入党积极分子担任。这些岗位的入职要求较高,首先要求学生要有良好的校园志愿服务记录,然后经过上台竞聘演讲,最后择优录用。因为这些岗位具有天然的吸引力,所以必须采用这种严格的选拔程序。为增加竞聘成

功概率,低年级学生自然会积极做好前期的学生志愿服务工作。参与竞聘演讲也能够锻炼参选学生的演讲能力和应变能力。为了能够使竞聘成功者做好各岗具体工作,对其进行周详细致的岗前集中培训是必不可少的。在专职培训教师的指导下,系统学习各岗工作的职责、规范、内容、意义、沟通技巧和考核要求等。对于学生志愿服务岗位来说,其专业性要求相对低一些,入职要求相对宽松,在校生也可以结合自身的兴趣爱好与特长申报相应的岗位并接受岗前集中培训后正式上岗。比如有些具有特殊才艺的学生可以发挥特长,从事社团组织活动义务指导工作;具有一定谈话技巧、沟通能力强的学生可以先接受一定的专业训练后,从事心理健康志愿服务岗,由其负责班级学生心理健康状况监测,宣传心理健康知识,协助班主任开展班级心理健康教育活动等工作。毋庸置疑,以上这些招募培训程序均有助于培养大学生的领导力。

### (三) 监督考核

没有监督考核就没有良好的绩效。为促使每位志愿者能够提供高质量的服务工作,在其服务期间将接受日常考核检查。负责检查工作的考核小组长都是具有丰富实践经验的资深志愿者。古人云:"欲明人者先自明,欲正人者先正己","打铁先得自身硬",作为考核小组长,不但要以身作则,树立榜样,而且更应敞开心扉,真诚地去欣赏别人的努力和成功。当走过工作出色的志愿者身边时不要吝啬表达你的谢意,因为每个人都希望得到认可和激励,最希望得到的精神奖励是"谢谢你"。真诚地去关心他人是培养有效领导力的一剂良方。如果发现问题,要始终遵循督察并督办的原则,及时与各岗志愿者进行联系沟通,晓之以理,动之以情,激发他们的工作热情,督促志愿者及时上岗完成工作。要做到这点,需要小组长注意沟通的方式方法,在实践当中不断地总结和积累经验,培养个人魅力,提高自己的综合素养。为了能够更好地发挥学生的主观能动性,甚至可以将一些优秀的校园志愿服务管理岗的学生培养成岗前集中培训师。建议在专职培训老师的带领下,先观摩后实习,不断积累经验,直至成长为一名合格的培训师,由其负责每批志愿者的岗前集中培训任务。显见,这些训练方法同样能够提高大学生的领导素养。

### (四) 评价总结

除了一些特殊的岗位之外,多数学生志愿服务岗的服务期限为 4 周。对于每批服务期满的志愿者都要及时对考核结果进行评价和总结。志愿者首先要进行自我评价,各个志愿者使用部门负责老师在其自我评价的基础上,根据实际工作表现作出客观评价并根据相关文件给出考评分数。志愿者的自我评估有助于他们学会认识自己。志愿服务管理岗的志愿者要对所有服务期满的志愿者做好期满总评工作,作为年度优秀志愿者评选的重要参考依据。

### (五) 成果分享

成果分享是全体服务期满的志愿者参与的一次盛会,它在整个志愿服务过程中起着关键性的重要作用。这种开放式的会议一般在专职教师的指导下,具体由志愿服务管理岗的同学组织进行。同学们通过自行制作幻灯片来展示服务工作的场景,并配以合适的背景音乐以渲染气氛。此时此刻,同学们踊跃登台,畅所欲言,不但可以与大家分享在参加志愿服务过程中收获的体会、感悟和经验,也可以就服务工作提出一些建设性的意见和建议,以使志愿服务工作更加完善。开展这种成果分享会不但可以使同学之间互相激励,融洽关系,而且可以强化一种大家庭的归属感和集体荣誉感,并从中找到志愿服务的意义和目标。

### (六) 表彰激励

表彰激励是实施校园志愿服务的最后一个必不可少的环节。选择在每年的"12·5世界志愿者日"前后召开一年一度的优秀志愿者表彰大会是非常有意义的。这是一种创造重大意义的仪式和典礼。当优秀志愿者被挑选出来在一个公众活动中给予认可时,他们是在被树立为榜样。通过公开认可和表扬具有代表性的优秀志愿者,使其他同学提供了效仿的榜样,自然可以极大地激励他们鼓足干劲,积极参与到志愿服务中来,所以举行这种表彰大会将为校园志愿服务工作持续性地注入更强的活力。

领导力的培养是一个宏大的范畴,任何有助于提高个人自我管理能力、提高团队协作精神的方式方法,都可列入其中。大学生只要注重理论与实际相结合,一定能够做好事、做成事,最终能带领别人做事,由此你的个人"能量"就会得到无限扩充,你成功的概率就会比他人大得多。

目标检测

1. 从个人的实践经验出发,谈谈你对领导与领导力的关系的认识。

2. 通过对本章第二节的学习,你认为我国高等教育中在大学生领导力的培养方面还有哪些地方需要加大教育投入?

3. 你是否认同校园志愿服务有助于大学生领导力的培养这种观点?试述个中理由。

# 附录　校园志愿服务岗位知识简述

## 第1节　图书馆志愿服务岗知识简述

### 一、常用数据库简介

1. 中国期刊网 CNKI 数据库　中国期刊网是中国学术期刊电子杂志社编辑出版的以《中国学术期刊(光盘版)》全文数据库为核心的数据库,目前已经发展成为"CNKI 数字图书馆"。收录资源包括期刊、博硕士论文、会议论文、报纸等学术与专业资料;覆盖理工、社会科学、电子信息技术、农业、医学等广泛学科范围,数据每日更新,支持跨库检索。

2. 万方数据库简介　万方数据资源系统是中国科技信息研究所、万方数据集团公司开发的网上数据库联机检索系统,该系统包括三个子系统。数字化期刊子系统集纳了理、工、农、医、哲学、人文、社会科学、经济管理与教科文艺 8 大类 100 多个类目的近 6000 余种各学科领域核心期刊,实现全文上网,论文引文关联检索和指标统计。

3. 维普数据库简介　本数据库收录了自 1989 年以来的中国科技期刊数据库,包括文摘版和全文版,收录了 9000 余种期刊,学科覆盖理、工、农、医、教育、经济、图书情报等多个领域。其最大特点在于文献年限范围更大。

4. 超星电子图书数据库简介　校本部图书馆订购了超星数字图书馆 100 万册(种)电子图书,可以通过超星镜像网站在线阅读或下载。

5. 读秀知识库　读秀知识库是由海量中文图书资源组成的庞大知识库系统,其以 260 万种中文图书资源为基础,为用户提供深入图书内容的书目和全文检索,文献试读,以及通过 E-mail 获取文献资源,是一个真正意义上的知识搜索及文献服务平台。

### 二、图书分类知识简介

(一)《中国图书馆图书分类法》简介

我馆目前采用的《中国图书馆图书分类法》(简称《中图法》)。该分类法共分二十二个基本大类,用二十二个汉语拼音字母来表示。如字母 A 是表示马列主义、毛泽东思想,B 是哲学类……

《中图法》基本大类序列如下:

| | |
|---|---|
| A 马列主义、毛泽东思想 | N 自然科学总论 |
| B 哲学 | O 数理科学和化学 |
| C 社会科学总论 | P 天文学、地球科学 |
| D 政治、法律 | Q 生物科学 |
| E 军事 | R 医药、卫生 |

续表

| | |
|---|---|
| F 经济 | S 农业科学 |
| G 文化、科学、教育、体育 | T 工业技术（详见细类） |
| H 语言、文字 | U 交通运输 |
| I 文学 | V 航空、航天 |
| J 艺术 | X 环境保护、劳动保护科学 |
| K 历史、地理 | Z 综合性图书 |

（二）工具书简介

工具书：是根据一定的查阅需要，系统汇集有关的知识材料，并按易于检索的方法排检，以便迅速提供知识信息的工具性图书。其基本特征有：信息密集、资料性强、便于检索、查考为主。根据编制特点和使用习惯，一般可分为九类：书目、索引、文摘，字典、辞典，类书、政书，百科全书，年鉴，手册、名录，数表、统计集，表谱、图录、丛集、汇要。

说明：

有一类特殊的工具书：全面系统收集、报道和评价工具书的工具书，叫工具书书目、工具书指南。如书目之书目，是专门收录、评价书目的工具书。

工具书的作用有：指示读书门径，解释疑难问题，指引资料线索，提供参考资料，辅助辑佚校勘，传播思想文化。

基本的工具书排检法有：字顺法、分类法、主题法、时序法、地序法、数序法。

# 三、常用数据库使用步骤

在介绍常用的几种数据库的具体使用步骤之前，有两个方面必须予以特别说明：一是各种数据库一直处于不断更新当中，包括检索页面设计和文献年限等，但大体上变化不大；二是常见的几种数据库使用步骤均大同小异，下文中仅以《中国期刊全文数据库》的使用步骤进行详细说明，其余不予赘述。

《中国期刊全文数据库》使用步骤：

1. 双击 IE 浏览器，进入图书馆主页；点击"中国期刊全文数据库"进入检索界面。

2. 第一次使用，请在图书馆主页"软件下载"区或本数据库界面下载"CAJ 浏览器"或者"PDF 浏览器"，根据提示安装后，便可以直接使用。

# 四、高校图书馆引入志愿服务的可行性和必要性

2003 年 2 月教育部颁布的《普通高等学校图书馆规程（修订）》明确指出："高等学校图书馆必须贯彻国家的教育方针，履行教育职能和信息服务职能，为培养德、智、体、美等方面全面发展的人才，发展教育科学文化事业，建设社会主义物质文明和精神文明服务。"由此可知，高校图书馆具有"教育"和"服务"的双重职能，即我们通常所说的"管理育人"和"服务育人"。高校图书馆在履行好自己教育职能的同时，还有责任为大学生提供一个社会实践的平台，让他们接触社会，接受锻炼，从这个意义上说，高校图书馆既是"课堂"，又是"试验田"。

在高校图书馆大力倡导和实行志愿服务制度，参加图书馆志愿服务的大学生兼具工作人员和读者的双重身份，不但可以为图书馆和读者之间架起一座有效的沟通桥梁，而且还能在为图书馆提供志愿服务的同时，让志愿者体验准就业状态，有利于他们今后正式面对

激烈的就业竞争,这样,图书馆既得到了必要的服务,志愿者又得到了一定的磨砺和锻炼,从而实现了一种双赢的局面。

# 第2节　实验室志愿服务岗知识简述

## 一、实验室志愿服务的意义

现在大学里课程内容多,每门课的授课时数有限,实验课时数更少。有些高校正在探索的将实验室志愿者活动和科技实践相结合的教学模式,他们的一些实践经验表明,这是一种提高高校实验教学质量和培养大学生综合素质的有效途径。在实验课上要求学生熟练掌握本专业的实验技能、技巧难以实现。对于那些实际动手操作能力要求特别高的一些专业来说,实验课的质量在很大程度上影响整体的教学质量。对于实验这项要求严格的工作,只有实践达到一定次数时,水平才能有一定提高,才能正确地掌握实验操作技能、技巧和本质上认识和重视实验,形成科学对待实验的态度。因课堂实验教学时数不足而引起的实验教学质量问题在实验室志愿活动中可以得到补充和提高。

大学生实验室志愿者与科技实践相结合的创新活动模式,是以活动为载体,寓教于科技实践,在活动中发掘学生的自主精神,引发其服务于社会的习惯,同时培养其浓厚的学术研究风气,对于提高在校大学生个体综合素质有着深远意义。

实验室志愿服务的宗旨:参与实验室志愿服务,提高实际动手能力,培养严谨细致的工作习惯,锻炼缜密科学的思维能力。

## 二、实验室工作守则

1. 志愿者必须尽量在课余时间参与实验室的各项工作。

2. 实验前必须认真预习实验内容,明确实验目的、原理、方法和步骤,准备接受指导老师提问。

3. 志愿者进入实验室必须穿工作服,不允许穿拖鞋,严禁高声喧哗、吸烟、随地吐痰和吃零食。

4. 进入实验室后应遵守实验室各项规章制度,未经指导老师允许不得随意动用实验仪器、实验动物和实验标本。

5. 实验准备就绪后,须经指导教师检查同意,方可进行实验,实验中应严格遵守仪器操作规程和实验动物手术操作步骤,并认真观察和分析实验现象,如实记录实验数据,独立分析实验结果。

6. 实验中要爱护实验仪器设备、实验标本和实验动物,注意安全,节约用水、电、药品、试剂等消耗材料,凡违反操作规程不听指挥而造成事故、损坏仪器设备、实验标本者,必须写出书面检查,并按有关规定赔偿损失。

7. 实验中若发生仪器障碍或其他事故,应立即报告指导教师,待查明原因或排除故障后,方可继续进行实验。

8. 实验完毕后,应及时切断仪器电源,将所用仪器设备、标本、手术器械等整理好归位,实验动物收集到指定地方,并打扫实验室,关好水、电,经指导教师检查同意后,方可离开实验室。

9. 应按实验要求及时、认真完成实验报告,不得抄袭他人实验结果。

附:计算机房工作守则

(1) 服从机房工作人员的工作安排,不得随意启动其他机器,严禁擅自动用主服务器。

(2) 不得随意使用打印设备,若需要打印时,须经管理人批准。

(3) 机器发生障碍时,应立刻停机,报告管理人员,不得自行拆机。

(4) 进入机房必须换鞋,机房内不准吸烟,不得随地吐痰,乱扔纸屑等。保持机房的整洁,严禁在机房内喧哗、吵闹。

(5) 爱护机房设备,损坏物品按价赔偿。

(6) 非上机人员未经允许不得进入机房。

(7) 不准到机房玩计算机游戏,不得随意进行拷贝,严防病毒传播。

# 三、实验室日常安全管理

1. 学院各部系要加强实验室安全教育,增强工作人员的安全责任意识,落实管理制度和安全措施。

2. 各实验室要根据其实验室的安全特点,制定切实可行的《实验室日常安全管理制度》,实验室管理人员要熟知其安全管理制度,并依照其安全管理制度进行管理工作。

3. 实验室应时刻做好防火、防盗工作。在实验室人员(包括教师、实验准备人员及学生)离开实验室前注意做好安全检查(包括水、电、煤气、门窗等),并做好记录,杜绝安全隐患,确保实验室安全。

4. 实验室的化学危险品(剧毒品、强腐蚀品、麻醉药品、精神药品、病原体、易燃易爆品、易制毒品)的安全管理应严格执行其相关规定。

5. 有安全操作规程要求的仪器设备,应制定操作规程,使用前应做安全检查,使用后应有使用记录。

6. 严禁在易燃、易爆品仓库内吸烟、使用明火或暗火。对可能造成泄漏、引起环境污染和人体伤害的危险品,应严格按要求储存,并定期检查包装容器的封口是否严密,容器有无锈蚀、渗漏及变形,如发现类似情况应立即采取补救措施。

7. 各种气瓶的存放,要距离明火 10 米以上,搬动时严禁摔、碰、撞、击、拖拉、倾倒和滚动。氧气瓶不能和可燃气瓶同放一处。

8. 使用时应有必要的安全防护措施和用具。如甲醛、二甲苯、液溴等,使用时应注意通风,佩戴口罩和手套,以防中毒。

9. 严格执行消防安全制度。各种气瓶在使用时,应距离明火 10 米以上,氧气瓶的减压器上应有安全阀,氧气瓶不得曝晒、倒置。

附:有安全操作规程要求的仪器设备

病原实验室:高压蒸汽灭菌器、电热鼓风干燥箱。

生理实验室:烤箱。

外科实验室:手提式高压蒸汽灭菌锅。

病理实验室:恒温干燥箱。

影像实验室:X 线主机系统的高压变压器组件、X 线主机系统。

检验实验室:恒温干燥箱。

口腔实验室:松风烤瓷炉、烤蜡炉、高压蒸汽灭菌器。

## 四、安全防护和应急处理措施

一旦发生火情,要及时报警,并采取应急措施,根据危险品的化学性质选择适用的灭火器材。灭火的基本方法和注意事项如下:

(1) 易爆品禁用泥沙压盖。可用雾状水、二氧化碳、泡沫灭火剂灭火。灭火时应戴防毒面具。

(2) 过氧化物只能用干砂、干土、干粉灭火剂灭火。液体有机氧化物不可用水灭火。其他氧化剂可用雾状水、砂土、干粉等灭火剂灭火。

(3) 遇水易燃物只能用干砂土、干粉灭火。

(4) 易燃液体可用二氧化碳、干砂土、1211、干粉灭火后再用氟蛋白泡沫灭火剂灭火。醇、酯、醚、醛、酮类用金属皂化型抗溶性泡沫灭火剂灭火效果好。扑灭苯、甲苯、乙腈、丙烯腈之火应戴防毒面具。

(5) 铝粉、镁粉、五硫化磷起火可用干砂土扑灭。其他易燃固体可用雾状水、砂土、二氧化碳、四氯化碳、泡沫灭火剂灭火。灭火时应戴防毒面具,人站在上风头。

(6) 黄磷起火可用水、砂土、湿麻袋灭火。三乙基铝等禁用水灭火,可用干砂土、干粉、二氧化碳灭火。

(7) 一般毒害品可用水、砂土、二氧化碳、泡沫灭火剂灭火。氰化物、锑粉、铍粉、铊粉不可用水和泡沫灭火剂灭火。灭火时应戴防毒面具。

(8) 腐蚀性物品起火可用干砂土、二氧化碳灭火。有机酸、碱类、$K_2S$、$Na_2S$、$Br_2$、$I_2$、$HCl$、$HF$、$H_3PO_4$、$HClO_4$、苯酚可用雾状水灭火。其他不可用水灭火。

(9) 放射性物品可用雾状水、二氧化碳、砂土、干粉灭火。发现火情应立即转移物品。身穿防护服和面具。

(10) 压缩气体和液化气起火可用干粉、1211灭火剂灭火。

# 第3节　校园绿化志愿服务知识简述

## 一、校园绿化志愿服务的现实意义

教育家陶行知先生说过:"一种生机勃勃、稳定和谐、健康向上的环境氛围,本身就具有广泛的教育功能"。我院提倡的"四育人"理念,即"教书育人、管理育人、服务育人、环境育人"。其中的"环境育人"与校园的硬件环境关系密切相关。引入校园绿化志愿服务,一来可以为独生子女大学生创造自我锻炼和磨砺实践平台,二来可促进校园文化建设,三来可增长植物学、生态环保的科学知识,四来可陶冶大学生良好的情操,可谓一举多得。该志愿服务岗的特别之处在于,这是一个集体志愿服务项目,通过参与此类志愿服务工作,可以培养大学生的团队协作精神,增强班集体的凝聚力,提高班集体的归属感和荣誉感。

## 二、校园绿化志愿服务的宗旨

发扬团队精神,珍惜集体荣誉,以我辛勤汗水,换取美丽校园!

## 三、绿化小知识

1. 园林绿化树种的选择

（1）行道树：行道树即种植于道路两旁，以遮荫及美化道路为主的树木。常用的如悬铃木、银杏（雄株）、白杨、泡桐、槐树、梧桐、臭椿等。

（2）街道绿地：指街道、桥垛、江河沿岸等处城市中的小块绿地。在选择树种时，一般以常绿树木为主体，如樟、雪松、广玉兰、桂花。

（3）专用绿地：根据不同单位的情况和需要有不同的要求。一般均以乔木为主，花灌木为辅，落叶树与常绿树相结合，快长树与最长树相结合。

（4）广场：广场是集会的场所，广场绿化要体现雄伟、宽广的气势，大多数规划式种植为主。圆柏、龙柏、云杉、广玉兰、桂花等树种均可采用。

2. 草坪的养护管理

（1）浇水：草坪植物一生不能缺水，干旱地区必须经常为草坪补充水分。最好于每年开春发芽前和秋草枯黄停长（北方于土地土冻前）时，各补一次足水。前者称"春水"；后者称"灌冻水"。这两次灌水对次年生长、安全越冬作用都很大。在草坪生长季节，如遇干旱也要定期灌水。

（2）施肥：草坪植物在生长期最需要的是氮肥，其次是磷、钾肥，甚至某些微量元素也很重要。要根据情况，确定肥料种类、施肥量和施肥方法。

（3）修剪（滚草）：剪草工具最好用剪草机，剪草机有人力的、机动的和电动的。农谚有"立秋十八天，寸草都结籽"一说，剪除杂草籽结部分，自然可以消灭以种子繁殖的杂草。

（4）除杂草：杂草是草坪的大敌，草坪若管理不善，一经杂草侵入，轻者影响观瞻；重者会造成全部报废。除清杂草的工作更为重要。应在杂草还幼小的时候进行认真的消灭，才能收到良好的效果。

（5）养护：保护草坪，防止践踏，是草坪养护管理中一项极为重要的工作。所以应加强管理。

（6）草坪的更新复壮：草本植物的生命期限是比较短促的，若要尽量延长草坪的使用年限，就有一个更新复壮的问题。因此必须采取必要的技术措施，尽量延长草坪植物的生命年限。

（7）排水：草坪内不能长时间积水浸泡，雨季一定要注意及时排除积水，在草坪施工的时候就要考虑排水坡度；同时还应随时用细土填平低洼处。

（8）防治病虫害：草坪植物病虫害一般不多，但有时也可能发生地下害虫和一些其他虫害及病害。

# 第4节 环保志愿服务岗知识简述

## 一、引入校园环保志愿服务的意义

东汉·薛勤语："一屋不扫，何以扫天下？"现在大学生的寝室卫生如果没有卫生检查的话，多数恐怕是一日不扫就"异味深长"了。这是劳动观念淡薄和卫生习惯不良使然。据了解，国内绝大多数学校的所有校园环保工作都是聘请清洁工或承包给专业的校园环保公司负责，这无疑增加了学校的办学成本。在校园的一定区域内引入校园环保志愿服务，不但有助于改变随手丢垃圾的坏习惯，而且可以培养良好的劳动观念，并且增强环境保护意识和社会责任感，同时也可以在一定程度上节约办学成本。

## 二、校园环保志愿服务宗旨

参与环保志愿服务，提高环境保护意识；培养劳动观念，磨砺坚韧意志！

## 三、国外环保简介

1. 德国　德国人的环保意识比世界上许多国家的人都强。风力发电的价格虽然比传统能源发电的价格要贵，但许多德国人却乐意接受；为防止人们乱扔空瓶子，德国有关部门则规定购买瓶装饮料需先付瓶子的押金，到时再拿空瓶子来换回。这些在其他国家难以推行的事，在德国却行得通。德国环保界普遍认为，有效的环保需要全社会的参与，因此广大民众的环保意识至关重要。德国政府和民间环保组织不懈地推动环保意识教育，使爱护环境的意识越来越深入人心。德国有"联邦自然保护协会"、"青年环保联合会"等八百多个全国及地方性的环保组织或环保信息中心。它们向民众免费提供讲座和环保知识小手册，并深入民众宣传环保。德国的环保意识教育从娃娃抓起。在幼儿园和学校里，环保意识是教育的重要内容之一。德国各地有大大小小的各种环保比赛，鼓励学生设计和开发环保项目等。在农药使用方面，德国严格控制，极度限制农药在蔬菜、水果、花卉上的使用，而且现在被允许使用的农药种类越来越少，大力提倡"无公害防治"、"生物防治"。这些环保意识是值得我们借鉴的。

2. 美国　归纳起来，美国环保政策具有两个突出的特点：一是它基本上是一种经济发展政策，即强调以开发新技术和新产品而不是以改变生活方式的方法来实现对环境的保护和经济的持续发展；二是强调环保措施上的多样性、创新性和灵活性，力求充分发挥各级地方政府和企业的积极性和自愿参与。

在环境执法方面，美国建立了一种处罚措施，可以处罚剥夺公司由于不进行环保行动而获得的任何经济收益。在所有的行政、民事、刑事行动中，美国环保局都向外公开细节，公众都可以从环保局的互联网网站上获得全部消息，被惩罚的对象从个人到整个城市。例如在1998年和1999年，美国环保局针对1996年奥运主办城市亚特兰大的城市生活污水处理系统对当地河流造成的严重污染采取了严厉的行政和民事行动，结果亚特兰大被处罚320万美元。

3. 日本　日本的环保很苛刻，也很温馨。如果你托盘里剩下了很多饭菜，会被很多人耻笑；日本的森林覆盖率特别高，法律不允许任何私人砍伐，故很多房子因为树木太密导致房屋采光不好；在日本扔塑料瓶的时候，任何残留物都不应该留在瓶子里；瓶身和瓶盖是不同的材质，应该分开扔；在日本的肯德基、麦当劳和星巴克，用餐完毕，每个人都要自己把餐具扔进回收箱，纸杯扔进一个箱子，塑料吸管和小勺扔进另外的箱子；如果你去日本的厕所，你会发现无论什么地方，大城市小村落，每个厕所都那么干净、整洁，并且所有的厕所都有卫生纸。很多厕所马桶的抽水箱按照大小便有两种排水量，这样就减少了无谓的水资源浪费；日本几乎每一所大学，都开设环境科学这门课程。这门课程涉及海洋环境、酸雨污染、白色污染等不同方面，上这些课你会感到，环境科学不是科学家的事情，它就是你的生活，它需要你从日常生活中的每一个细节做起，从你自己做起。每个人都做好了，国家、世界的环境问题就都解决了。

## 四、认识"白色污染"的危害

"白色污染"，是人们对难降解的塑料垃圾（多指塑料袋）污染环境的一种形象称谓。

1. 白色污染的危害

（1）侵略土地过多。塑料类垃圾在自然界停留的时间也很长，一般可达 100～200 年。

（2）污染空气。塑料、纸屑和粉尘随风飞扬。

（3）污染水体。河、海水面上漂着的塑料瓶和饭盒，水面上方树枝上挂着的塑料袋、面包纸等，不仅造成环境污染；而且如果动物误食了白色垃圾会伤及健康，甚至会因其绞在消化道中无法消化而活活饿死。

（4）火灾隐患。白色垃圾几乎都是可燃物，在天然堆放过程中会产生甲烷等可燃气，遇明火或自燃易引起的火灾事故不断发生，时常造成重大损失。

（5）白色垃圾可能成为有害生物的巢穴，它们能为老鼠、鸟类及蚊蝇提供食物、栖息和繁殖的场所，而其中的残留物也常常是传染疾病的根源。

（6）废旧塑料包装物进入环境后，由于其很难降解，造成长期的、深层次的生态环境问题。废旧塑料包装物混在土壤中，影响农作物吸收养分和水分，将导致农作物减产。

2. 如何防治白色污染

（1）停止使用一次性餐具及超薄塑料袋。

（2）回收废塑料并使之资源化是解决白色污染的根本途径。

（3）研究开发降解塑料。

（4）加强环保宣传，提高公民的环保意识，在社会上形成良好的环保氛围，是解决白色污染及其他各种形式污染的前提。从 2008 年 6 月 1 日起，在全国范围内禁止生产、销售、使用厚度小于 0.025 毫米的塑料购物袋。所有超市、商场、集贸市场等商品零售场所实行塑料购物袋有偿使用制度，一律不得免费提供塑料购物袋。

# 第 5 节　校卫队志愿服务岗知识简述

## 一、校卫队志愿服务的必要性和可行性

现在国内高等院校新校区庞大的校园面积给安保综治工作带来很大的压力。尽管很多学校已将大量的人力、物力和财力投入到校园的安全保卫工作当中，但实际上很难做到全方位、全时段无缝衔接覆盖，其防卫效果并不尽如人意，偷盗现象尤其是作代步之用的单车的丢失现象仍屡禁不止。在大学校园内设置三步一岗、五步一哨既不适宜也不现实。所以，这项工作需要有广大学生共同参与的学生自治体系的加入。在校大学生正值青春年少，精力旺盛，激情满怀，对于那些从小向往军旅生活的男同学来说，是非常期望能够有机会在学校学习期间参加准军事专业训练，强身健体，锻炼自己。有些院校招收国防生，在校学习专业的同时要完成军政训练任务，学校也可以为他们提供安保方面的实践机会。因此，在大学校园开展校园保安志愿服务活动具有较强的可行性。

## 二、校卫队志愿服务的组织形式和服务范围

（一）校卫队志愿服务的组织形式

通过自愿报名或自主招募的方式，择优选拔录用优秀同学（限男性），组建精兵强将的校卫队，履行校园保安志愿服务工作。

（二）校卫队志愿服务的服务范围

主要的服务范围是配合校保安队工作人员,执勤守岗,共同维护学校安全,维持校园文明秩序,及时发现校园安全隐患。具体的服务工作大概有以下一些方面：

1. 协助门卫做好日常执勤守岗工作。

2. 纠察、劝诫校园各种不文明行为。

3. 学校大型活动的秩序维持和安全保卫工作。

4. 晚间部分时段的校园安全巡逻。

5. 与保卫处工作人员共同定期拉网式督察校园内消防器材的安全性能。

6. 协助学生公寓宿管部做好管制刀具、违规使用大功率电器等日常寝室安全检查工作。

7. 作为校园安全联动威慑组成部分,协助突发性紧急事件的处理。

# 三、校卫队志愿服务的宗旨

参与保安志愿服务,共创和谐平安校园,强身健体,锻炼意志。

# 四、高校消防安全教育

1. 高校火灾隐患分析

（1）学生多,人口密度大,缺乏经常性的防火安全教育,防火常识不够普及,疏散演练没有真正落实,学生没有系统了解和掌握防火常识和知识,校园安全文化氛围不浓,安全防范意识不强。一旦发生火灾,很难做到有组织有秩序地疏散学生。

（2）个别学生素质较差,对消防设施损坏严重,有些高校的教学楼、宿舍楼内的应急灯、疏散标志所剩无几,名存实亡。更有甚者,个别学生打开消防栓,接上水管冲水玩耍,或将消防枪头盗卖。

（3）高校是科研重地,化学物品较多,有的还有易燃、易爆物品,而对这些物品的保管、使用及发生火灾时的应急措施,还缺乏专业的培训。

（4）电脑房多,部分高校由于场地限制,电脑密度较大,使用频率高,容易引发电起火。

（5）超负荷用电、违规使用电器：学生宿舍管理漏洞大,消防隐患多,少数学生图方便,违反宿舍防火安全管理规定,私自使用热得快、电炉、电饭锅等烧水做饭,这种情况下用电负荷迅速增加,加之电气线路老化而供电线路的改造更新未及时跟上,致使长时间超负荷运行,极易造成短路,发生火灾事故。

（6）违章使用明火、乱扔烟头：部分学生平时不认真学习,临近考试,心里没底就点蜡烛挑灯夜战,蜡烛放在床架上,躺着或坐在床上看书,相当危险,一旦打起瞌睡容易发生火灾事故；有些学生喜欢吸烟,且随地乱扔烟头。

（7）部分高校由于规模扩张,人数增多,将部分未经消防部门验收合格的教学楼、学生宿舍、图书馆等投入使用。

（8）部分高校内设有液化气站及油库,且离学生宿舍及家属区较近,在其附近有使用明火的现象。

（9）高校都有图书馆,藏书几十到百万册以上,少数还有科技成果及历史文物展厅,这都是消防重点保护部位。

（10）建筑物耐火等级低：由于历史原因和财力所限,很多高校在大力修建新宿舍的同时,旧的宿舍建筑还在继续使用。这些建筑大多为砖木结构或木结构,其耐火等级低,加之安全疏散和电气线路方面存在诸多问题,极易引起火灾。一旦发生火灾,火势蔓延迅速,很容易造成群死群伤。

(11) 安全疏散设施不到位:高校中除部分年代较久建筑只有一个楼梯、一个出口的问题,较新的建筑虽有两个出口,而为了便于"管理",人为将楼梯和出口上锁的情况较为普遍。导致疏散通道不畅,出口数量不足,应急照明和疏散标志不齐备。

2. 学校防火"六要素"

(1) 学校教职员工、学生和进入教学区、生活区的人员应自觉遵守防火安全管理规定。

(2) 不在教学和生活区随意焚烧树叶、垃圾等可燃易燃物品。

(3) 严格按照规定使用、管理、销毁易燃易爆的实验用化学危险品。

(4) 因工作需要用火时,须遵守用火审批、管理制度,不得随意动火,并要配备必要的灭火器材。

(5) 在宿舍生活区内,不得乱拉临时线,不得乱设临时插座,不得使用电炉、电热水器等电热器具,不得卧床吸烟,不在熄灯后使用蜡烛、打火机照明,宿舍内不得存放、使用酒精、汽油等易燃易爆危险品,不得在疏散通道内堆放物品和烧水做饭,自觉维护走道内的消防设施。

(6) 加大防火安全知识宣传教育力度,营造安全防火的良好氛围,加强对师生们消防安全知识的教育培训。教职员工和学生应学习掌握基本的火场逃生知识和技能,学会正确使用各种消防器材,学会正确拨打火警电话,正确报知火警情况。

# 第6节 学生党员志愿服务岗知识简述

学生党员志愿服务开展的服务项目较多,本节内容着重介绍班导生志愿服务岗正式上岗前志愿者必须学习的一些相关知识和技能。

## 一、班导生的概念

班导生制(monitorial system)又叫"贝尔—兰卡斯特制"或"级长制"。18世纪70年代工业革命的爆发对英国初等教育的普及提出了迫切要求,要求对童工及贫困儿广施教化以满足英国工厂对劳动力的需求。但由于当时的教育仍掌握在国教会、慈善团体和个人手中,尚未纳入政府的职权范围,再加上那时的英国连年战乱、国虚民弱、师资匮乏和经费紧张,英国的普及教育遇到极大的障碍。在18世纪末90年代初,在印度马德拉斯的英国国教会牧师安德鲁·贝尔(Andrew Bell,1753~1832)和在英国伦敦的公谊会教徒约瑟夫·兰卡斯特(Joseph Lancaster,1778~1838)几乎同时创行了一种新的教学组织形式,其基本模式是:教师上课时先选择一些年龄较大或较优秀的学生进行教学,然后,由这些学生做"班导生",每个班导生负责把自己刚学的内容教给一组学生。班导生不但负责教学,而且还负责检查和考试,完全是教师的助手。有了班导生的帮助,教师的教学工作量大大减轻了,因而能够教育更多的学生。这种教育形式曾在英国和美国流行过数十年,为英、美两国普及初等教育做出过重大贡献。

## 二、班导生制在中国的发展历史

据史料记载,班导生制思想的发端却在中国。《汉书·董仲舒传》记载:"董仲舒,广川人也,少治《春秋》,孝景时为博士。下帷讲诵,弟子传以久次相授业,或莫见其面。"文中的"次相受业"即先由教师教给先来的高足弟子,再由高足弟子分头去教其他弟子之意。这种弟子教弟子的方式,实际上就是班导生制的雏形。

20世纪初,伟大的人民教育家陶行知先生践行"教育救国论",选定"小先生制"进行教育普及,这种"小先生制"也是另一种形式的班导生制。20世纪30年代,中国正经受着帝国主义的蹂躏和压迫,尤其是"9·18"事变后,日本帝国主义对中国的侵略更是变本加厉,中华民族面临着亡国亡种的危机。以挽救民族危亡为己任的陶行知先生对"教育救国论"深信不疑,他认为,只有大力发展教育,使全民受教,才能彻底摆脱愚昧和落后,才能从根本上挽救民族于危亡。正是抱定这样的信念,陶先生开始了他的全民普及教育运动。然而对于全民普教这样一项庞大的社会工程,又靠什么力量来完成呢?依靠现存的正规学校和极少数觉悟了的知识分子,力量显然不够。思来想去,陶行知最终还是选定了"小先生",正如他自己所言:"小先生是负责普及教育的使命的,全社会除了重用小先生之外是没有别的办法可以使教育普及的。"什么是"小先生"呢?所谓"小先生",就是负有普及教育之使命的小学生,他们一般被收入乡村儿童工学团,本着"即知即传人"的精神,将自己所学的知识及时地传给周围的人,比如自己的父母、邻居、兄弟姐妹等,以此来完成普及教育的使命。1934年陶行知开始推行他的"小先生制",并于同年4月在山海工学团举行"小先生"动员大会,随后小先生制得以在全国迅速推广。

## 三、新时期班导生概念的界定

随着教育事业的快速发展,中国的高等教育业已进入"大众化"教育时代,加上中国的特殊国情,在校大学新生面临的一些问题愈显突出。为了使新生在各个方面尽快适应和融入到大学的学习和生活方式,可以通过选拔思想政治素质好、学习成绩优秀、有较强工作能力的高年级学生义务协助班主任,对低年级新生在思想、学习、生活等方面进行正确引导,做好新生的帮扶和组织管理工作,以老带新。显然,这里所指的班导生有别于传统意义上的班导生的概念,其工作范围不仅仅单纯地限定在学习方面,而且还涉及思想和生活等其他方面,具体来说包括:帮助新生完成角色的三大转变——从中学生到大学生的转变,从自然人向社会人的转变,从理想人向现实人的转变。帮助新生思想要自律,学习要自觉,生活要自理;学会做人,学会做事,学会做学问;学会求真,学会为善,学会爱美。帮助新生完成生活上从以家庭为依托转变为更多地参与集体活动;学习上由一般的、简单的记忆转变为系统的、理解的学习;人际交往上由熟人社会向生人社会等转变。

## 四、实行班导生制的意义

对班导生自身来说,在对新生悉心指导的同时,不仅有机会展示个人的能力与风采,培养组织、沟通及管理等各方面的能力,也可以积累一定的工作经验,充实人生阅历,提升综合素质,为其今后的职业生涯规划和发展做好更加充分的准备;对于大学新生来说,可以分享班导生们丰富的学习和生活经验,尽快消除陌生感,融入新环境,适应新的学习和生活方式,正确树立人生目标,提高效率,少走弯路;对于学生管理工作来说,通过"以高带低,以老带新"的管理机制,充当助理班主任的角色,充分发挥高年级学生的"传、帮、带"作用,展现同龄人之间开展教育活动的独特优势,有效地协助班主任开展思想教育和管理工作。

## 五、班导生的任职条件

1. 思想端正,身心健康,有亲和力。
2. 行事稳健,做事耐心细致,具有奉献精神和较强的社会责任感。
3. 具有较强的工作能力、组织能力和良好的团队协作精神。
4. 学习成绩较好。
5. 学生党员或重点培养的入党积极分子、学生会干部、班干部优先考虑。

## 六、班导生的权利和义务

(一)班导生的权利

"班导生"在聘期内可以享受学生干部的待遇,在班级评优评先时可以享受一定的优先权。

(二)班导生的工作职责

班导生在任期内开展具体工作,服务期结束前要完成有质量的研究报告。

具体可以开展的工作有:

1. 定期走访所负责班级学生寝室,了解学生学习、生活中的困难,做好沟通工作,一段时间以后,利用自己在学习上的优势,把自己学习过程中积累的学习方法、学习经验传授给班上的同学。

2. 及时与辅导员和导师沟通,反映学生情况,同时以身作则,起到模范带头作用。

3. 经常与班级同学谈心,通过自身的模范作用,鼓励更多的同学递交入党申请书。

4. 配合辅导员参与班级学生干部选拔、培养、考核工作,建立新生党建档案表。协助所在新生班委,每学期组织策划至少 1 次活动。

5. 关注贫困生的学习和生活,使他们感受到集体的温暖,建立自信心,使他们能够安心地学习。

6. 指导学生开展一些有意义的活动,建议并指导他们参加一些适合自己的社团,排除他们无聊空虚的感觉。

7. 制订每学期工作计划,学期结束时进行工作情况汇总;学期结束后,撰写一份工作总结表、一份调研报告、一个工作案例。

# 第 7 节　大学生心理健康服务岗知识简述

随着高等教育进入"大众化"阶段,大学生所承受的心理压力不断加剧。在高校开展心理健康教育服务,促进大学生心理健康已经成为满足个人和社会发展的需要。大学生心理健康服务旨在对学生进行心理健康教育和指导,帮助学生提高心理素质,健全人格,增强承受挫折、适应环境的能力。

## 一、大学生心理健康服务的内涵

世界卫生组织提出:"健康不仅仅是消除疾病,更应是一种生理、心理和社会的完全幸福状态。"心理健康作为整体健康中的一个重要组成部分,把它定义为"一种幸福状态"。教育部把中国高校的心理健康服务直接定义为大学生心理健康教育,它是中国高校德育工作的重要组成部分。它的服务目标是帮助大学生"提高心理调节能力,培养良好心理品质,促进大学生思想道德素质、科学文化素质和身心健康素质协调发展。"它强调大学生心理健康教育不仅是心理咨询专业工作人员的任务,也是所有思想政治教育工作者、班主任和教师,甚至是高校全体教职员工共同的责任。它提出高等学校大学生心理健康教育工作的主要任务是:"根据大学生的心理特点,有针对性地讲授心理健康知识,开展辅导或咨询活动,帮助大学生树立心理健康意识,优化心理品质,增强心理调适能力和社会生活的适应能力,预防和缓解心理问题。帮助他们处理好环境适应、自我管理、学习成才、人际交往、交友恋爱、求职择业、人格发展和情绪调节等方面的困惑,提高健康水平,促进德智体美等全面发展。"

## 二、大学生心理健康服务在我国的发展历史

我国大学生心理健康教育的兴起受益于我国心理卫生事业的发展。20 世纪 30 年代,著名教育家吴南轩先生率先在南京中央大学心理系开设心理卫生选修课,开创国内高校心理健康教育之先河。中国心理卫生协会于 1936 年 4 月在南京成立,同年,北京协和医院创办心理卫生咨询门诊,奠定了我国心理咨询学的科学体系基础,标志着我国高校心理健康服务工作进入起步阶段。1982 年,心理测量与咨询服务中心于北京师范大学成立,标志着我国高校心理健康服务工作正式开始。两年后,心理健康咨询室于北京大学心理系成立。随后,京、浙、沪、苏、鄂等地区部分高校相继成立心理咨询中心。1988 年 6 月,"首届高校咨询教育理论与实践研讨会"在上海交通大学举办,成立了"中国高校心理咨询研究会筹委会"(后更名为"大学生心理咨询专业委员会"),创办《高校心理咨询通讯》杂志。这些标志着我国高校心理健康服务工作从起步阶段向发展阶段的过渡。1990 年,中国心理卫生协会大学生心理咨询专业委员会成立,标志着我国高校心理健康服务工作进入了一个发展阶段。1997 年,中国心理卫生协会大学生心理咨询专业委员会第五届学术年会召开,标志着高校心理健康服务工作进入了快速发展时期。2002 年教育部颁布《普通高等学校大学生心理健康教育工作实施纲要》,进一步指导和规范了高校心理健康服务工作。这些重要文件的出台,标志着我国高校心理健康服务事业正进入新的快速发展阶段。

## 三、大学生心理健康服务的现实意义

当代大学生是祖国的未来和希望,他们心理素质的好坏直接关系到整个中华民族的前途和命运。江泽民同志指出:"一个民族的新一代没有强健的体魄和良好的心理素质,这个民族就没有力量,就不可能屹立于世界民族之林。"心理素质是整个人才素质结构的基础,是大学生学习、生活和工作的基本保证,是大学生"精神成人"、走向成功的保障。因此,大学生心理健康服务具有重要的现实意义。第一,它是促进大学生人格发展的基本动力。心理健康状况直接影响个体人格的发展水平。一方面,学生在接受道德规范、行为方式教育过程中逐渐完善自身的人格结构;另一方面,引导学生把握自我,对自身的行为进行评价,从而达到优化心理、健全人格的目的。第二,它是提高大学生综合素质的有效方式。学生各种素质的形成,要以心理素质为中介。学生综合素质的提高,在很大程度上要受到心理素质的影响。面对复杂多变的社会环境,保持良好的心理状态,是大学生承受挫折、实现自我调节的关键。从这个意义上讲,大学生综合素质的好坏,主要取决于他们心理素质的高低,取决于学校心理健康服务的实际效果。第三,它是发掘大学生潜能的有效途径。良好

的心理素质和个体潜能的发掘是互为前提、相互促进的,心理健康服务为二者的协调发展创造了必要条件。心理健康服务通过激发受教育者的自信心,帮助他们在更高的层次上认识自我,从而增强对环境的适应能力,顺利实现从学生到职业角色的转换,最终使潜能得到充分发挥。

## 四、大学生心理健康志愿服务者的任职条件

组建一支心理健康志愿服务队伍,协助老师开展相应的心理健康服务工作,同时中心还对志愿者进行相应的知识与技能培训,目的是促进志愿者与接受服务的学生更好地成长。任职条件如下:

1. 思想端正、身心健康,具有奉献精神、认真负责、有爱心。
2. 对心理健康知识兴趣浓厚,具有较好健康知识的宣传能力。
3. 具有较好的沟通能力、组织与协调能力。
4. 通过培训能够善于发现问题,具有一定的解决问题的能力。
5. 有意向报考心理咨询师的同学优先考虑。

## 五、大学生心理健康服务中心提供的主要服务

1. 新生心理普查  每年新生入学将对全校的新生进行心理问卷调查,进行数据整理和分析,建立相应的心理档案和开展相应的辅导工作。

2. 团体心理辅导  利用心理技术,通过活动对大学生在活动中的行为表现进行心理行为分析,优化其思维模式、训练其坚强的意志力;其目的是为了促进大学生人格系统的完善、智力与情感能力的协调发展,更好地完善自我、超越自我!每学年至少开展4期团体心理辅导活动。

3. 讨论交流  专兼职教师学术、经验交流、案例讨论每学期不少于3次。包括:①人际关系问题:包括因与同学、老师或其他人员发生矛盾或冲突而产生的困惑;②情绪、情感问题:恋爱关系的困惑;其他事件引发的情绪问题;③学业与生涯发展问题:包括学业、升学、就业等方面的困惑。

4. "5.25大学生心理健康活动月"宣传活动  这项大型心理健康教育宣传活动月系列活动的内容如下:

(1)佳片赏析:组织学生观看《美丽心灵》、《美丽人生》等有关心理成长和人性剖析经典大片的赏析,使大家感悟一些人生的哲理、增加大家的心理学知识。

(2)心理健康知识展板宣传:通过图片和文字以多组宣传板的形式普及最常见、最实用的心理学知识。

(3)精品主题班会评选:由班主任、心理委员亲自参与心理主题班会的策划与组织,结合本班实际开展有意义的心理班会。

(4)系列讲座:《领导力训练》、《爱的天堂》等经典讲座。

(5)大学生职业生涯规划比赛:如"我的大学,我的规划"、"我的职业,我做主"、"早规划,克服迷茫与松懈"。

(6)开展网上心理、职业测评,使学生加强自我、职业认知,克服不足,准确定位,提升综合素质。